CLARISSE HAHN

POLITIQUES DE LA PRÉSENCE

Présenté par / Produced by JOUSSE ENTREPRISE
Dirigé par / Edited by NICOLE BRENEZ

Mousse Publishing

TABLE DES MATIÈRES

TABLE OF CONTENTS

INTRODUCTION

Nicole Brenez

Centré sur les corps, le travail de Clarisse Hahn frappe par sa façon de prendre de face la présence et les habitus d'autrui, dans une grande crudité salubre et désirante. Au principe du style de Clarisse, la série *Boyzone* (entamée en 1998 et toujours en cours) échantillonne dans la rumeur du monde quelques gestes, quelques mouvements de figures masculines ordinaires prises dans leurs activités usuelles : soldats, ragazzi, travailleurs, sportifs, maître-chien… Avec ses premières formes de description libre de toute narrativité, Clarisse Hahn inscrit son travail dans la tradition originelle des séries analytiques qui court d'Étienne-Jules Marey à Phill Niblock ou Harun Farocki.

Affronter l'intensité du corps comme chair, comme viande, comme fantasme, dans l'organicité prise en charge par les rituels et les constructions sociales mais qui pour finir résiste à toute symbolisation : sans rien juger ni même qualifier, les films de Clarisse Hahn fouaillent la palpitation de la vie dans le vivant. Chacun d'eux surexpose un état somatique à la fois biologiquement ordinaire et socialement extrême. En 1999, *Hôpital* explore la maladie et la mort ; en 2000 et 2003, le diptyque *Ovidie* et *Karima* se consacre aux pratiques sexuelles et à leur exhibition ; en 2005, *Les Protestants* vient les compléter sur le terrain mitoyen des pratiques de la pudeur et de la bienséance. Dans la franchise descriptive disparaît toute normativité, donc aussi toute déviance : ne subsistent que des singularités, individualisées ou traitées en grappes.

À partir de 2009, ce grand tranchant documentaire se met au service de la cause kurde et plus largement des luttes populaires : d'abord avec l'intime *Kurdish Lover* (2010), puis avec la trilogie « Notre Corps est une arme » (2011), montrée en installation comme en projection traditionnelle. C'est forte d'une conscience politique conquise à force de se plonger à corps perdu dans le monde, à force de recherche formelle sur les nuances produites par la violence de l'incontestable apparition d'autrui, que Clarisse Hahn aborde le tournant de la fiction. D'abord avec *Querido Amigos* (2013), où le contrepoint d'images documentaires et d'une correspondance épistolaire rédigée par Thomas Clerc produit des effets de narrativité inédits, tempérés de mélancolie, dans cette œuvre jusqu'alors farouchement vouée à l'immédiateté de la présence. Puis, avec la préparation au long cours d'un film de fiction consacré au passé de la résistance kurde, un passé sans images et qui requiert alors d'élaborer des formes justes de représentation, au sens politique, électif, de ce terme.

Rendre compte des enjeux propres au travail de Clarisse Hahn suppose un catalogue digne de son ardeur visuelle. C'est pourquoi l'ouvrage *Clarisse Hahn. Politiques de la présence* obéit à trois principes :
- Des contributeurs venus des différentes sphères que cette œuvre articule : l'art contemporain, le cinéma, les guérillas, l'érotisme.
- Une réflexion émergeant au vif du dialogue entre l'artiste et ses analystes. Deux grands entretiens complémentaires ouvrent et ferment l'ensemble des contributions : un échange initial avec Kathryn Weir,

historienne et curatrice, sur l'ensemble des dimensions esthétiques
du travail de Clarisse (films, photographies, installations) ; un échange
conclusif avec la cinéaste, photographe et plasticienne Jocelyne Saab
qui, comme Clarisse, s'est confrontée à la description des conflits
armés, et dont le travail couvre la même orbe, du documentaire à
l'installation. Entre les deux, cinq échanges approfondissent les films,
sphère par sphère : avec l'auteur de ces lignes, la série structurante
Boyzone ; avec la journaliste Noémie Luciani, la sphère du corps
contraint ; avec la critique d'art, écrivain et commissaire Catherine
Millet, celle du corps érotique ; avec la critique de cinéma Florence
Maillard, celle du corps domestique.

- Les reproductions d'œuvres plastiques, de photographies, de photogrammes et de vidéogrammes se voient commentées par leurs motifs
mêmes. Karima Chérif, dominatrice, prolonge les images qui restituent la porosité entre sa vie familiale et ses performances érotiques.
Oktay Şengül, époux de Clarisse et militant, éclaire les significations
ancestrales et politiques des phototogrammes issus de *Kurdish Lover*.
Raouf Kaabi, résistant kurde désormais réfugié en France, légende
les images du film *Gerilla* (2011) qui représente le quotidien des
maquisards entre entraînements, jeux et et combats. Le motif ainsi
devient sujet et illumine ses propres images.

Au cours de ses recherches en « analyse existentielle », Ludwig Binswanger
identifia chez les schizophrènes « trois formes manquées de la présence
humaine : la présomption, la distorsion, le maniérisme[1] ». Là où, y compris
sur un mode non pathologique, la vie psychique entraîne déni, myopie,
usure, approximation, là où la reproduction aussi fidèle soit-elle médiatise,
abstrait, estompe, simplifie, Clarisse Hahn consacre son œuvre à recharger
l'image en affirmation de présence, en frontalité, en énergie plastique.
Qu'il s'agisse de désquamer les apparences sociales, de protéger les combattants en se faisant l'écho de leur lutte ou de dissoudre au grand jour
les tabous visuels, les causes convergent pour un résultat commun :
les motifs traités par Clarisse Hahn imposent jusqu'à la suffocation l'évidence monumentale de leur présence, une forme de parousie profane
qui concerne à égalité tous les êtres vivants et à laquelle pourtant, sans
ce travail fulgurant, nous n'avions pas accès.

---

1. Ludwig Binswanger, *Trois formes manquées de la présence humaine : la présomption, la distorsion, le maniérisme* (1956), tr. J-M. Froissart, Paris, Société d'Anthropologie
Phénoménologique et d'Herméneutique générale, 2002.

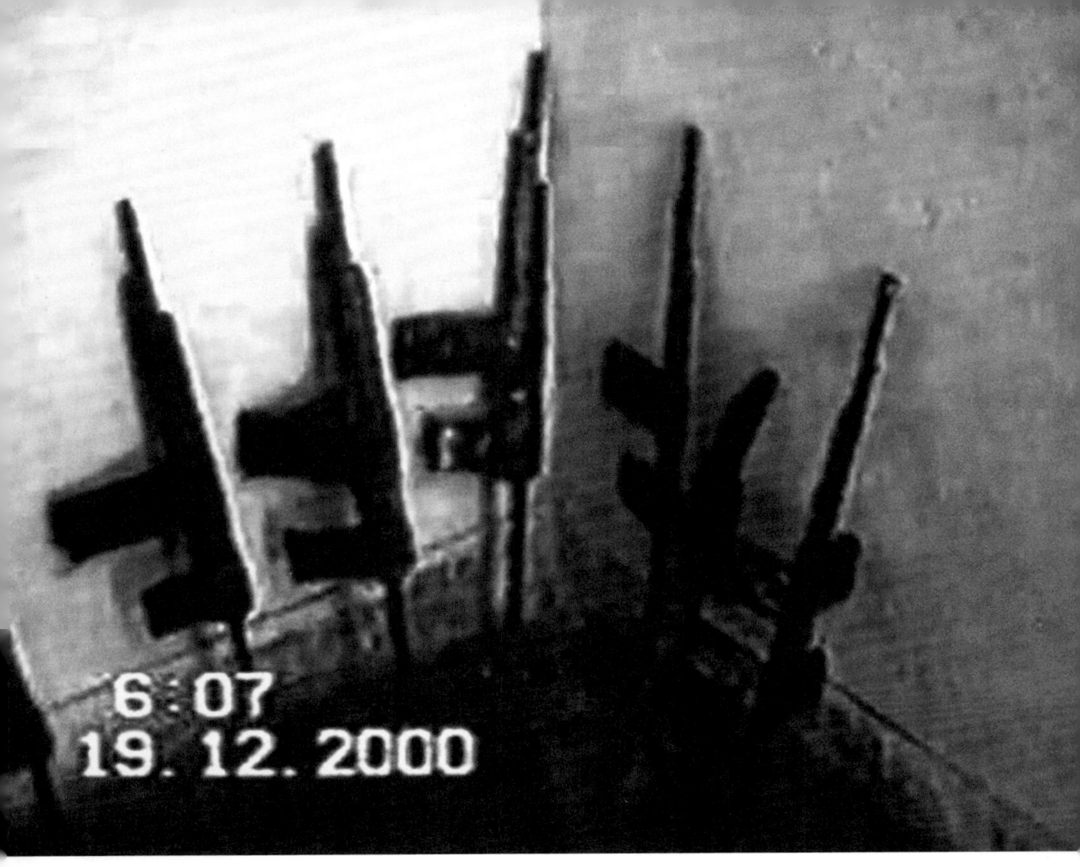

Prisons – Notre corps est une arme / Prisons – Our Body Is a Weapon, 2012,
Video, 12' (armes factices saisies lors de la révolte des prisonniers politiques
dans les prisons turques en l'an 2000 / dummy weapons seized during
the revolt of political prisoners in Turkish prisons in the year 2000)

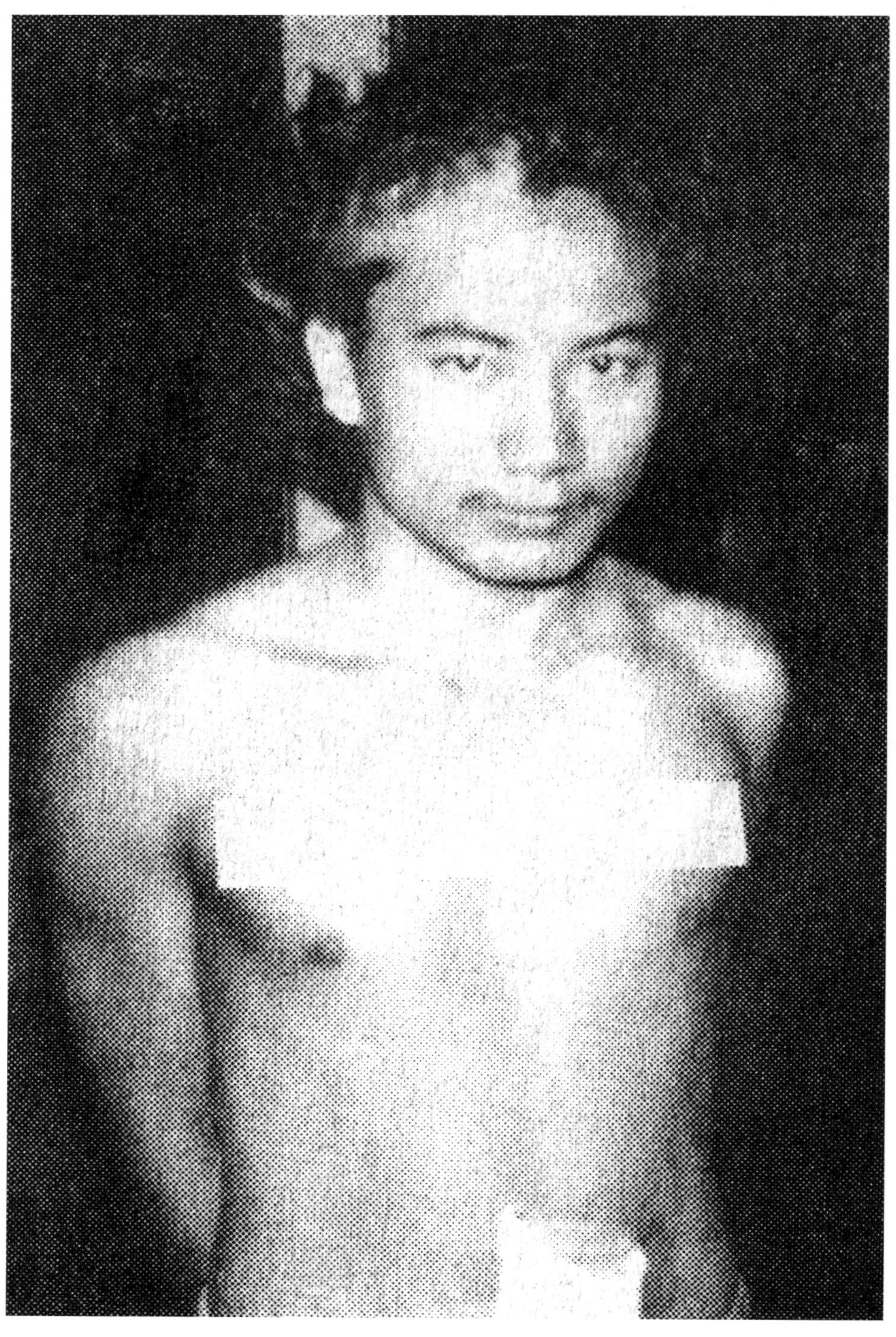

Icônes du ghetto – Boyzone Thaïlande / Ghetto Icons – Boyzone Thailand, 2011
Photographie noir et blanc, 52,5 × 81,6 cm
Black and white photography, 20.9 × 32.3 inches

INTRODUCTION

Nicole Brenez

Focusing on the body, Clarisse Hahn's work adopts its way of taking a frontal approach to the presence and constitution of others with tremendous healthy, lustful rawness. In keeping with Clarisse's style, the *Boyzone* series (started in 1998 and still ongoing) picks out from the buzz of the world a few gestures, a few movements by ordinary male figures captured in their normal activities: soldiers, young lads, workers, sportsmen, a dog handler... With her primary forms of description free of any narrative element, Clarisse Hahn locates her work in the original tradition of the analytical series that run from Étienne-Jules Marey to Phill Niblock or Harun Farocki.

Confronting the intensity of the body as flesh, as meat, as phantasm, in the organicness accommodated by rituals and social constructs but which ultimately resists all symbolization, without judging or even describing anything, Clarisse Hahn's films lash the palpitation of life in the raw. Each of them overexposes a somatic state that is simultaneously biologically ordinary and socially extreme. In 1999, *Hôpital* (Hospital) explores illness and death; in 2000 and 2003, the diptych formed by *Ovidie* and *Karima* is devoted to sexual practices and displaying them; in 2005, *Les Protestants* (The Protestants) serves to complement that work in the concomitant field of the practices of modesty and decency. In the descriptive frankness, all normativeness disappears, therefore all deviancy does too; the only things left are singularities, individualized or dealt with in clusters.

From 2009, this great documentary force began to serve the Kurdish cause, and popular struggles more generally: firstly with the intimate *Kurdish Lover* (2010), then with the trilogy *Notre Corps est une arme* (Our Body Is A Weapon, 2011), shown both as an installation and a traditional projection. Clarisse Hahn is empowered by a political consciousness, gained by diving headlong into the world and carrying out positive research into the shades of meaning produced by the violence of the indisputable appearance of others, as she tackles the watershed of fiction. First of all with *Queridos Amigos* (Dear Friends, 2013), where the counterpoint of documentary images and letters written by Thomas Clerc produces novel narrative effects, tempered with melancholy, in this body of work previously fiercely dedicated to the immediacy of presence; then with the lengthy preparation of a fiction film devoted to the past of Kurdish resistance, a past that has no images and hence requires the working out of proper forms of representation, in the political, elective meaning of that word.

Giving an account of the issues specific to Clarisse Hahn's work presupposes a catalogue worthy of her visual ardor. This is why the book *Clarisse Hahn. Politiques de la présence* obeys three principles:
- Contributors emanating from the various spheres that are central to that body of work: contemporary art, cinema, guerilla groups, eroticism.
- Thinking that emerges unprompted from the dialogue between the artist and those analyzing her work. Two major complementary

conversations open and close the collection of contributions: an initial exchange between her and Kathryn Weir, a historian and curator, concerning all the aesthetic dimensions of Clarisse's work (films, photographs, installations); and a concluding exchange between her and the film director, photographer and visual artist Jocelyne Saab. Like Clarisse, Jocelyne Saab has taken it upon herself to describe armed conflicts, and her work covers the same range, from documentary works to installation. Between these two articles, another five conversations look in depth at the films, sphere by sphere: the structuring *Boyzone* series is discussed with the present writer; the sphere of the body under constraint with the journalist Noémie Luciani; that of the erotic body with the art critic, writer, and curator Catherine Millet; that of the domestic body with the film critic Florence Maillard.

- A commentary on the reproductions of artworks, photographs, photograms and videograms is provided by their motifs themselves. Karima Chérif, a dominatrix, adds to the images that restore the porosity between her family life and her erotic performances. Oktay Şengül, Clarisse's husband and a militant, sheds light on the ancestral and political significances of the phototograms from *Kurdish Lover*. Raouf Kaabi, a Kurdish resistance activist who is now a refugee in France, provides captions for the images in the film *Gerilla* (2011) which shows the everyday life of the Resistance fighters, involving training sessions, games, and fighting. The motif thus becomes the subject and sheds light on its own images.

In the course of his research into "existential analysis," Ludwig Binswanger identified "three defective modes of being-in-the-world: extravagance, perverseness, and manneristic behavior"[1] in schizophrenics. Wherever the life of the mind brings about denial, myopia, wearing down, approximation, even when it is not pathological in nature, wherever reproduction, however faithful it may be, mediatizes, abstracts, blurs, simplifies, Clarisse Hahn devotes her work to recharging the image to affirm presence, give it frontality, and visual energy. Whether it is a question of stripping the outer layer off social appearances, protecting fighters by making herself the echo of their struggle, or dissolving visual taboos in the full light of day, those causes converge into a common result: The motifs treated by Clarisse Hahn impose the monumental obviousness of their presence to the point of suffocation, a form of secular Parousia which is equally relevant to all living beings, and yet without this dazzling work we would have no access to it.

1.   Ludwig Binswanger, *Trois formes manquées de la présence humaine: la présomption, la distorsion, le maniérisme* (1956), trans. J-M. Froissart (Paris: Société d'Anthropologie Phénoménologique et d'Herméneutique générale, 2002).

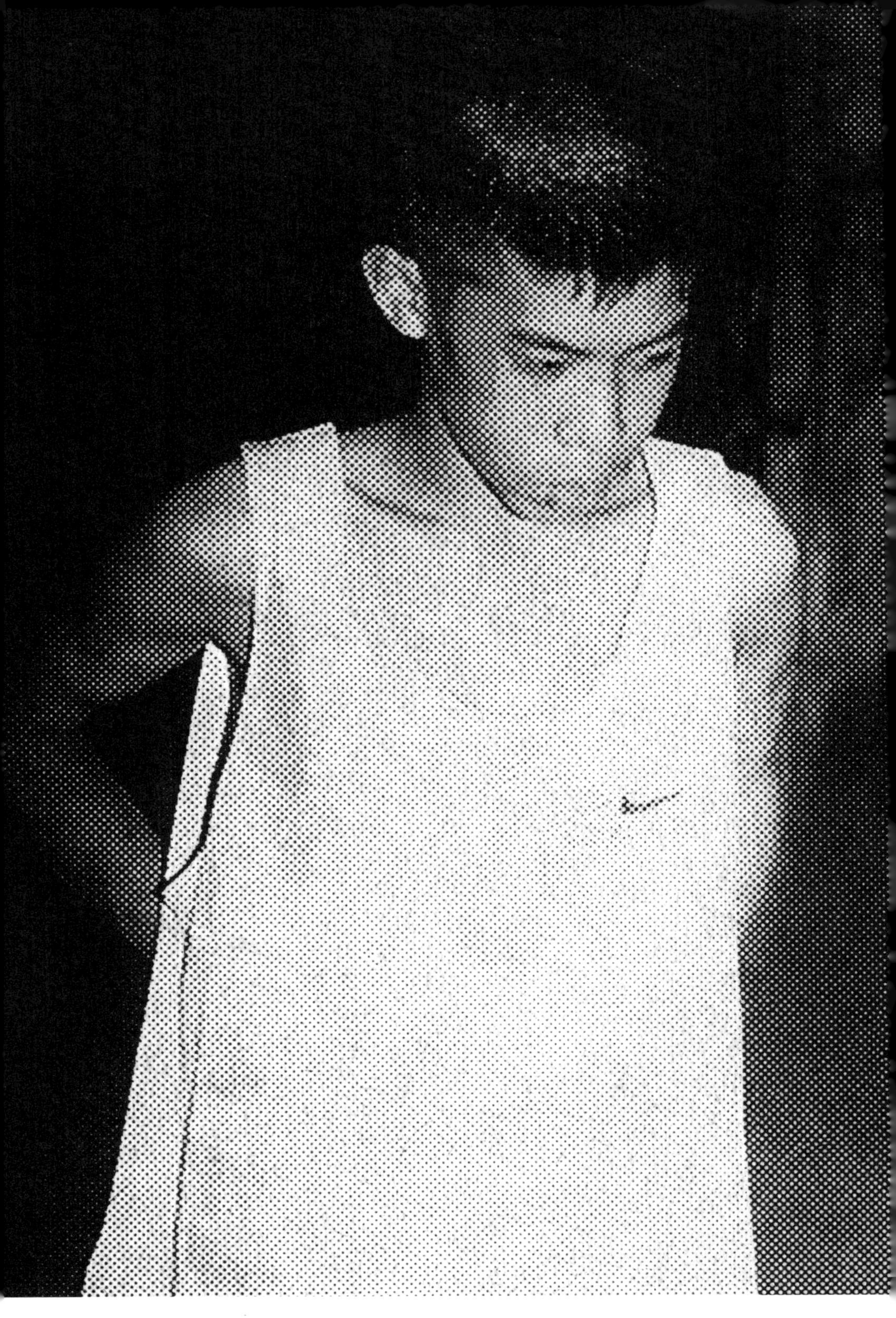

Icônes du ghetto – Boyzone Thaïlande / Ghetto Icons – Boyzone Thailand, 2011
Photographie noir et blanc, 71,5 × 46 cm
Black and white photography, 28 × 18.1 inches

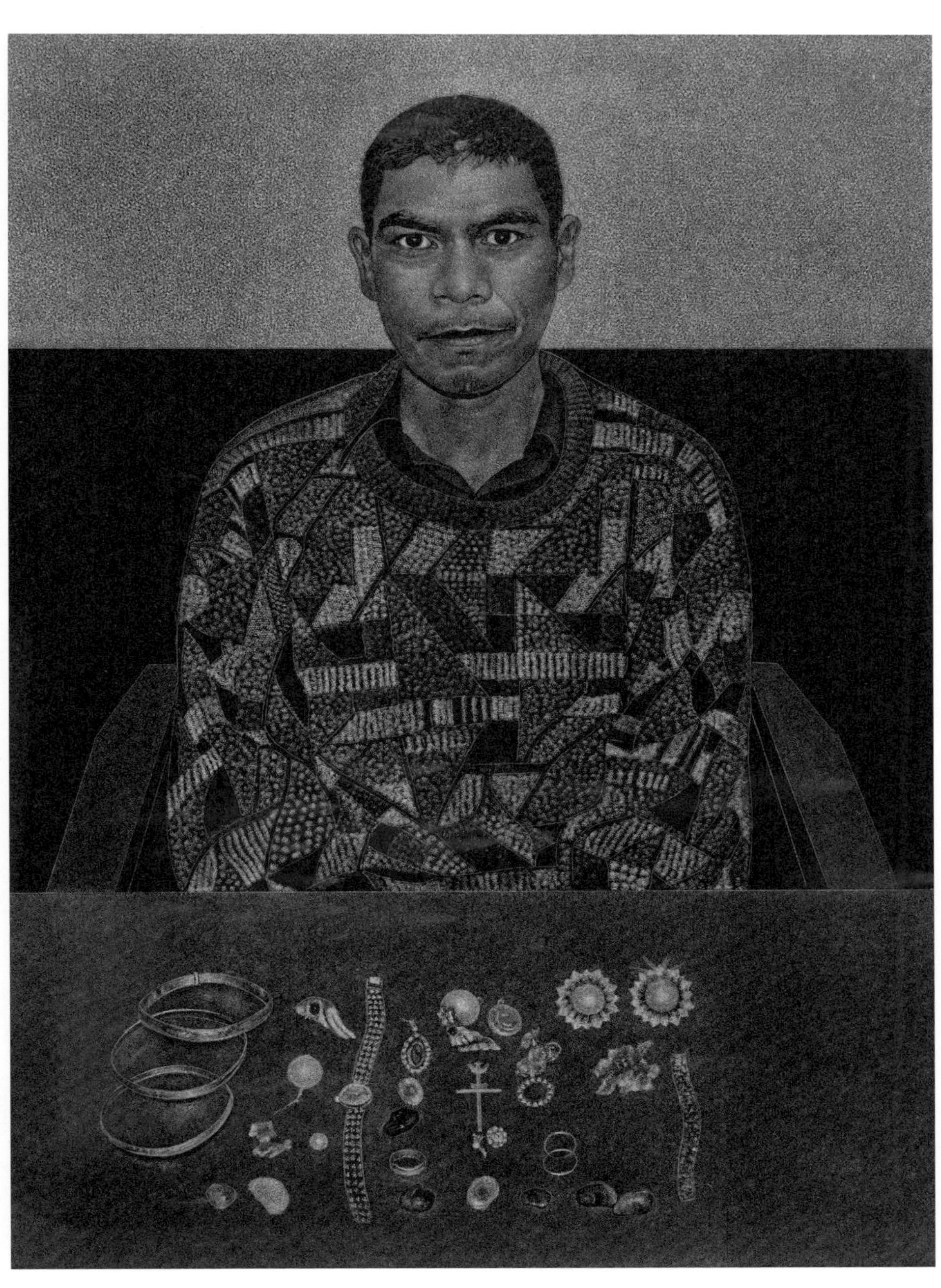

Pierre / Stone, 2015
Plaque de granit gravé, 67,5 × 90 cm
Engraved granite plate, 26.5 × 35.4 inches
Collection du / Collection Centre Georges Pompidou, Paris

VÉRITÉS NUES ET JUGEMENT DERNIER

Kathryn Weir

Une tablette de granit s'appuie contre le mur. Y est incisée l'image d'un homme derrière une table sur laquelle sont disposés des bracelets, des broches, des boucles d'oreilles. Arborant un maillot géométrique, l'homme se montre réservé, tenant ses mains sur ses genoux et regardant le spectateur avec une expression résignée, presque amusée. Au fond, le mur est à deux tons, une section sombre derrière son corps et de la lumière derrière sa tête, faisant ressortir le visage. *Pierre*, de Clarisse Hahn (2015), joue subtilement du contraste entre la solennité de la forme d'une pierre tombale sculptée et cette image de source policière ou médiatique d'un voleur avec son butin.

Ce qui est gravé dans la pierre ne peut être changé - une naissance dans des circonstances hors de contrôle, la capacité humaine pour le bien et le mal, une mort inévitable. L'épitaphe minérale confond les justices terrestre et divine: ce qui a été volé dans cette vie, par le besoin ou la cupidité, se reproduit solennellement devant l'âme errante. Les fondements d'un jugement sont remis en question à maintes reprises dans les œuvres de Hahn. Celle-ci représente avec empathie ceux qui sont jugés, les adolescents délinquants français de *Boyzone*, les trafiquants de drogue mexicains et les criminels thaïlandais. Karima, Ovidie. Et ceux qui se jugent eux-mêmes constamment, *Les Protestants*.

KATHRYN WEIR : Qu'est-ce qui t'a conduit à choisir la forme de la tablette de granit pour *Stone*?

CLARISSE HAHN : J'ai fait un voyage en Arménie pour rencontrer les Yézidis qui vivent sur le mont Aragats. Je cherchais un lieu de tournage pour le film de fiction que je prépare sur une branche d'extrême-gauche de la guérilla kurde, qui subsiste encore dans la région du Dersim, au Kurdistan turc. Actuellement, avec la guerre et la dictature qui se met en place en Turquie, c'est devenu très compliqué de filmer au Kurdistan turc, beaucoup plus difficile qu'au moment où j'ai réalisé *Kurdish Lover*. Et si j'ai avec moi une équipe de fiction, très repérable, je n'ai aucune chance de passer inaperçue. Bref, j'ai été à la rencontre des Yézidis, qui parlent une langue kurde et dont le mode de vie ressemble à ceux des Kurdes. J'ai parcouru plusieurs villages des Aragats. Mes recherches n'ont pas donné grand-chose, mais j'ai été très intéressée par leur art mortuaire. Dans leurs cimetières, il y a un portrait en pied de chaque défunt, grandeur nature, gravé sur une plaque de granit. Ces gravures sont hyperréalistes. Tous les morts du village sont debout et vous regardent. Ils sont tous orientés dans la même direction, sans doute par rapport à l'axe du soleil, puisque les Yézidis sont zoroastres. Cette tradition vient, paraît-il, d'ex-Union Soviétique. Les Yézidis étaient souvent recrutés pour être les hommes de main des mafieux russes. Les oligarques russes se font construire des Mausolées après leur mort, ils sont représentés avec leurs biens terrestres : bijoux, voitures. Ce sont des portraits « en gloire », très kitsch et « bling bling ». Dans l'art mortuaire yézidi, ce sont des gens pauvres qui sont représentés. Des paysans, des travailleurs. Sur certains de leurs vêtements, on retrouve des motifs traditionnels.

KW   Peux-tu m'en dire plus au sujet de cette image singulière ?

CH   Le modèle à partir duquel la gravure a été dessinée est un photomontage que j'ai fait à partir de trois portraits de petits délinquants mexicains, trouvés sur les sites internet des commissariats de police de Ciudad Juárez, l'une des villes les plus dangereuses au monde. C'est le même principe qu'avec *Boyzone*, de transformer une image faible en image forte. Une image éphémère en quelque chose qui dure. Une image de l'infamie, en portrait d'un individu particulier. Un individu qu'on remarque à peine, en icône.

KW   Dans tes choix de sujet, penses-tu être plus attirée par ceux qui concernent la relativité des valeurs ou les fondements d'un jugement (et au-delà, les fondements d'un choix) ?

CH   Oui, c'est même un moteur de ma création. Je m'intéresse à des sujets qui me posent des problèmes, y compris des problèmes éthiques, et par rapport auxquels je ne sais pas comment me placer. Ce sont des problèmes qui reflètent les aspects les plus difficiles du monde que j'habite. Je ne cherche pas les à juger, mais à les questionner, et parfois à mieux les connaître, pour tenter de les comprendre.

KW   Comment as-tu trouvé les images des journaux thaïlandais et les as-tu utilisées dans ton travail ?

CH   J'ai trouvé une revue chez les frères Tang, un grand supermarché asiatique à Paris, dans les années 2000. La vendeuse m'a dit que c'était un peu comme *Paris Match* : « c'est un très bon magazine ». Alors je l'ai acheté. C'était en fait un genre de magazine extrêmement voyeur, qui sous prétexte d'informer sur la criminalité et les opérations policières, montrait des photos de gens assassinés, de prisonniers à demi nus dans des cages ou enchaînés. Dans la partie centrale du magazine, il y avait des photos de filles sexy en maillot de bain. De l'obscénité pure. J'ai acheté plusieurs exemplaires de ces magazines, pendant un ou deux ans, et puis je ne les ai plus trouvés. Je les ai conservés dix ans avant de faire quelque chose avec ces images, qui semblaient émaner de ce qu'il y a de plus toxique dans le cerveau humain. Lors de mon premier voyage au Mexique, j'ai collecté des journaux dans la presse quotidienne, où j'ai repéré la même fascination pour les délinquants et les scènes de meurtres. C'est en 2011 que j'ai fait la série *Boyzone-Mexico D.F.* et *Boyzone-Thaïlande*. Et puis, en 2015, la série des *Mises en scène*, avec les photos policières des revues thaïlandaises.

Radicalement, la série *Boyzone* situe l'exploration du jugement par Hahn dans le registre du crime, au moyens d'œuvres fondées sur des photographies policières et médiatiques d'auteurs de crimes de drogue au Mexique et d'autres formes de crimes violents en France et en Thaïlande. Plus encore que la fascination médiatique et populaire pour la violence, elles témoignent d'une fascination pour la rétribution. Qui est coupable ? Qui sera puni ? Ainsi, le mélodrame catholique du péché et de l'absolution au Mexique ; ou les récits de sexe, crime et accusation dans les soap-opera extrêmement populaires à la télévision thaïlandaise.

Les images policières et journalistiques thaïlandaises et mexicaines des auteurs sélectionnés par Hahn reflètent une médiatisation généralisée de la faute individuelle plutôt que la représentation des causes systémiques de la violence criminelle. L'artiste adoucit les encres des journaux pour montrer l'humanité, la fragilité et l'insolence des individus. Les différences culturelles apparaissent d'autant mieux que les différentes images se voient juxtaposées. Les garçons mexicains semblent défier leur statut d'anti-héros en regardant droit dans l'objectif. Les jeunes criminels thaïlandais semblent plus effacés, honteux dans leur exposition. Leurs yeux évitent la caméra, tandis que d'autres regards, dans le cadre, indiquent le coupable ou la preuve du crime. Dans *Mise en scène 3* (2015), la photographie-source semble avoir été prise dans un commissariat de police et montre une file de quatre accusateurs, les yeux fermés, chacun étendant un bras pour pointer l'accusé torse nu, les yeux baissés, debout dans un short rayé criard. On aperçoit un officier derrière la chorégraphie dramatique de l'accusation, rendue plus complexe par les chaînes autour du cou de deux personnages qui pointent le doigt. Peut-être ceux-ci ont-ils été détenus à tort et sont-ils finalement légitimés dans leurs prétentions à l'innocence ? Ou se sont-ils « couchés » pour faire tomber un ancien associé qui les aurait dénoncés ?

KW   Les photographies thaïlandaises sont très mises en scène et dramatiques. Es-tu plus intéressée par leur composition ou par leur narration ?

CH   Ce sont des choses qui se contiennent l'une l'autre. Les photographies sont prises à la va vite et publiées dans des journaux qui se nourrissent de crime et de pornographie. Et pourtant, j'ai trouvé dans ces journaux des images qui ont une dimension éternelle. Nous y retrouvons des thèmes développés par la peinture religieuse et par la peinture d'histoire : le martyre, l'exposition du corps, le meurtre. Leur composition dérive des conventions de représentation qui ont été inventées par les artistes et perfectionnées de siècle en siècle. Elles ont fini par pénétrer nos structures visuelles, elles font partie de notre inconscient, elles préexistent à notre vision du monde. Tu parles de *Mise en scène 3*. Cette image me rappelle, dans sa composition et dans son idéologie, *Le serment des Horaces* de Jacques-Louis David, où un père

tend des armes à ses fils pour leur ordonner d'aller se battre à
la guerre. Les fils, évidemment héroïques, jurent de vaincre ou de
mourir, les femmes jouent leur éternel rôle de pleureuses effon-
drées de douleur. La photo de journal thaïlandais que je me suis
appropriée parle d'un autre sujet que le patriotisme guerrier,
mais le point commun de *Mise en scène 3* avec ce tableau de
David, c'est qu'il s'agit d'images qui viennent appuyer les rapports de pouvoir et les fonctions qui ont cours dans la société.
Les corps sont très beaux, et chacun tient son rôle, le policier
comme les accusés. L'image est à charge, et le coupable clairement désigné par tous : un adolescent pauvre. Il est le coupable
idéal, l'éternel coupable. Il baisse les yeux de honte face à ses
anciens amis, qui le trahissent.

Dans les photographies sélectionnées par Hahn, le criminel est souvent
torse nu, mis à nu devant ses juges et le regard du public. La sérigraphie
sur toile intitulée *Mise en scène 1* (2015) reproduit une image de presse
thaïlandaise : un homme sur le banc des accusés, la poitrine dénudée et
les yeux baissés. Un policier se tient à côté du coupable, d'autres personnages peuplent l'arrière-plan. Hahn introduit une délicate peinture orange
sur le côté gauche de l'image en noir et blanc. Les corps nus sont offerts
au jugement dans un violent en noir et blanc, mais Hahn intervient avec
une note de chair fragile.

KW   Peux-tu m'en dire plus sur le choix d'introduire cette couleur?
    CH C'est la couleur de ma peau. La peinture a été appliquée au
        pinceau, sur la toile sérigraphiée. Chaque sérigraphie est un
        tirage unique. C'est une façon de me rapprocher des personnes
        qui sont dans l'image, avec douceur.

Dans *Mise en scène 2* de Hahn (2015), le corps nu d'une morte étendue à
terre est vu de dos, le visage caché mais les vêtements accusant les courbes
du dos, des fesses et des jambes. Trois hommes s'accroupissent autour
d'elle avec des gants blancs, l'un tient une étiquette d'identification, tandis
que quatre badauds se pressent derrière. L'accès de la caméra à sa nudité
sexualisée établit la femme en victime jugée coupable. Ici aussi l'artiste
intervient avec un ton chair chair rose pâle.
    Dans son essai de 2009, « Nudità », le philosophe politique Giorgio
Agamben suggère que la nudité du corps humain est rarement simple[1].
Comme le note Agamben, la nudité dans la culture européenne est rarement séparable de la théologie et de l'histoire d'Adam et Eve après la chute,
couvrant leur nudité de feuilles de figuier. Il fait remarquer que dans les
récits théologiques, avant la chute, Adam et Eve n'étaient pas nus mais
couverts d'un vêtement de grâce. La nudité se produit dans le bref inter-
valle entre la conscience du péché et le tissage d'une couverture en feuilles

     1. Giorgio Agamben, « Nudità », in *Nudità*, Nottetempo, Milan, 2009.

de figuier. La pleine nudité ne se trouve peut-être qu'au moment du jugement dernier et en enfer, quand les corps des damnés sont présentés à la
justice divine pour le tourment éternel.

> CH   La nudité comme punition et comme infamie. L'iconographie
>   dont tu parles a été utilisée par les artistes, à travers les âges, pour
>   figurer des fantasmes sexuels et sadomasochistes, tout en jouant
>   le rôle qui était alors attribué à l'art : glorifier le christianisme
>   et asseoir son autorité, qui allait de pair avec l'autorité de l'État.
>   C'est le même genre de double niveau de lecture que l'on décèle
>   dans les images de journaux que j'utilise.

Dans *Los Desnudos,* Hahn filme à Mexico les Indiens exigeant leurs terres
et manifestant nus. Les manifestants avaient essayé de faire la grève de la
faim, mais sans succès. Leur nudité « choquante » dans la rue a réussi, là où
les blessures corporelles auto-infligées avaient échoué, et le groupe se voit
accorder des terres en échange de la promesse de s'habiller, quitter la capi-
tale et retourner dans le petit coin d'Eden qui lui est attribué. Cette vidéo
fait partie d'une série de trois films intitulée *Notre corps est une arme* (2012).
Une autre vidéo de la série, *Prison,* est structurée autour d'entretiens avec
des militantes kurdes qui ont mené des grèves de la faim alors qu'elles
étaient emprisonnées en Turquie, où elles ont également subi une violence
physique extrême. Le troisième opus de la trilogie comprend des images
de combattants kurdes du PKK qui risquent la mort dans des combats de
guérilla dans les montagnes près de la frontière entre l'Irak et la Turquie.

Les images racontent différemment dans différents contextes ; Hahn
dénature systématiquement ces lectures par une juxtaposition inattendue,
associant des éléments généralement distincts. Le principe de la juxtaposition est fondamental, qu'il s'agisse des photographies de *Boyzone* prises au
Mexique, en Thaïlande et en France, ou de la série vidéo *Boyzone* présentée
dans des configurations variées mais associant toujours au moins deux
épisodes. D'autres juxtapositions incluent *Ovidie* et *Hôpital* (2002). *Rituel*
(2015) assemble cinq sources vidéographiques, allant d'une manifestation
pro-palestinienne dans les rues de Paris à une soirée privée SM dans la
même ville, à ses banlieues et une réunion de la communauté kurde, puis,
beaucoup plus loin, un paysage mexicain et le Kurdistan turc.

> KW   En 2008, dans un entretien filmé pour le Centre Georges
>   Pompidou (série *Paroles d'artistes*), tu déclares : «Chez les
>   protestants il n'y a pas une véritable narration. On passe
>   d'une problématique à l'autre, c'est plutôt ça[2] ». Penses-tu
>   que le principe de la juxtaposition dans ton travail pourrait
>   émerger en partie de cet héritage ?
> CH   Je parlais de la structure du film *Les Protestants*, sur laquelle
>   on me questionne souvent car on ne suit pas un personnage

2. *Paroles d'artistes* (DVD), Centre Georges Pompidou, 2008.

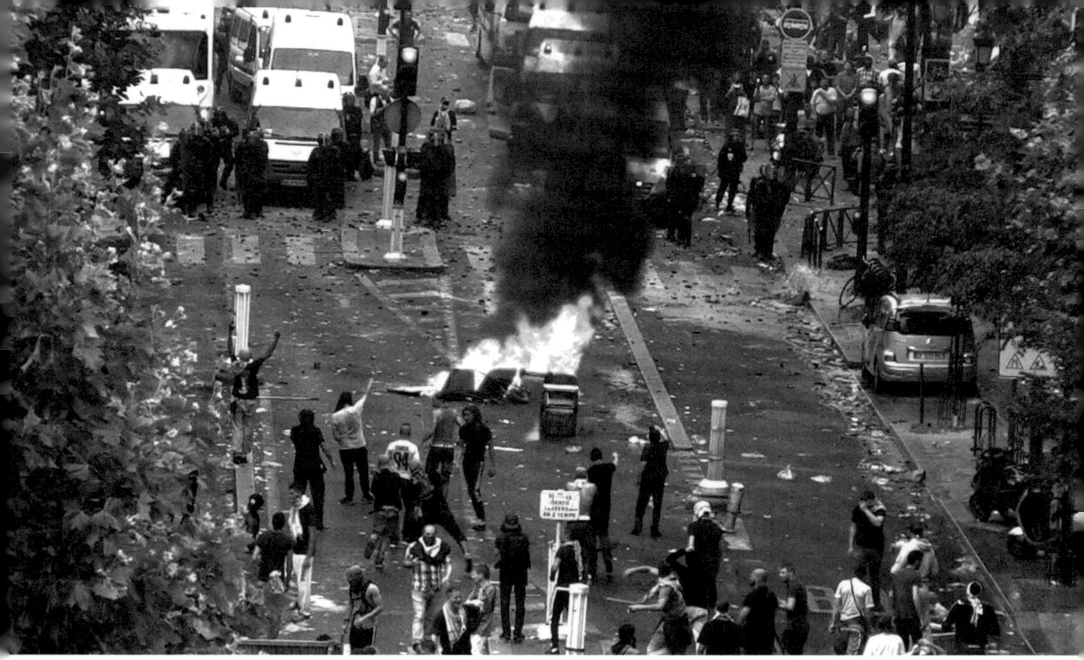

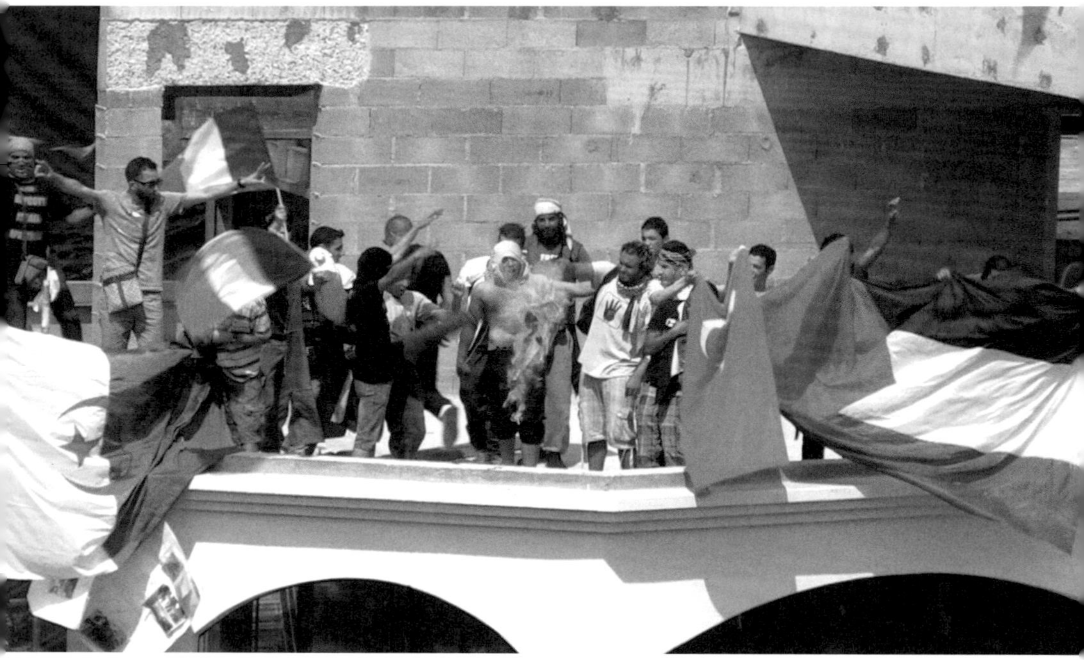

Rituels / Rituals, 2015
Installation video, 5 écrans, son. Ecran 1: *Emeute*, 3' 20"
Video installation, 5 screens, sound. Screen 1: *Riot*, 3' 20"

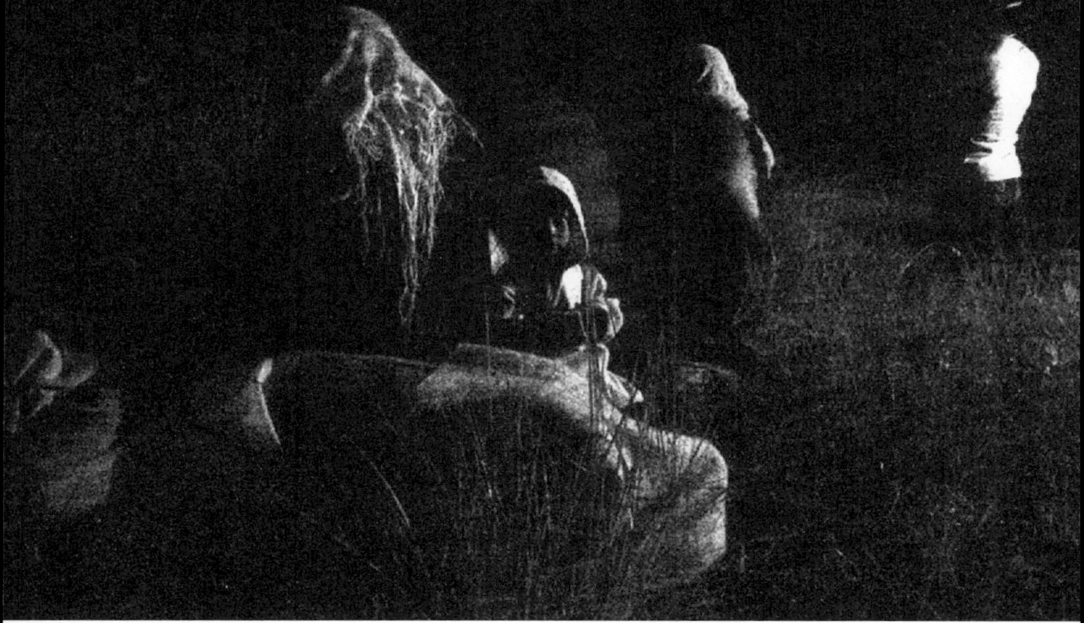

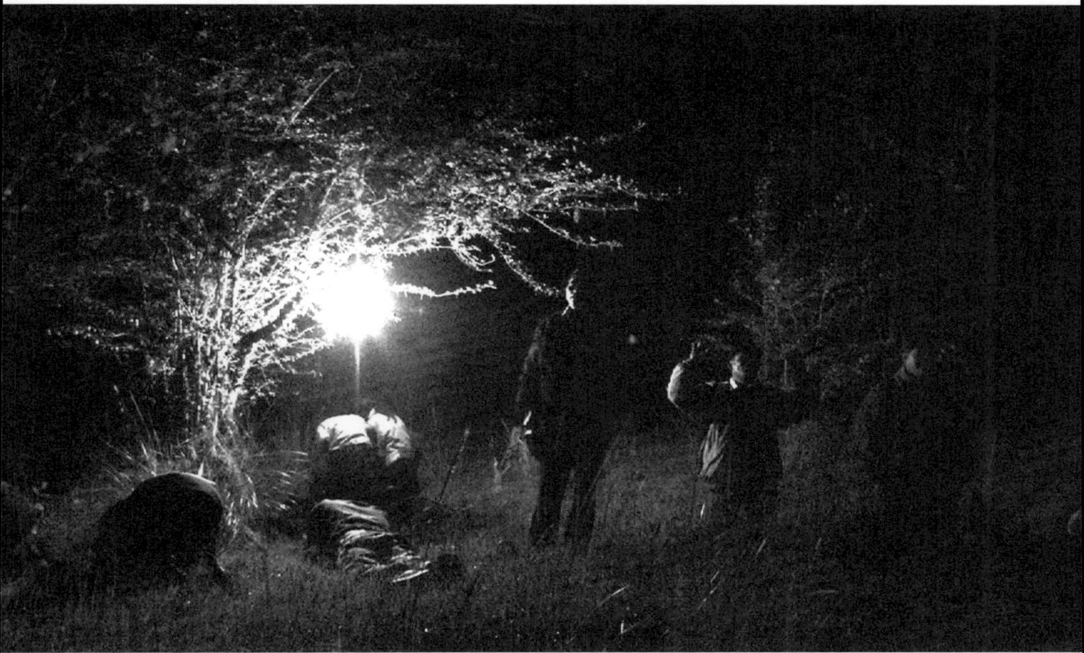

Rituels / Rituals, 2015
Installation video, 5 écrans, son. Écran 2: *Culte*, 6′ 41″
Video installation, 5 screens, sound. Screen 2: *Cult*, 6′ 41″

en particulier, on n'est pas guidé par une ligne claire, ce qui perturbe les spectateurs. Je filme des individus plutôt réservés, dans des environnement feutrés et je leur demande de se définir par rapport au groupe auquel ils appartiennent, tout en évitant les définitions habituelles et comme « toutes prêtes » par lesquelles se définissent habituellement les protestants français, telles la liberté de pensée, la rigueur dans le travail. Je voulais comprendre par quels types de rituels collectifs ils se structurent en tant qu'individus liés à un groupe. Ils évoquent alors des choses qui ne sont pas l'apanage des protestants, comme la manière de former son corps par le sport et de le présenter aux autres, les manières de se rassembler et de se tenir en interdépendance. Il y a aussi leur façon très retenue de livrer leurs émotions, qui devient extrêmement touchante quand on comprend quelles barrières de contrôle il leur faut franchir pour laisser les autres voir ce qu'ils ressentent.

L'installation *Rituels* juxtapose les horizons très divers de communauté religieuses, sexuelles, politiques. Leur point commun, dans cette installation, vient de ce que j'ai saisi les moments d'intensité de rituels qui ont pour fonction de permettre aux gens d'extérioriser la violence de leurs émotions, tout en restant protégés par le contexte sécurisant de la communauté.

KW   Pourrais-tu commenter ton traitement des différents mouvement et gestes des personnes figurant dans tes œuvres vidéo, y compris la série *Notre corps est une arme* et *Rituels* ?

CH   Avec *Los Desnudos - Notre corps est une arme*, je représente des corps dansants, festifs. Les très beaux corps nus de huit femmes de 40 à 50 ans, en tête d'une marche de protestation dans la ville de Mexico, et deux cents hommes nus qui dansent en rythme derrière elles. Il y a ce moment où les femmes mangent une pâtisserie à la petite cuiller, tout en continuant de danser nues dans la rue. Après la manifestation, elles rentrent dans leur campement et s'habillent pour se reposer dans leurs tentes plantées près d'un énorme carrefour où des milliers de voitures circulent nuit et jour. Il se produit une véritable inversion des contextes privés et publics du corps.

Dans *Gerilla – Notre corps est une arme*, je filme des jeunes Kurdes d'Irak qui vivent dans les rues de Paris, rejetés hors de leurs frontières par la guerre. L'un d'entre eux retire ses chaussures, comme s'il arrivait dans une maison, avant de s'asseoir sur une couverture posée à même le trottoir où l'attendent deux amis. Ils parviennent réellement à créer une petite bulle d'intimité sur cette couverture, bien que leurs corps soient en permanence exposés au regard.

Sur l'un des cinq écrans de l'installation *Rituels*, se déroule une cérémonie religieuse des Kurdes alévis au Kurdistan turc.

La prière pour l'imam Hussein est le moment du culte où l'on peut pleurer ses morts, et c'est un moment très fort, dans ce pays qui est en guerre depuis si longtemps. Les gens se balancent d'avant en arrière en pleurant, certains rentrent en transe.
Sur un autre écran, on voit le même genre de cérémonie, filmée en région parisienne, loin des lieux saints vénérés par les Alévis. La cérémonie perd toute cette force émotionnelle. Des jeunes filles aux longs cheveux noirs écoutent calmement la voix du guide spirituel. En France comme au Kurdistan, les hommes et les femmes sont assis très près les uns des autres, sur des tapis, qui délimitent l'espace sacré.
Sur un troisième écran, J'ai filmé un culte protestant syncrétique, présidé par un pasteur indien tsotsil, dans la nuit noire, sur une montagne sacrée de la région du Chiapas, au Mexique. Les fidèles sont prosternés face contre terre, le corps dirigé vers l'obscurité de la forêt. Avec le ton de sa voix, le pasteur parvient à faire monter l'émotion et les fidèles lui répondent avec des prières prononcées comme des mélopées gémissantes.
Sur le quatrième écran, j'ai filmé une manifestation qui dégénère en émeute dans les rues de Paris. La castagne entre flics et manifestants, à coups de cocktail Molotov, de poubelles brûlées et de gaz lacrymogènes. Des jeunes gens torse nu courent un peu partout, s'appropriant la rue. Il y a une vitalité jouissive dans cet affrontement, de l'ordre du défoulement et du jeu.
Sur le dernier écran, que j'ai appelé « les soirées de maîtresse Karima », il s'agit d'une soirée SM. Les corps des soumis sont exhibés, piétinés, fouettés. Une femme se fait hypnotiser, les yeux fermés pour mieux se laisser envelopper par les phrases répétitives de l'hypnotiseur, dont la musicalité ressemble assez aux prières du guide spirituel alévi ou du pasteur tsotsil.
Sur les cinq écrans qui composent cette installation, je filme les mouvements du dépassement ou de la transe. Les corps s'inscrivent dans des instants de crise faits pour être exposés au groupe : transe, débordement, larmes, violence, plaisir. Ce sont des moments de chaos et de crise où les limites sont franchies, tout en étant jugulées par l'énergie du groupe.

Dans *Means without End. Notes on Politics* (2000), Agamben déclare : «Geste est le nom de cette intersection entre la vie et l'art, l'acte et le pouvoir, le général et le particulier, le texte et l'exécution. C'est un moment de vie soustrait au contexte de la biographie individuelle et du moment de l'art soustrait à la neutralité de l'esthétique: c'est une pure praxis ». Il suggère aussi que « le geste est toujours un geste de ne pas pouvoir trouver quelque chose dans la langue ». Les vidéos de Hahn enregistrent des langages corporels qui bouleversent à mesure qu'ils révèlent des

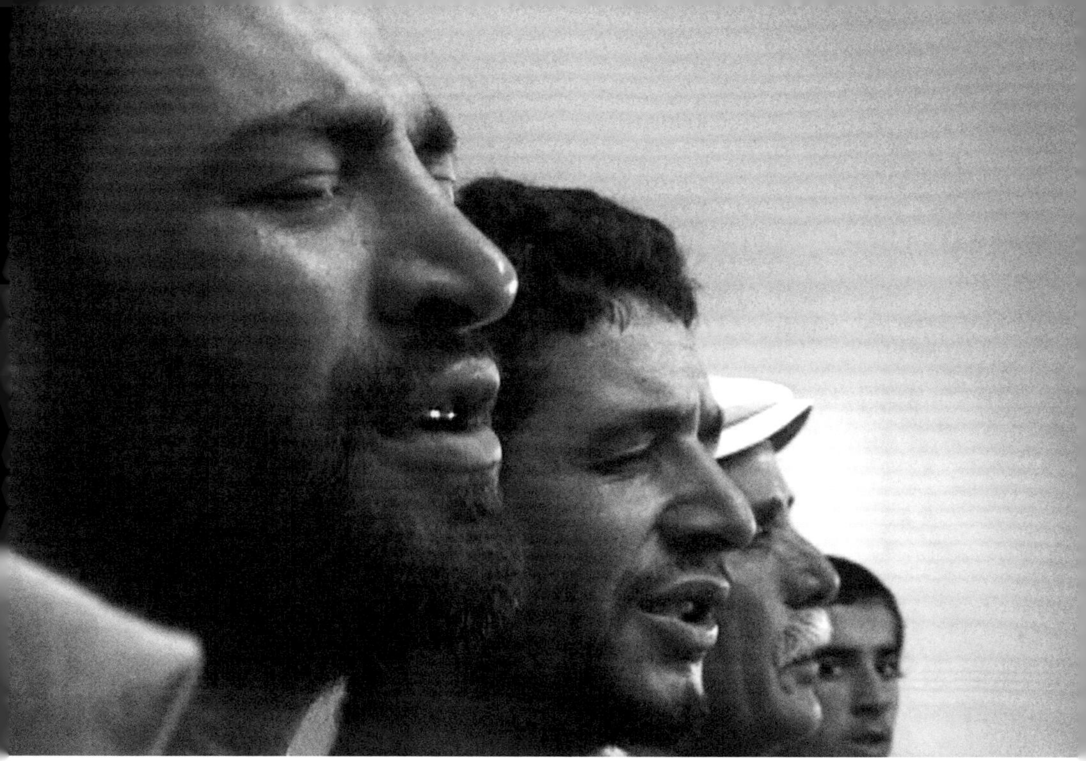

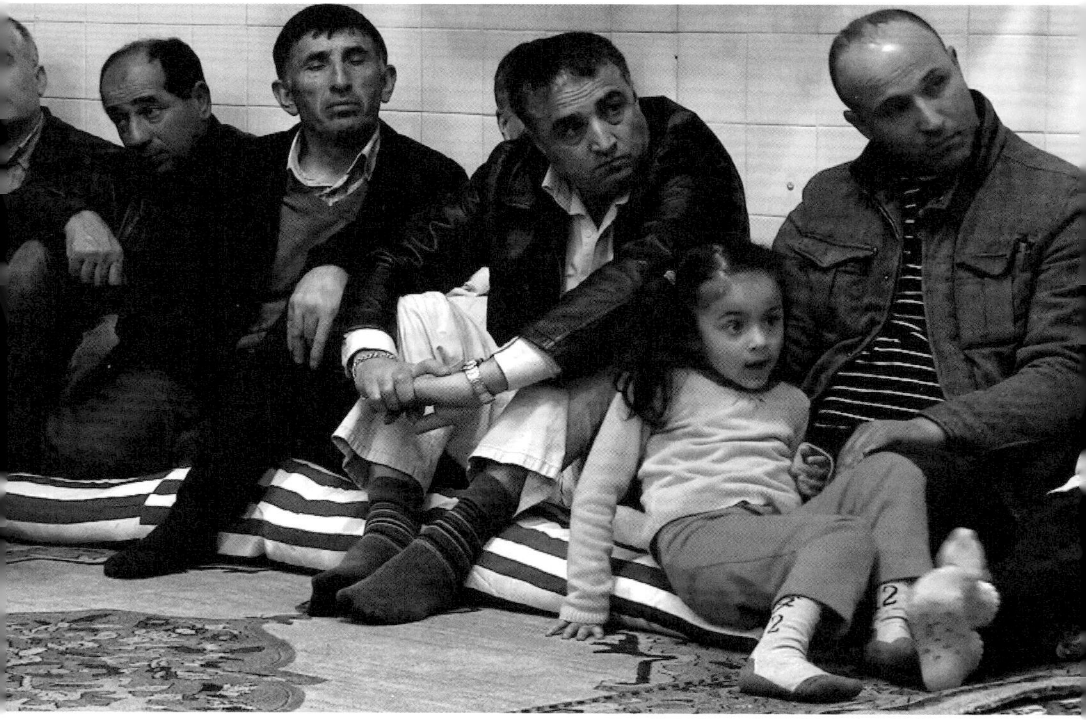

Rituels / Rituals, 2015
Installation video, 5 écrans, son. Écran 3: *Cem (là-bas)*, 12′ 50″
Video installation, 5 screens, sound. Screen 3: *Cem (There)*, 12′ 50″

Rituels / Rituals, 2015
Installation video, 5 écrans, son. Écran 4: *Cem (ici)*, 5′ 53″
Video installation, 5 screens, sound. Screen 4: *Cem (Here)*, 5′ 53″

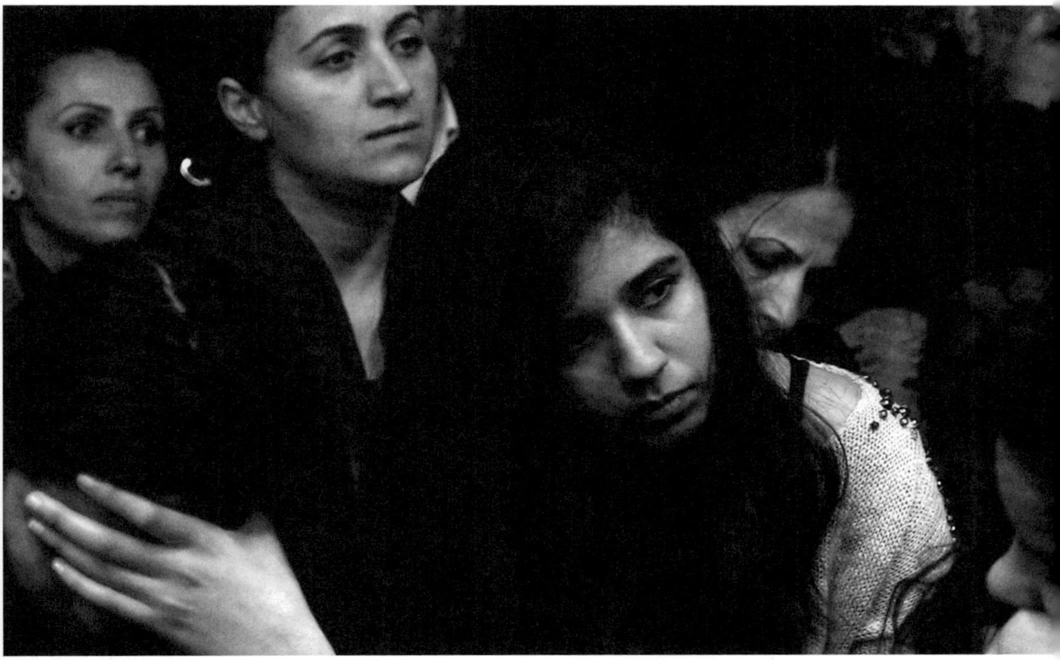

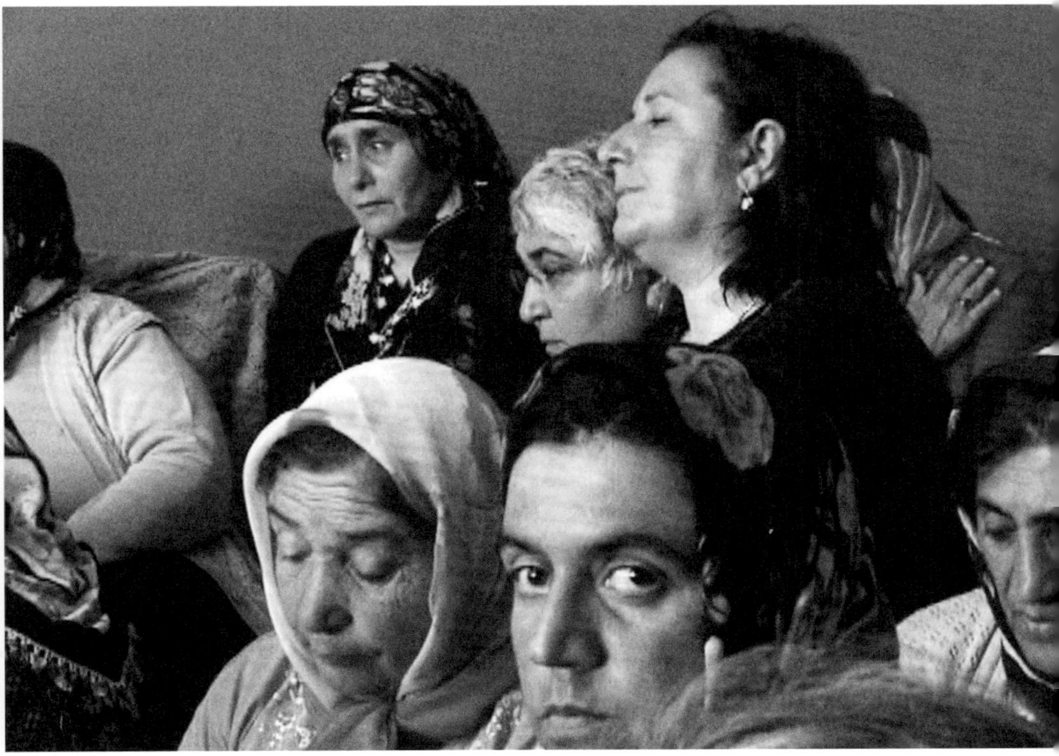

Rituels / Rituals, 2015
Installation video, 5 écrans, son. Écran 4: *Cem (ici),* 5' 53"
Video installation, 5 screens, sound. Screen 4: *Cem (Here),* 5' 53"

Rituels / Rituals, 2015
Installation video, 5 écrans, son. Écran 4: *Cem (ici),* 5' 53"
Video installation, 5 screens, sound. Screen 4: *Cem (Here),* 5' 53"

possibilités; des possibilités qui, sans être encore explicites ou clairement articulées, modifient les compréhensions établies. Une telle insistance sur le geste corporel résonne fortement avec la conception d'Agamben du geste comme politiquement productif. Hahn articule ce propos à une permanente enquête nuancée sur le jugement moral et la transgression.

Aux aventuriers (2017) est le deuxième travail sur tablette de granit de Hahn. L'image incisée est celle de quatre jeunes hommes de Calais protestant contre le fait de ne pouvoir émigrer au Royaume-Uni. Ils s'agitent, trois d'entre eux lèvent la main pour souligner leur position ou réclamer l'attention, le quatrième encercle de son bras un jeune homme pour le retenir de tout acte irréfléchi sous l'empire de la frustration. À nouveau, Hahn transforme l'image médiatique éphémère en une composition héroïque, emblématique et intemporelle, gravée dans la pierre. La théoricienne Denise Ferreira da Silva déclare que dans les images contemporains des corps noirs et bruns entassés sur des bateaux et coincés à Calais, elle voit un changement sans changement, non pas une crise sans précédent mais plutôt une banalisation du capital globalisé, où des événements particuliers doivent être situés dans le contexte global façonné par les répétitions de la violence prédatrice fondatrice du capitalisme et de samachinerie coloniale et raciale. Elle souligne « l'incapacité des Européens à comprendre qu'ils ont produit les circonstances qui obligent des millions de personnes à quitter leur foyer pour risquer leur vie[3] ». À la lumière de cette analyse, l'œuvre de Hahn, sous la forme d'une pierre tombale mortuaire, apparaît comme un monument à l'aveuglement historique tenace du suprématisme européen blanc qui ne se connaît pas ou ne reconnaît pas sa propre responsabilité, monument à ses notions universalistes qui consignent systématiquement certains corps aux zones de violence perpétuelle. Hahn, qui revient toujours aux zones d'exclusion et aux dispositifs de jugement, pointe ici les exclusions fondatrices et définitionnelles de l'Europe.

3. « The 'Refugee Crisis' and the current predicament of the liberal state », in *l'Internationale online*, 9 mars 2017, http://www.internationaleonline.org/research/politics_of_life_and_death/88_the_refugee_crisis_and_the_current_predicament_of_the_liberal_state, consulté le 1 novembre 2017.

NAKED TRUTHS AND THE LAST JUDGEMENT

Kathryn Weir

A granite tablet leans against the wall. On it an image is incised of a man behind a table on which bracelets, brooches, and earrings are laid out. Sporting a geometric knit top, the man is otherwise demure, holding his hands in his lap and looking back at the viewer with a resigned, almost amused, expression in his eyes. The wall behind is two-tone, a dark section behind his body and light behind his head, so that the face comes forward. Clarisse Hahn's *Pierre* (Stone, 2015) gently plays on the contrast between the dignity of the carved headstone form and its source, a police or media image of a thief with his booty.

What is engraved in stone cannot be changed—a birth into circumstances beyond control, the human capacity for good and evil, an inevitable death. The inscribed epitaph of *Pierre* conflates earthly and divine justice: what was stolen in this life, through need or greed, solemnly reproduced before the errant soul. The basis for judgment is called into question over and over in the works of Hahn. She represents with empathy those who are judged, *Boyzone*'s adolescent French delinquents, Mexican drug dealers and Thai criminals. Karima, Ovidie. And those who constantly judge themselves, *Les Protestants* (The Protestants, 2005).

KATHRYN WEIR: What led you choose the form of the granite tablet for *Pierre*?

CLARISSE HAHN: I travelled to Armenia to meet the Yezidis who live on Mount Aragats. I was looking for a location to shoot the fiction film I'm working on about a hard-left branch of the Kurdish guerilla movement which still exists in the Dersim region, in Turkish Kurdistan. At present, with the war and the dictatorship which is being instituted in Turkey, it's become very complicated to film in Turkish Kurdistan, much harder than when I made *Kurdish Lover.* And if I have a film crew with me, who can easily be identified, there's no chance of me not being noticed. In short, I went to meet the Yezidis who speak a Kurdish language and have a way of life similar to that of the Kurds. I passed through several villages on Mount Aragats. My research didn't lead to much, but I was very interested in their funerary art. In their cemeteries, there is a full-length, life-size portrait of every deceased person, incised on a slab of granite. These engravings are hyperrealistic. All the dead people from the village are standing looking at you. They are all turned in the same direction, no doubt related to the sun's axis, since the Yezidis are Zoroastrians. It seems this tradition comes for the former Soviet Union. The Yezidis were often recruited as hatchet men by Russian Mafiosi. Russian oligarchs have mausoleums built for themselves after their death, they're depicted with their worldly goods: jewelry, cars. They are "glorifying" portraits, very kitsch and "bling bling."

In Yezidi funerary art, it's poor people who are depicted. Peasants, workers. On some of their clothes you find traditional motifs.

KW   Can you tell me more about this particular image?

CH   The model from which the engraving was drawn is a photomontage I made from three portraits of Mexican petty criminals, found on the Internet sites of police stations in Ciudad Juárez, one of the most dangerous cities in the world. It's the same principle as with *Boyzone*, transforming a weak image into a strong one. An ephemeral image into something enduring. An image of infamy into a portrait of a specific individual. An individual you would hardly notice into an icon.

KW   In your choice of subject matter, do you think you are more attracted to subjects that draw attention to the relativity of values or to the basis for judgement (and beyond this the basis for choice)?

CH   Yes, it's even a driving force behind my creative work. I'm interested in subjects that raise problems, including ethical problems, ones where I don't know what attitude to adopt. They're problems that reflect the most difficult aspects of the world I live in. I don't try to judge them, but to question them, and sometimes to get to know them better, to try to understand them.

KW   How did you find the Thai newspaper images and come to use them in your work?

CH   I found a magazine in Tang Brothers, a large Asian supermarket in Paris, in the 2000s. The salesgirl told me it was a bit like *Paris Match*: "It's a very good magazine." So I bought it. In fact it was an extremely voyeuristic kind of magazine; on the pretext of providing information about criminality and police operations, it showed photos of murdered people, half-naked prisoners in cages or chains. In the central part of the magazine there were photos of sexy girls in swimming costumes. Obscenity pure and simple. I bought several copies of those magazines over a period of one or two years, then I didn't find them any longer. I kept them for ten years before doing anything with those images which seemed to emanate from the most toxic part of the human brain. On my first trip to Mexico, I collected some daily newspapers and in them I observed the same fascination with delinquents and murder scenes. It was in 2011 that I made the *Boyzone-Mexico D.F.* and *Boyzone-Thaïlande* (Boyzone Thailand) series. And then in 2015 the *Mises en scène* series, with the police photos from the Thai magazines.

The *Boyzone* series places Hahn's exploration of judgement squarely in the register of crime, in works based on police and media photographs of perpetrators of drug crime in Mexico and other forms of violent crime

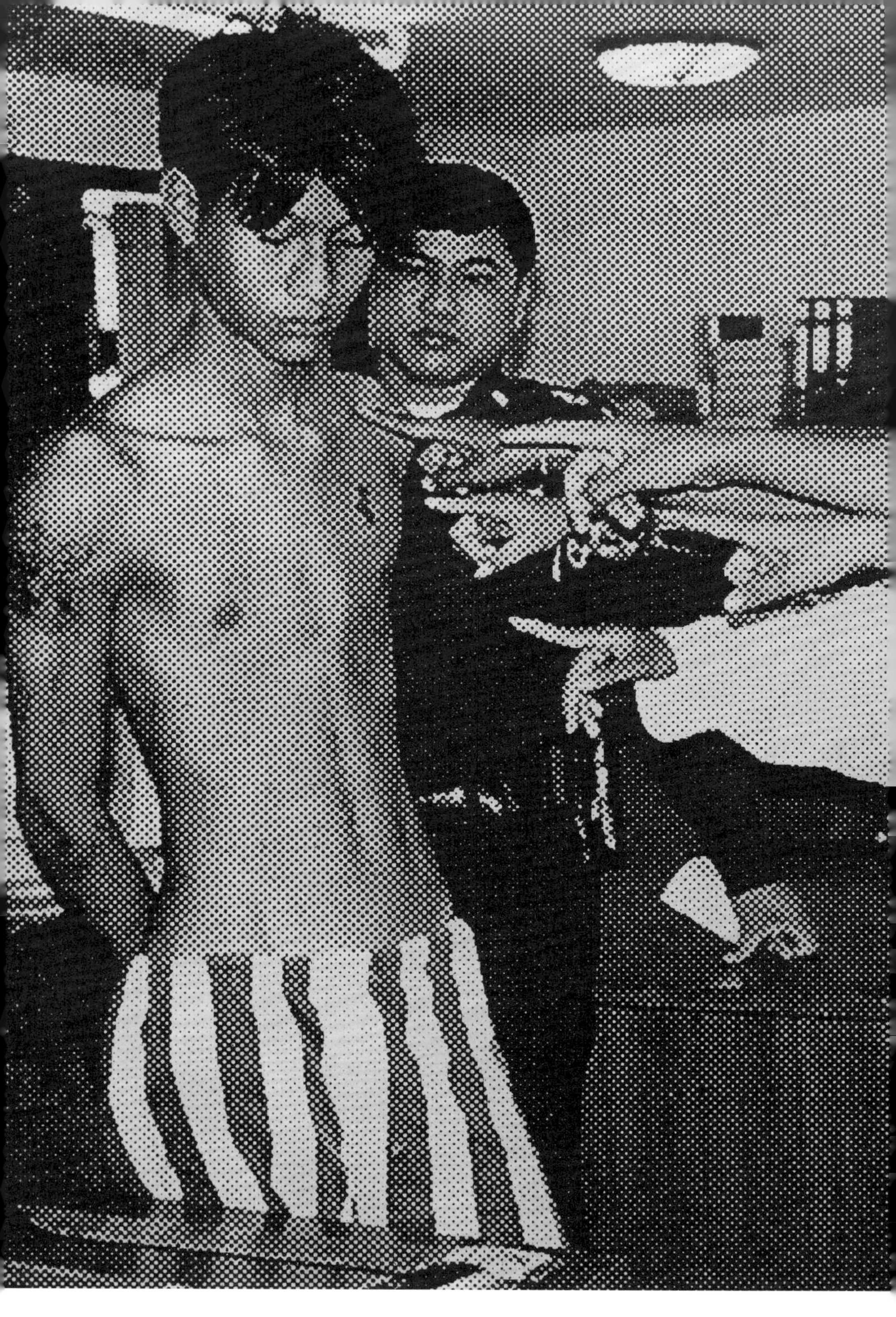

Mise en scène 3, 2015
Peinture acrylique et sérigraphie sur toile, pièce unique, 112 × 70 cm
Acrylic painting and serigraphy on canvas, single piece, 44.1 × 27.56 inches
 Collection du / Collection Frac Nord

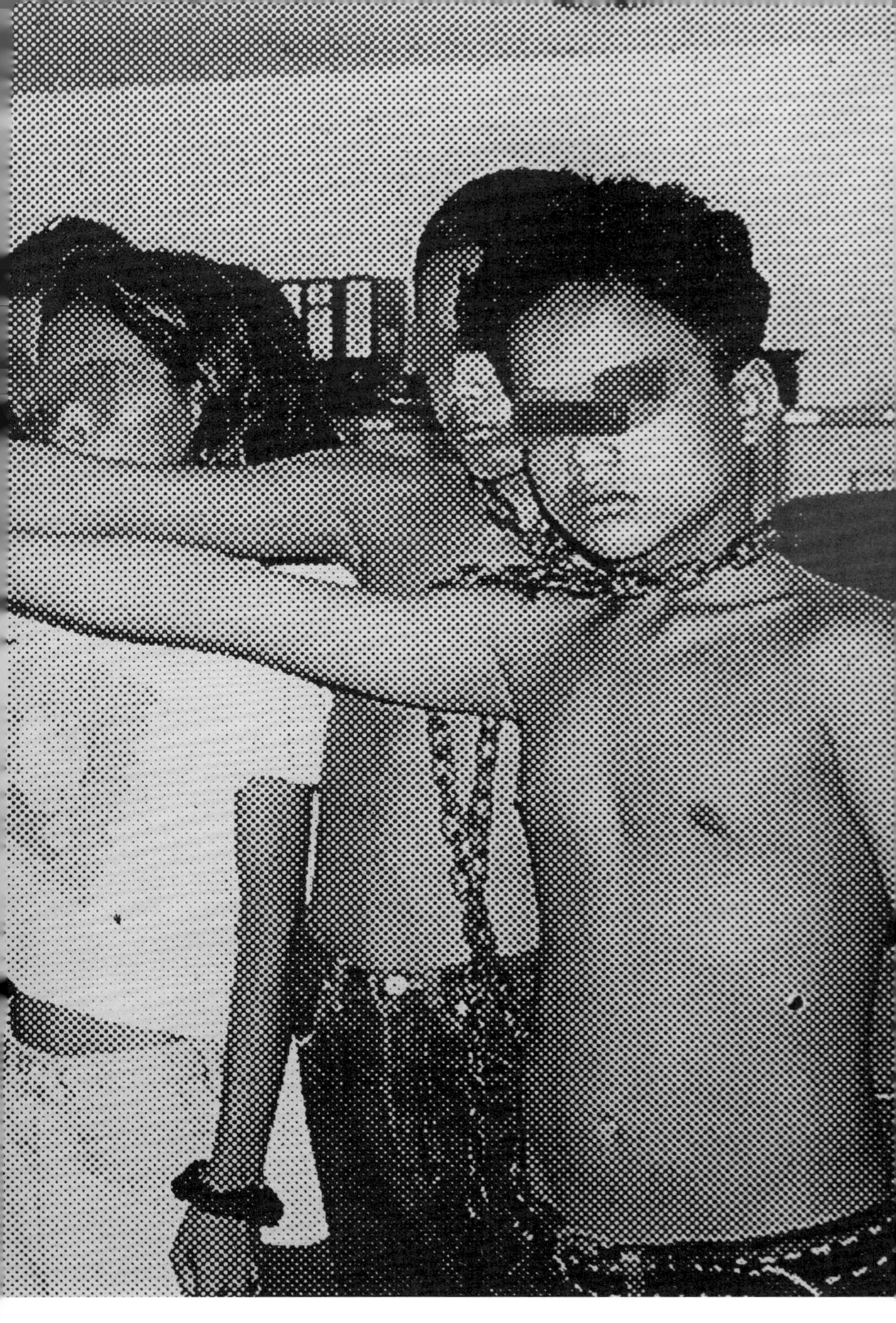

in France and Thailand. Even more than to media and popular fascination with violence, they attest to a fascination with retribution. Who is guilty? Who will be punished? The Catholic melodrama of sin and absolution in Mexico; hugely popular soap-opera narratives of sex, crime and accusation on Thai television.

The Thai and Mexican police and newspaper images of perpetrators that Hahn selects reflect a generalized mediatization of individual blame rather than the representation of systematic causes of criminal violence. The artist softens hard newspaper inks to show individuals' humanity, fragility, and bravado. Cultural differences also become apparent when the various images are juxtaposed. The Mexican boys appear to defiantly assume their status as anti-heroes, looking straight into the camera. The young Thai criminals are more self-effacing, appearing shamed in their exposure. Their eyes avoid the camera's lens, while others in the frame point to the guilty or to evidence of the crime. In *Mise en scène 3* (2015), the source photograph seems to have been taken in a police station and shows a line of four accusers, eyes blocked out for privacy, each extending an arm to point at the bare-chested accused standing in garish striped shorts with his eyes cast down. An officer is visible behind the dramatic choreography of accusation, made more complex by the chains around the necks of two of those who point the finger. Were they perhaps wrongly detained and finally vindicated in their claims of innocence? Or have they "squealed" to bring down a former associate who had let them take the rap?

KW The Thai photographs are highly staged and dramatic. Are you more interested in the compositional or narrative aspects of this?

 CH Those are things that are interlocked. The photographs are taken in a hurry and published in newspapers that feed on crime and pornography. And yet in those newspapers I've found images that have an eternal dimension. We come across themes that are developed by religious painting and history painting: martyrdom, the exposure of the body, murder. Their composition is derived from the representational conventions that were invented by artists and perfected over the centuries. They've ended up penetrating our visual structures, they are part of our subconscious, they pre-exist our view of the world. You mention *Mise en scène 3*. That image reminds me in its composition and its ideology of *Le serment des Horaces* (Oath of the Horatii) by Jacques-Louis David, where a father offers weapons to his sons, ordering them to go and fight in the war. The sons, obviously heroic, swear to do or die, the women play their eternal role, weeping and overcome by grief. The Thai newspaper photo I've appropriated speaks about something other than belligerent patriotism, but what *Mise en scène 3* has in common with that picture by David is that it has to do with images that serve to support the power relationships and the roles that are accepted in society. The bodies are very beautiful, and each person has his role, the policeman just like the accused. The image is eloquent, and the guilty party clearly indicated by everyone: a poor adolescent. He is the ideal guilty party, the eternal guilty party. He's looking down in shame in front of his former friends who're betraying him.

In the photographs selected by Hahn, the perpetrator is often shirtless, laid bare before his judges and the gaze of the public. Her screen-print on canvas, *Mise en scène 1* (2015), reproduces a Thai newspaper image of a man in the dock, chest bared and eyes downcast. A police officer stands alongside the culprit, and other figures inhabit the background. Hahn introduces a delicate pinky orange wash of paint on the left side of the black and white image. Their naked bodies are presented in harsh black and white for judgement, yet Hahn intervenes with a note of fragile flesh-tone.

KW   Can you tell me more about the choice to introduce this color?
    CH It's the color of my skin. The paint was applied with a brush onto the screen-printed canvas. Each screen-print is a one-off print. It's a gentle way of getting close to the people who're in the picture.

In Hahn's *Mise en scène 2* (2015), a dead woman's naked and supine body is seen from behind, her face hidden but clothing drawn up to show a curve of back, buttocks and legs. Three men squat around her with white gloves, one with an official tag, while four other male onlookers crowd around behind. The camera's access to her sexualized nakedness positions her as a victim judged guilty. Here again the artist intervenes with a pale pink flesh-tone.
     Political philosopher Giorgio Agamben suggests in his 2009 essay "Nudità" that the nudity of the human body is rarely simple[1]. Moreover, as Agamben notes, nudity in European culture is rarely separable from theology and the story of Adam and Eve after the fall covering their nudity with fig leaves. He points out that, in theological accounts, before the fall they were not in fact nude but covered by a vestment of grace. Nudity occurs in the brief moment between the consciousness of sin and their weaving of a covering of fig leaves. Full nudity is found perhaps only at the moment of the last judgement and in hell when the bodies of the damned are presented for the eternal torment of divine justice.

    CH Nudity as a punishment and as infamy. The iconography you talk of was used by artists, over the ages, to depict sexual and sadomasochistic phantasms, while at the same time playing the role then attributed to art: glorifying Christianity and establishing its authority which went hand in hand with the authority of the State. It's the same kind of double level of interpretation you can detect in the newspaper images I use.

1. Giorgio Agamben, "Nudità," in *Nudità* (Milan: Nottetempo, 2009).

In *Los Desnudos* (2012) Hahn films the nude demonstrations in Mexico
City of indigenous people demanding land. The group demonstrating had
tried going on hunger strike, but that was not effective. Their "shocking"
nudity on the street succeeded where self-inflicted bodily harm had not,
and the group was granted land in exchange for the promise to dress,
leave the capital and return to the tiny corner of Eden granted to them.
This work is part of a series of three videos entitled *Notre corps est une
arme* (Our Body Is A Weapon, 2012). Another video from the series, *Prison*,
is structured around interviews with Kurdish women militants who con-
ducted hunger strikes while imprisoned in Turkey, one suffering permanent mental damage, and who also underwent extreme physical violence.
The third work in the trilogy includes footage of PKK Kurdish fighters
risking death in guerilla combat in hills near the Iraq/Turkey border.

Images narrate differently in different contexts; Hahn consistently
denaturalizes these readings through unexpected juxtaposition, associ-
ating things that are not usually thought about together. The principal of
juxtaposition is fundamental, whether in the ongoing *Boyzone* photographs
taken in Mexico, Thailand, and France or in the *Boyzone* videos initiated
in 1998, shown in various configurations but always at least two. Other
juxtapositions include *Ovidie / Hôpital* (Ovidie / Hospital, 2002). *Rituel*
(Ritual, 2015) brings together five channels of video moving from a pro-
Palestinian demonstration in the Paris streets to a private S&M soirée
in the same city, to its suburbs and a Kurdish community gathering, then
far away to a Mexican hilltop, and to Turkish Kurdistan.

KW   In a filmed interview in 2008 for the Centre Georges Pompidou
        series *Paroles d'artistes* (Artists' Words) you said, "In Protestants
        there isn't a real narrative. You move from one set of problems
        to another, it's more a matter of that." [2] Do you think that the
        principle of juxtaposition in your work could emerge partly from
        that legacy?
CH   I was talking about the structure of the film *Les Protestants*
        which I'm often questioned about because we don't follow one
        character in particular, we aren't guided by a clear line, which
        troubles viewers. I'm filming people who tend to be reserved,
        in muted surroundings, and I'm asking them to define them-
        selves in relation to the group they belong to, while avoiding the
        usual seemingly "pat" definitions that French Protestants usu-
        ally define themselves by, such as being free-thinking, having
        a strict work ethic. I wanted to understand what kinds of collec-
        tive rituals they use to structure themselves as individuals linked
        to a group. Then they come up with things that aren't the prerog-
        ative of Protestants, like the way of shaping their bodies through
        sport and presenting them to other people, the ways of gathering
        together and being interdependent. There's also their very

     2.   *Paroles d'artistes* (DVD), Centre Georges Pompidou, 2008.

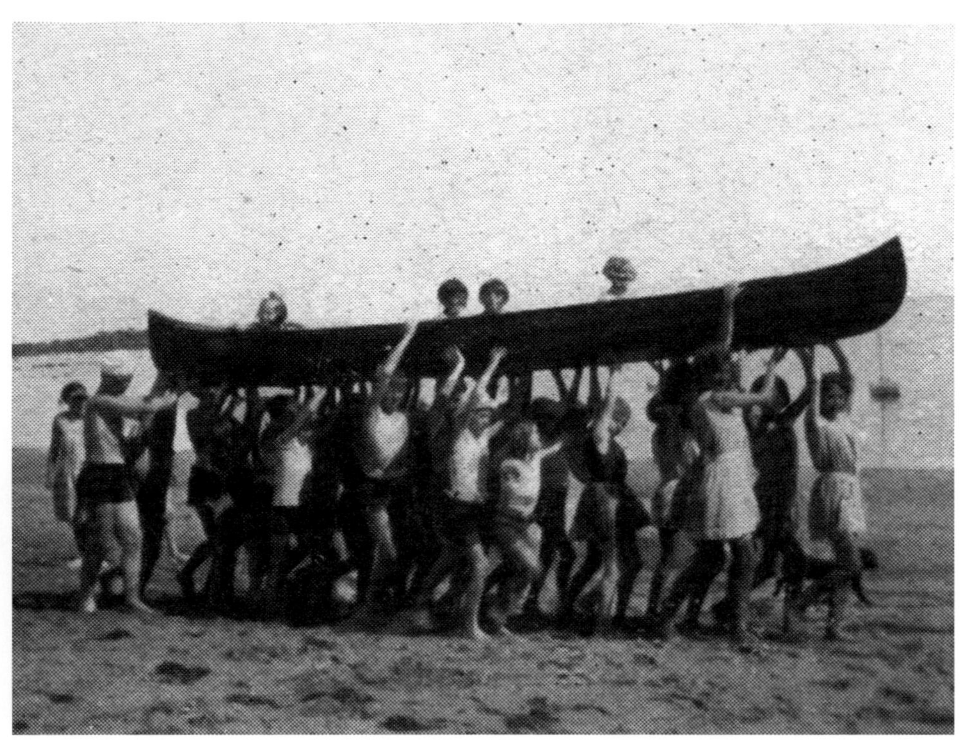

Les protestants / The Protestants, 2005
Documentaire, couleur / Documentary, color, 90'

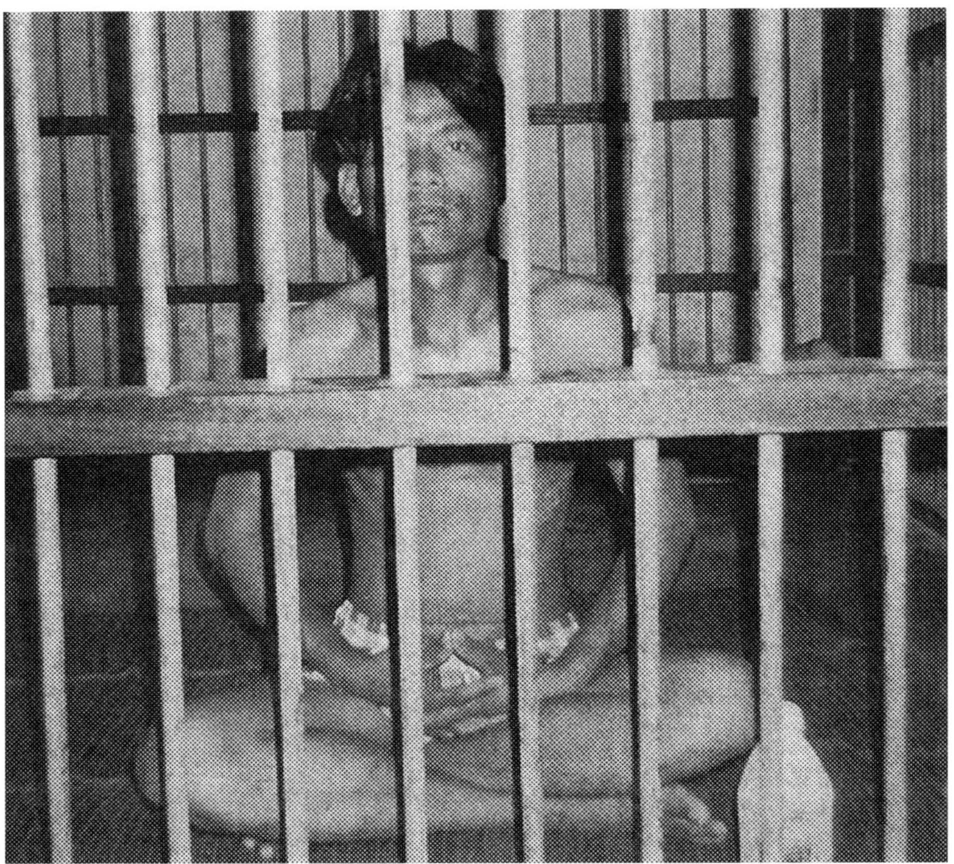

Icônes du ghetto – Boyzone Thaïlande / Ghetto Icons – Boyzone Thailand, 2011
Photographie noir et blanc, 71,5 × 67 cm
Black and white photography, 28.3 × 26.4 inches

reserved way of showing their emotions, which becomes
extremely touching when you understand what barriers of control they have to overcome to let other people see what they
feel. The installation *Rituels* (Rituals) juxtaposes the very different horizons of religious, sexual, and political communities.
What they have in common, in that installation, comes from
the fact that I've captured moments of intensity in rituals that
are intended to allow people to externalize the violence of
their emotions, while at the same time remaining protected
by the reassuring context of the community.

KW   Could you speak about your approach to filming the various
movements and gestures of the people who appear in your video
works including the *Notre corps est une arme* series and *Rituels?*

CH   With *Los Desnudos - Notre corps est une arme*, I show dancing,
festive bodies. The very beautiful naked bodies of eight 40 to
50-year-old women leading a protest march in Mexico City,
and 200 naked men dancing in rhythm behind them. There's
this moment when the women eat pastries with little spoons,
as they carry on dancing naked in the street. After the demonstration, they return to their encampment and get dressed to
rest in their tents erected near a huge crossroads where thou-
sands of vehicles are driving past night and day. This results
in a real inversion of the private and public contexts of the body.
In *Gerilla – Notre corps est une arme*, I film young Kurds from
Iraq who are living in the Paris streets, ejected beyond their
frontiers by war. One of them takes off his shoes, as if he were
arriving in a house, before sitting down on a blanket spread
out on the pavement where two friends are waiting for him.
They really manage to create a little bubble of intimacy on that
blanket, although their bodies are permanently exposed to view.
On one of the five screens of the installation *Rituels*, a religious
ceremony by the Alevi Kurds in Turkish Kurdistan is taking
place. The prayer for the Imam Hussein is the point in the worship where people can weep for their dead, and it's a very powerful moment, in that country which has been at war for so long.
The people rock forwards and backwards weeping, some go
into a trance. On another screen you see the same kind of ceremony, filmed in the Paris region, far from the holy sites venerated
by the Alevis. The ceremony loses all that emotional power.
Young girls with long black hair listen calmly to the voice of the
spiritual guide. In both France and Kurdistan, men and women
are sitting very close to one another, on rugs, which define the
boundaries of the sacred space.
On a third screen I've filmed a syncretic Protestant act of worship
led by a Tzotzil Amerindian pastor, at dead of night, on a sacred

mountain in the Chiapas region in Mexico. The congregation are lying face down to the earth, their bodies pointing towards the darkness of the forest. With the tone of his voice, the minister manages to heighten the emotion and the congregation answer him with prayers uttered like wailing threnodies. On the fourth screen, I've filmed a demonstration that degenerates into a riot on the streets of Paris. The fighting between the cops and the demonstrators, involving Molotov cocktails, burning rubbish bins, and tear gas. Young men stripped to the waist are running around more or less everywhere, taking over the street. There's a great vitality in this confrontation, in the nature of release and play. On the final screen, which I've called *Les soirées de maîtresse Karima* (Mistress Karima's Soirées) we are dealing with an S&M session. The bodies of those submitting themselves are exhibited, trampled on, whipped. A woman is being hypnotized, her eyes closed to allow herself to be enveloped by the repetitive words of the hypnotist, their musicality being quite similar to the prayers of the Alevi spiritual guide or the Tzotzil pastor. On the five screens that make up this installation, I film movements of excess or trance. The bodies are part and parcel of instants of crisis created to be exhibited to the group: trance, excess, tears, violence, pleasure. They are moments of chaos and crisis when boundaries are crossed, while at the same time being curbed by the energy of the group.

Agamben states in *Means without End: Notes on Politics* (2000), "Gesture is the name of this intersection between life and art, act and power, general and particular, text and execution. It is a moment of life subtracted from the context of individual biography as well as the moment of art subtracted from the neutrality of aesthetics: it is pure praxis." He also suggests that "the gesture is essentially always a gesture of not being able to figure something out in language." Hahn's video works record bodily languages that disrupt as they reveal possibilities; possibilities that, while not yet explicit or clearly articulated, shift established understandings. This focus on bodily gesture resonates strongly with Agamben's conception of gesture as politically productive. Hahn combines this with a nuanced and ongoing inquiry into moral judgement and transgression.

Aux aventuriers (To the Adventurers, 2017) is Hahn's second granite tablet work. The incised image is of four young men in Calais protesting at not being allowed to travel on to the United Kingdom. They are agitated, three of them hold up a hand to emphasize their position or ask for attention, the fourth with an encircling arm restrains a younger man from any rash act of frustration. Hahn again effects a transformation from the ephemeral media image to the iconic or timeless in this heroic composition engraved in stone. Theorist Denise Ferreira da Silva states that in today's

images of brown and black people packed on boats and stuck in Calais she sees "movement without change," not "unprecedented crisis" but rather business as usual for global capital, where particular events need to be located in a global context shaped by repetitions of the founding extractive violence of capitalism and its colonial-racial machinery.
She points to the "inability of Europeans to comprehend that they have produced the circumstances forcing millions out of their homes, to risk their lives."[3] In the light of this analysis, Hahn's work in the form of a mortuary headstone appears as a monument to the searing historical blindness of white European supremacism that does not know itself or recognize its own functioning, a monument to its universalist notions that systematically consign certain bodies to zones of perpetual violence. Hahn, who returns always to zones of exclusion and the apparatus of judgement, here puts her finger on the founding and definitional exclusions of Europe.

3. "The 'Refugee Crisis' and the current predicament of the liberal state," in *l'Internationale online*, March 9, 2017, http://www.internationaleonline.org/research/politics_of_life_and_death/88_the_refugee_crisis_and_the_current_predicament_of_the_liberal_state, accessed November 1, 2017.

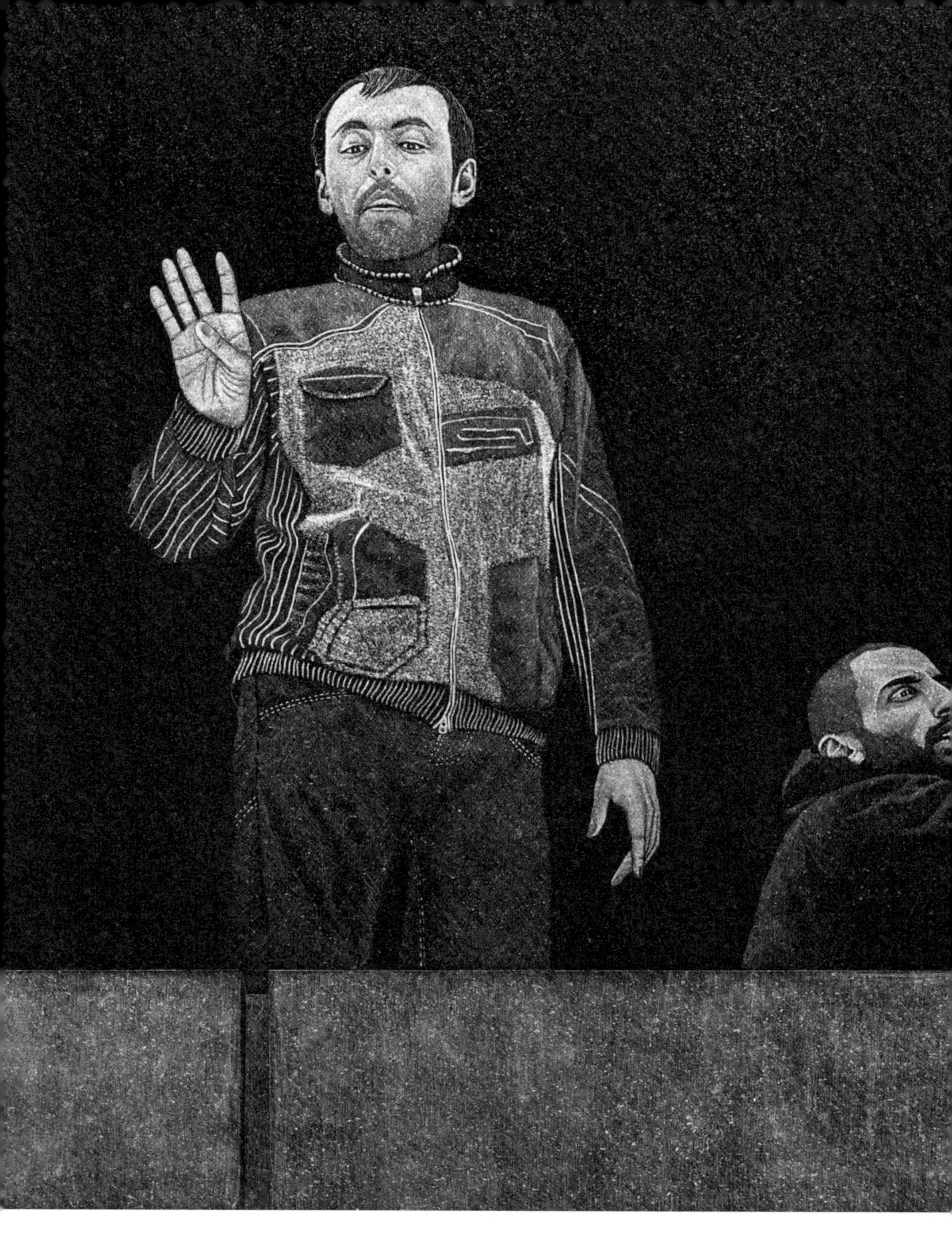

Aux aventuriers / To the Adventurers, 2017
Gravure sur plaque de granit noir fin. Incisions à la mine de diamant, 165 × 100 × 2 cm
Engraving on black granite plate. Incisions with diamond mine, 64.9 × 39.3 × 0.7 inches

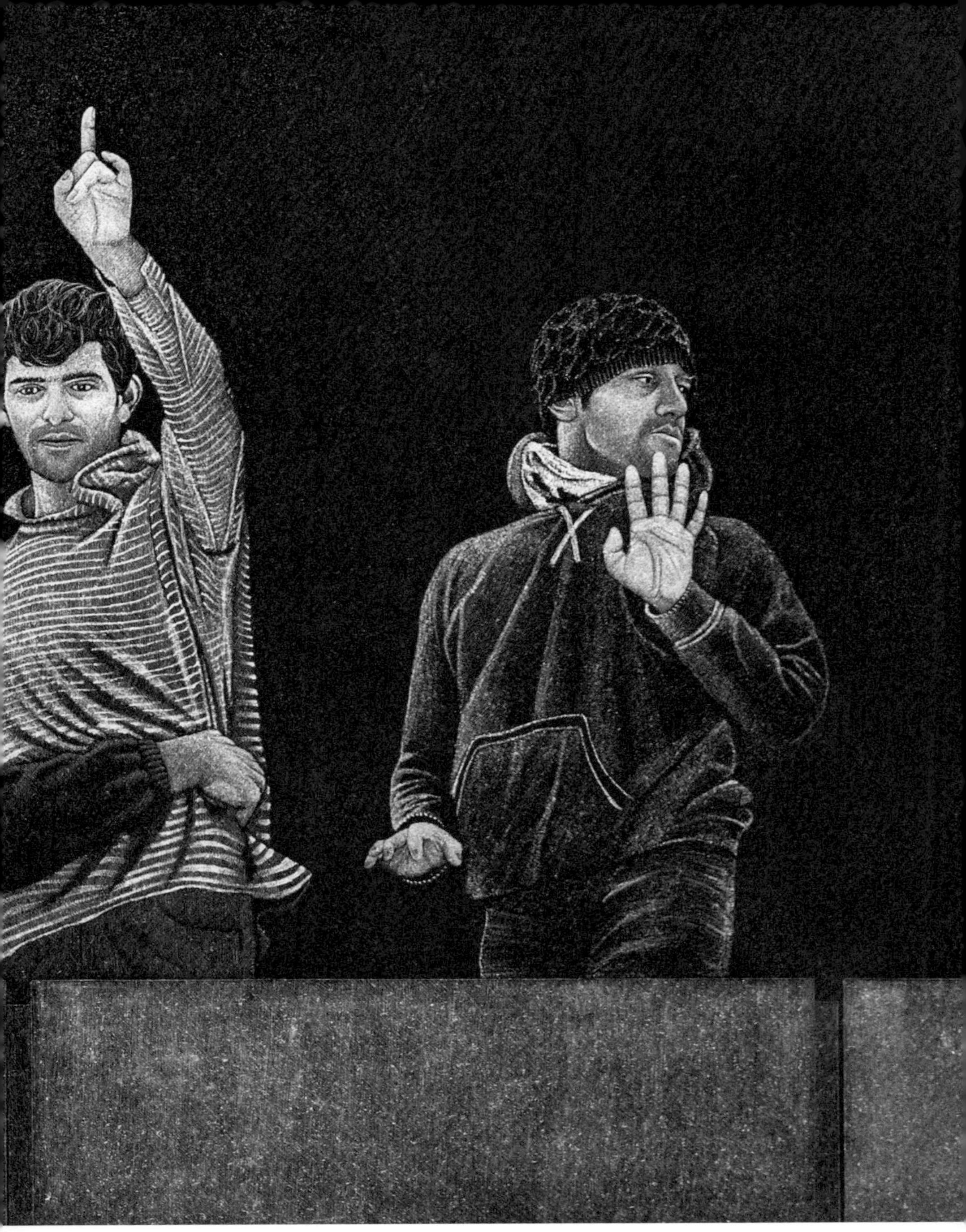

ICÔNES DU GHETTO

ÉCHANGE SUR *BOYZONE* (1998–en cours)

Nicole Brenez

NICOLE BRENEZ : Comment t'es venue l'idée de *Boyzone* ? La série est-elle née d'une situation visuelle précise, ou d'un protocole que tu as élaboré en amont ?

CLARISSE HAHN : *Boyzone* est né en 1998. J'ai commencé à observer, depuis un perchoir, des hommes torses nus qui circulaient dans une sorte de friche, près d'une chapelle à l'abandon qu'ils squattaient. J'ai tout de suite pris ma caméra vidéo, qui ne me quittait pas à l'époque, et j'ai commencé à les filmer. Ces hommes étaient plutôt désœuvrés, ils discutaient en buvant de la bière. J'étais trop loin pour entendre ce qu'ils disaient. C'est justement ça qui était intéressant : tout tenait à leur communication non verbale. Avec leur corps, ils dégageaient un mélange d'agressivité et de séduction. Ils se rapprochaient les uns des autres tout en se tenant à distance par une sorte de rapport de force. C'était comme une danse. Un peu plus tard, je suis retournée sur mon perchoir pour voir si les squatteurs étaient encore là. Ils avaient été évacués. À leur place, un vigile en uniforme dressait son chien. La danse continuait. Le vigile exprimait, face à son animal, toutes les postures de la force et de la domination. Une sorte de violence se dégageait de lui. Le chien avait l'air terrorisé.

NB   Combien d'épisodes compte à ce jour l'entreprise, et a-t-elle vocation à se prolonger tout au long de ton parcours ?

CH   Une quarantaine de vidéos, plusieurs séries de photos, des sérigraphies. C'est une série en progrès, que je pense continuer sauf si je m'en lasse.

NB   Comment choisis-tu la situation que tu vas enregistrer ? *In situ*, en la découvrant, ou après des repérages ?

CH   Souvent c'est une situation rencontrée par hasard qui soudain m'arrête, car elle correspond exactement à ce que je recherche dans cette série. En même temps, si je passe par là avec un appareil photo ou une caméra, ce n'est pas tout à fait par hasard : c'est parce que je suis en recherche.

NB   En général, ta façon de filmer, de photographier, très sensible voire charnelle, joue avec l'immédiat.

CH   C'est exactement ça.

NB   Le rapport aux motifs diffère d'un épisode à l'autre, tantôt le « boy », ou le groupe de boys, est conscient d'être filmé, tantôt non, tantôt cela reste indécidable ou latent ; parfois tu les connais déjà et parfois tu ne les rencontreras jamais… Qu'est-ce qui traverse la série, est-ce le principe de la saynète centrée sur des corps pris dans des activités ordinaires, ou déjà plus précisément une énergie physique qui s'élève, ou tout autre chose ?

CH   Cela, oui, et aussi une façon de communiquer qui leur est propre, une manière d'être ensemble dont ils connaissent à tel point les codes et les usages qu'ils le portent dans leur corps.

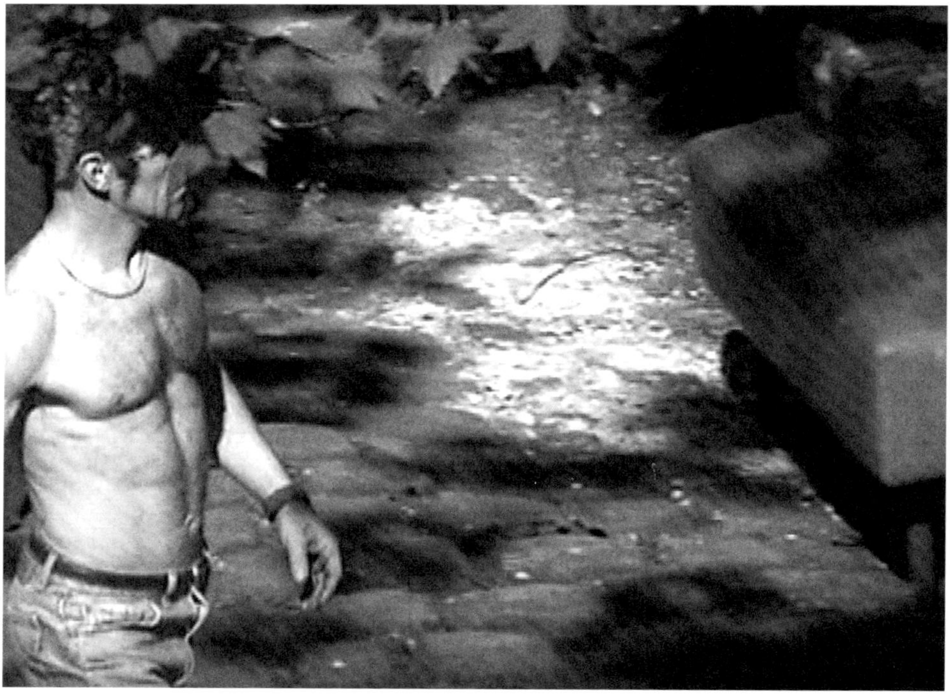

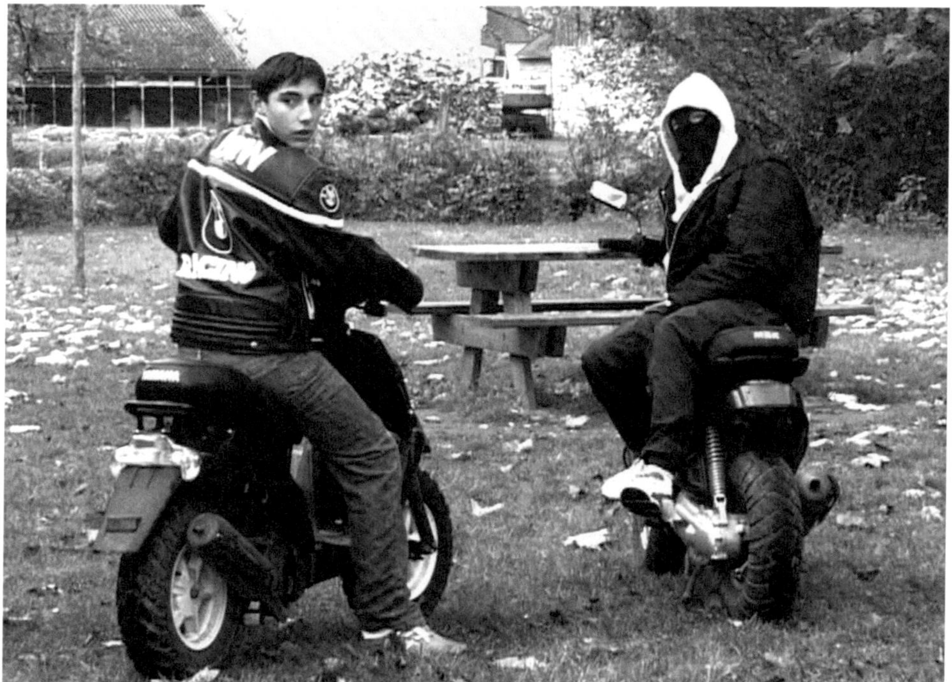

Boyzone 1, 1999
Video, 10'

Boyzone Adolescence, 2006
Video, 7' 53"

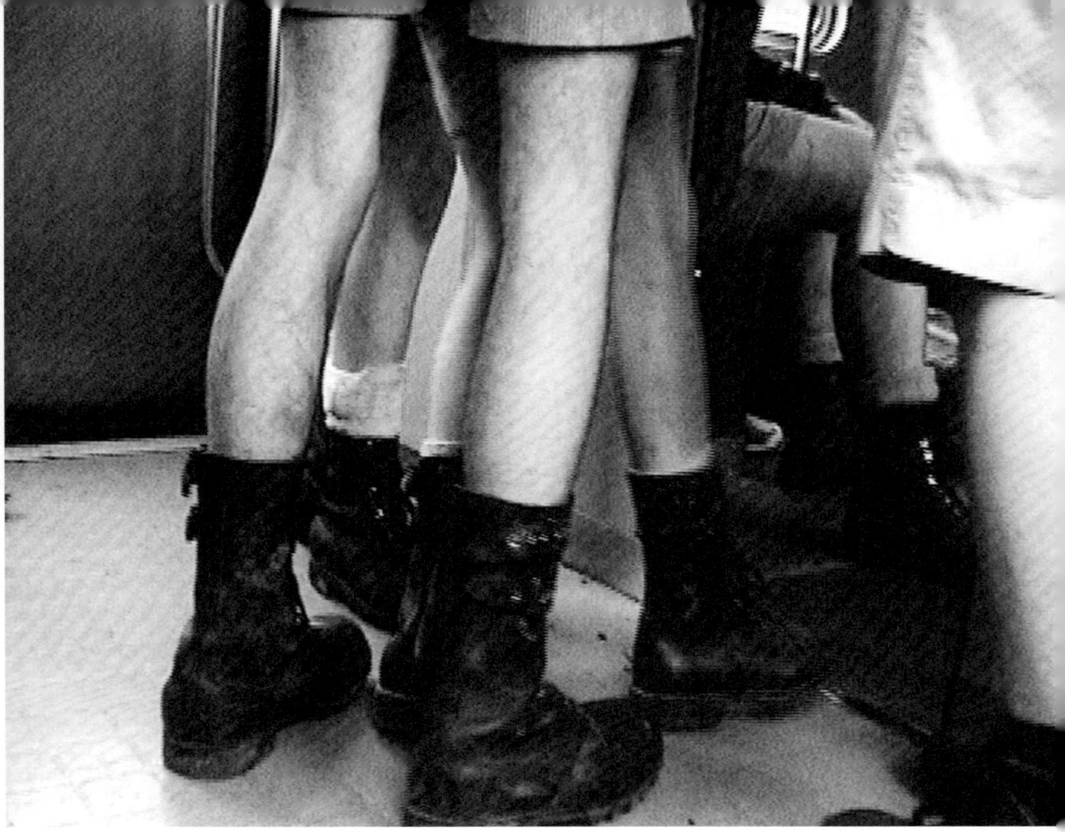

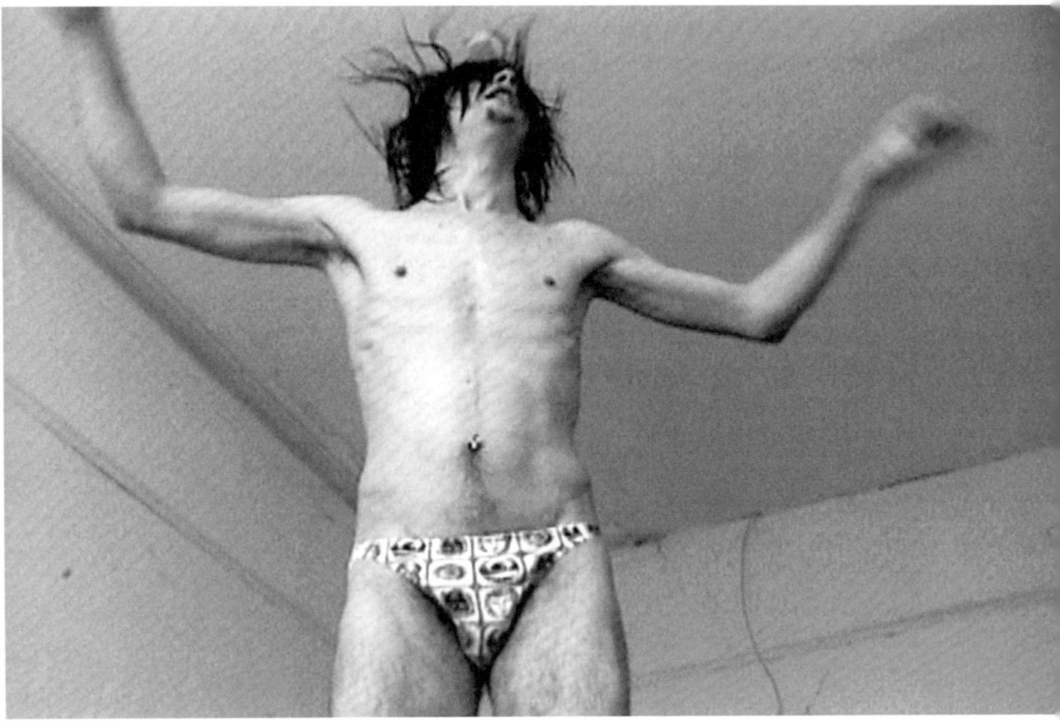

Boyzone Scouts, 2001
Video, 3'

Boyzone Yvan, 1999
Video, 5'

Qu'ils sachent ou non que je les filme, ils ont une conscience aigüe d'être regardés parce qu'ils s'observent les uns les autres et qu'ils posent.

NB   Tu dois disposer parfois de très longs rushes, selon quels critères montes-tu le résultat final ? Existe-t-il différents montages à partir du même matériau ?

CH   J'ai souvent beaucoup de rushes. Cela prend du temps de filmer quelque chose en train d'advenir dans le réel. Mais finalement, pour *Boyzone* le montage est assez rapide, puisque je vais directement vers la partie du tournage qui m'intéresse. Il n'y a pas, comme dans mes films longs, la volonté de construire un récit : ce sont des fragments. Ce qui lie toutes ces vidéos, c'est une problématique, une manière de regarder. On arrive directement à l'action (ou non-action) qui m'intéresse, sans situer les personnages. D'ailleurs, peut-on parler de personnages ? Ce sont plutôt des figures. On n'entre pas dans leur intériorité, parce que c'est justement ce que, lorsqu'ils sont à l'intérieur du groupe, ils ne veulent pas laisser percevoir. Ils ont un rôle à tenir.

NB   *Boyzone* est aussi bien montré en projection traditionnelle qu'exposé en galerie ou musée, penses-tu d'emblée à ces deux usages possibles, ou certains épisodes sont-ils plus particulièrement dédiés à l'une ou l'autre de ces formes d'exposition ?

CH   Lorsque tu m'as invitée à projeter l'ensemble de mes films à la Cinémathèque française, tu as insisté pour que les moments choisis de *Boyzone* soient projetés en salle, ce que je n'avais jamais envisagé. *Boyzone* a été pensé pour être installé dans un espace d'exposition, avec plusieurs écrans projetés en simultané. Certains épisodes sont de très longs plans-séquences, mais d'autres sont plus dynamiques, presque narratifs, et c'est ceux-là que j'ai choisis : tu avais raison, c'était très bien en projection. J'envisage ces films différemment maintenant.

NB   Serais-tu d'accord pour dire que l'épure descriptive qui caractérise *Boyzone* constitue le noyau dur de ton travail documentaire ? Au sens aussi où l'on retrouve du « boyzonisme », c'est-à-dire de la description de groupes masculins saisis dans les particularités de leur énergie physique, dans beaucoup d'autres de tes films, tels *Kurdish Lover* ou *Queridos Amigos* ?

CH   Je ne sais pas si c'est le noyau dur. Je dirais plutôt que c'est un fil rouge qui relie les films entre eux. Dans *Kurdish Lover*, il y a les militaires, les ouvriers en bâtiment, les manifestants. Dans *Queridos Amigos*, tourné dans le désert Wirikuta au Mexique, un pré-adolescent participe un rodéo, comme une sorte de rituel d'initiation à la masculinité. Il fait une chute assez grave qui le laisse inconscient pendant plusieurs minutes. Les rites d'initiation sont toujours douloureux.

Au même endroit, j'ai fait une série de photos, « Boyzone-Wirikuta » : le week-end, les villageois partent entre hommes dans le désert pour se saoûler, assis sur le toit de leur voiture pour pouvoir regarder au loin. J'ai encore filmé ces groupes d'hommes dans *Mescaline*, mon premier film de fiction. L'actrice, Agathe Bonitzer, se retrouve parmi des villageois du désert Wirikuta dont elle ignore les usages. Le viol collectif qui advient ensuite est une sorte de rituel. Pour les jeunes, surtout, qui agissent sous la pression du groupe et pour qui cela ressemble à un sombre rite d'initiation. Le rituel est donc aussi un fil rouge qui relie mes œuvres entre elles. La notion de code social, compris ou non, en est un autre. Ainsi que le rapport de l'individu au groupe. Cela dit, tout cela est présent dans *Boyzone*, alors tu as peut-être raison.

NB   En découvrant *Boyzone*, on pense beaucoup non seulement aux séries portraitiques qui ponctuent l'histoire du cinéma, tels les *Screen Tests* d'Andy Warhol ou les *Nudes* de Curt McDowell, mais aussi à la tradition des grands peintres qui ont monumentalisé et fétichisé les corps humbles, au travail, voire sous-prolétaires ou la trivialité des corps, par exemple Anibal Carrache, le Caravage ou bien sûr Gustave Courbet. Quels sont tes points de référence ?

CH   L'histoire de la peinture nourrit mon travail. Dans les sérigraphies, ou dans les séries de photos de délinquants mexicains, thaïlandais, il y a cette dimension monumentale. Je transforme des images d'infamies en fétiches et icônes. Ce sont des icônes du ghetto. Les films de Warhol sont une référence très importante pour moi. Warhol regarde les gens qui gravitent autour de lui avec fascination, et je me reconnais assez dans cette manière de regarder, tout en s'effaçant (en se cachant ?) derrière la caméra. Dans les *Screen Tests*, il filme des gens qui maîtrisent l'art d'être en représentation, à qui il fait vivre l'épreuve de la durée. Tout tient à leur présence. Il a compris que les moments les plus intéressants adviennent lorsque les gens restent ensemble sans rien faire. C'est dans ces moments là qu'ils se dévoilent. Dans les *Nudes* de Curt McDowell, tout apparaît par fragments : les corps érotisés, ses récits sexuels, masturbatoires. C'est drôle que l'on puisse voir ses films sur des sites porno gay. C'est sur le même genre de sites internet que l'on peut voir les films de Jean-Noël René Clair. J'ai découvert son travail dans les années 1990, à l'époque celui-ci circulait sous forme de cassettes VHS. Jean-Noël René Clair filmait, sur un mode documentaire, des hommes en train de se masturber. Il fonctionnait aussi sur le principe de la série : les légionnaires, les pompiers, les Turcs, les footballeurs.

NB   À l'issue provisoire de ce travail, qu'est-ce pour toi qu'un « boy » ?

CH   Je me garderais bien de répondre à cette question ! Si je fais des images, c'est justement parce qu'il y a là quelque chose de complexe, qui résiste aux définitions. On ne peut pas définir précisément ce qu'est le genre. C'est quelque chose qui se construit dans un équilibre entre soi et les autres. C'est une conscience de soi au milieu des autres.

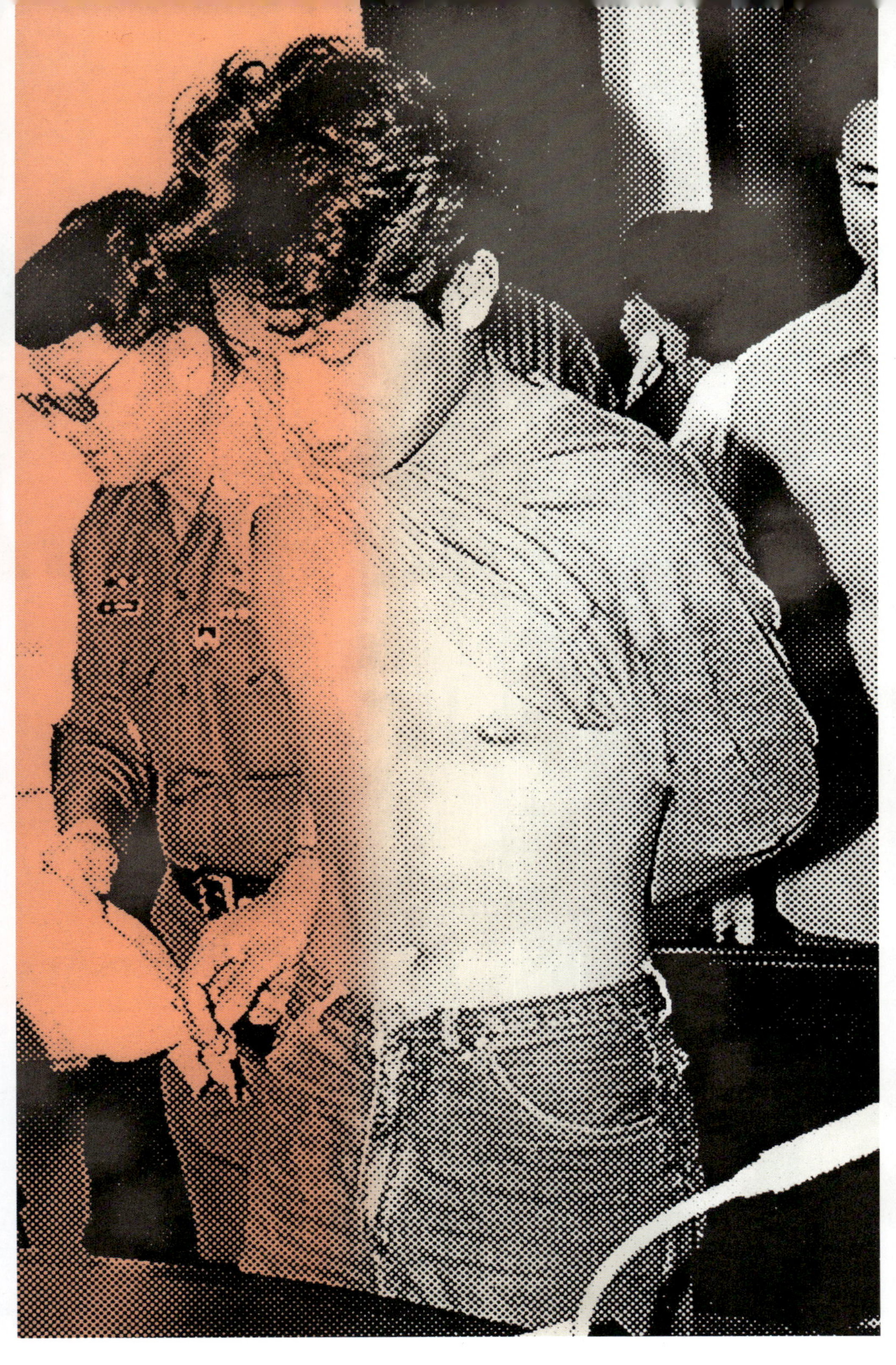

Mise en scène 1, 2015
Peinture acrylique et sérigraphie sur toile, pièce unique, 112 × 70 cm
Acrylic painting and serigraphy on canvas, single piece, 44 × 27.5 inches

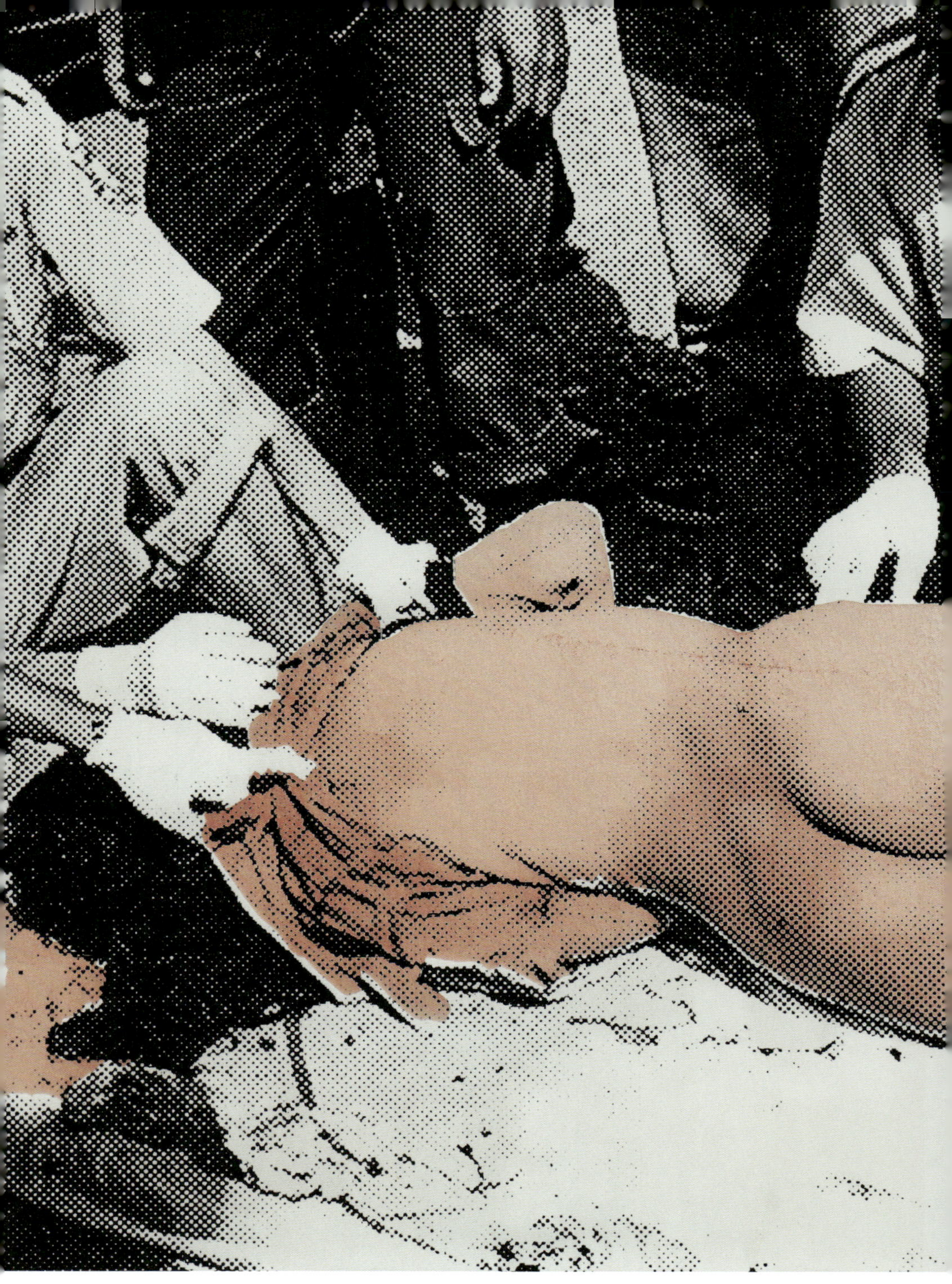

Mise en scène 2, 2015
Peinture acrylique et sérigraphie sur toile, pièce unique, 112 × 70 cm
Acrylic painting and serigraphy on canvas, single piece, 44 × 27.5 inches

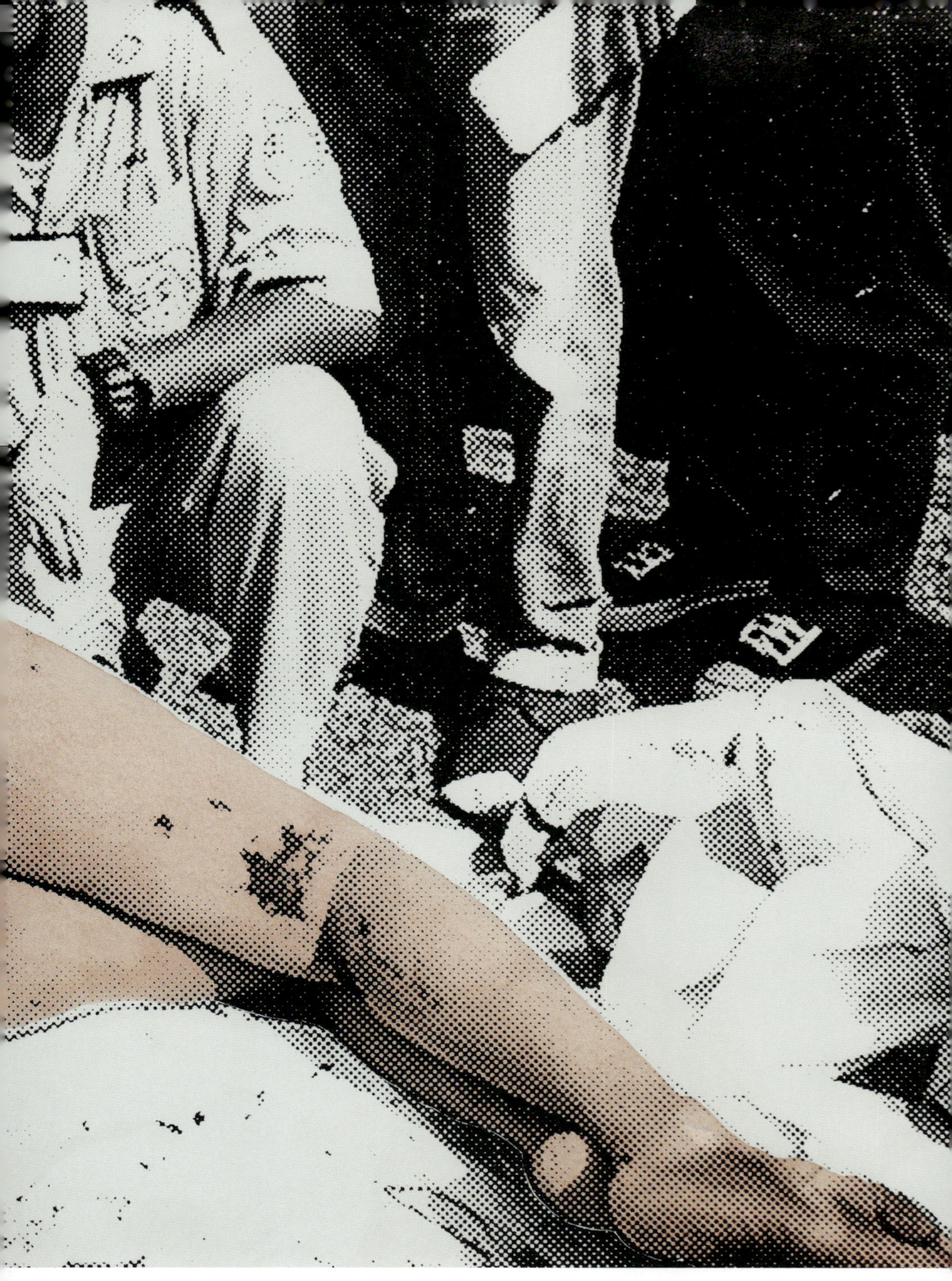

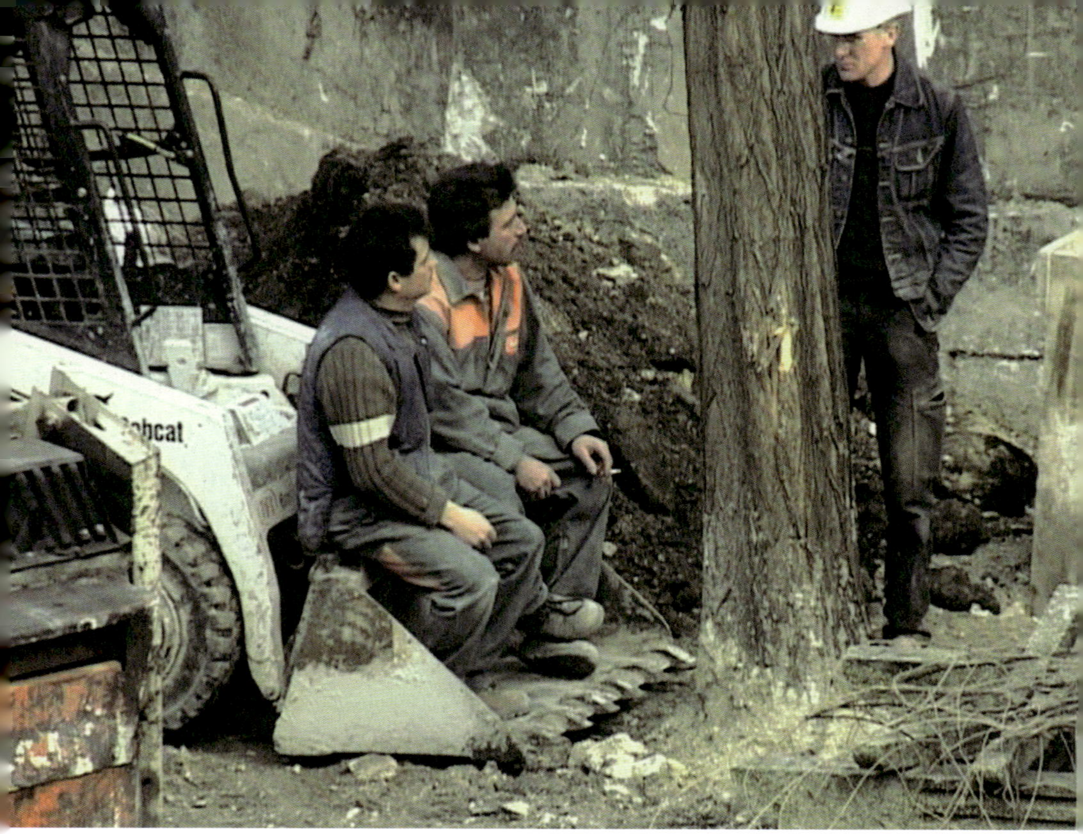

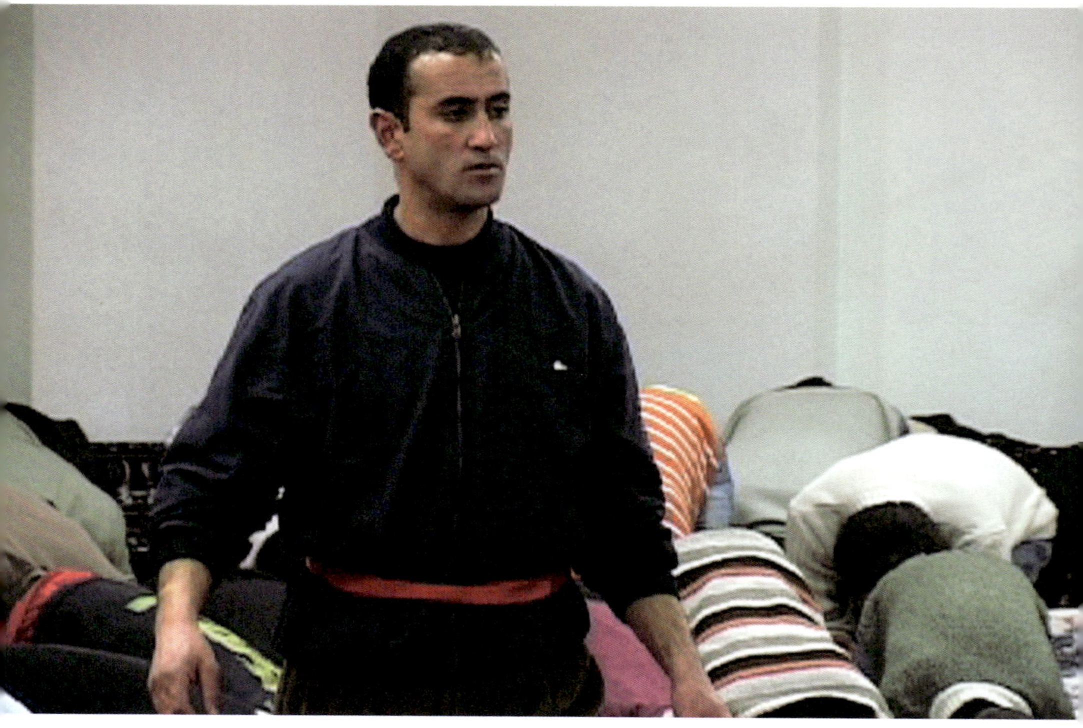

Boyzone – Ouvriers / Boyzone – Workers, 2000
Video, 4'

Boyzone – Cem, 2008
Video, 1'

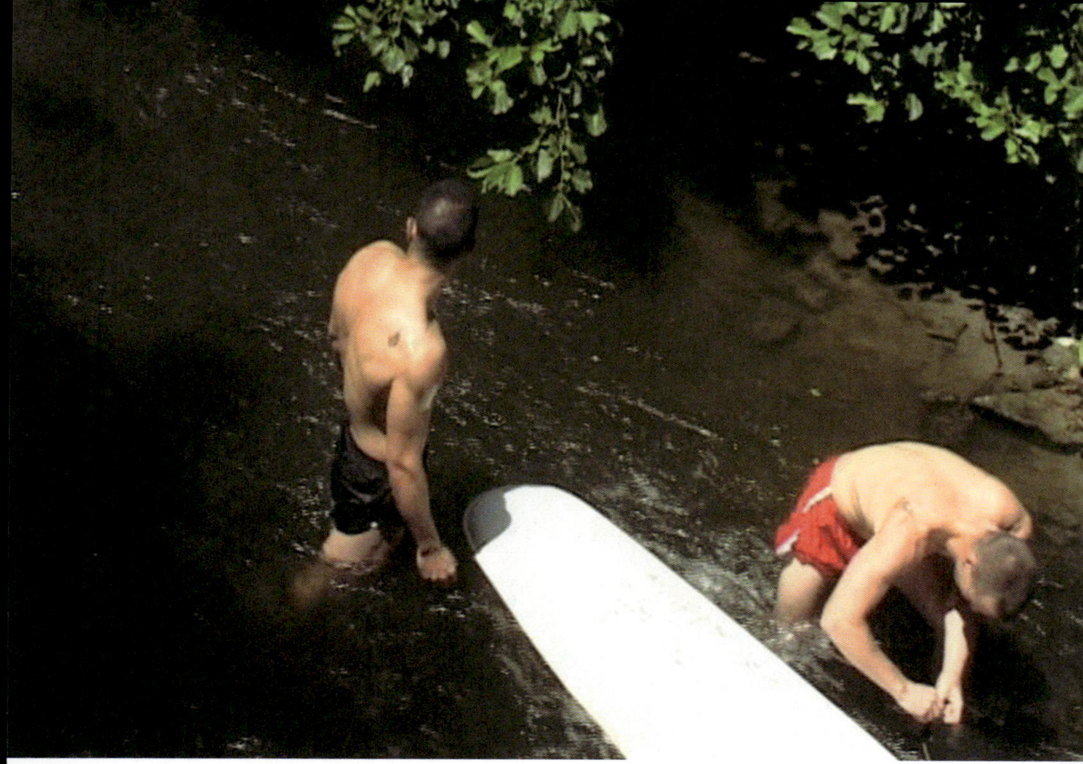

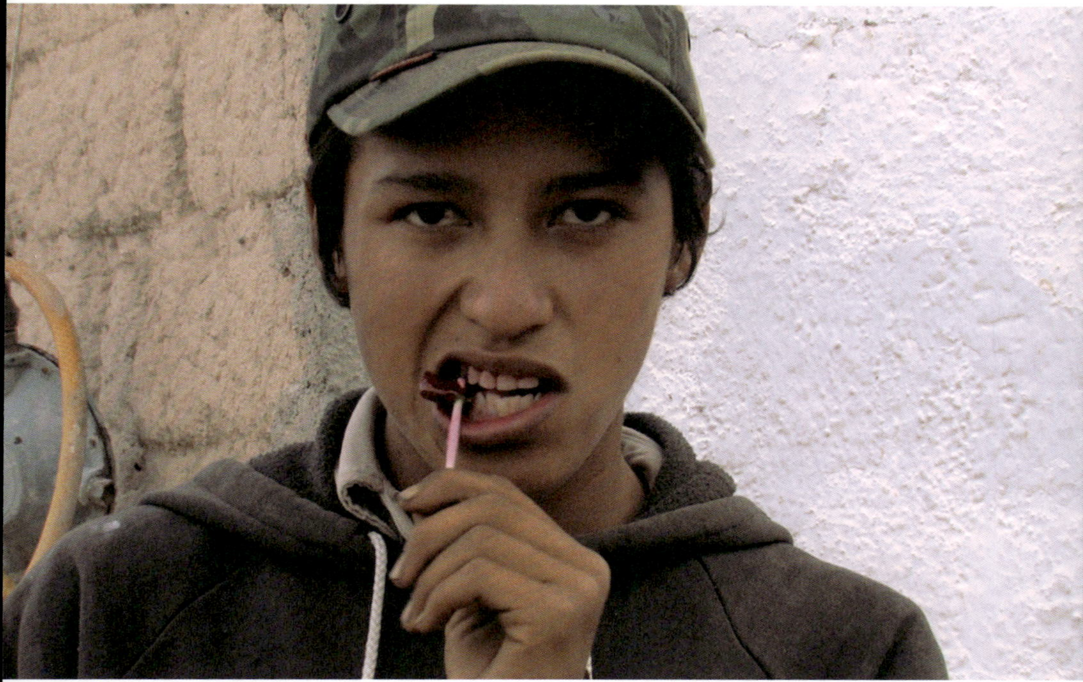

La rivière / The River, 2008
Video, 5′

Boyzone – Fragments Mexicains / Boyzone – Mexican Fragments, 2013
Video, 7′

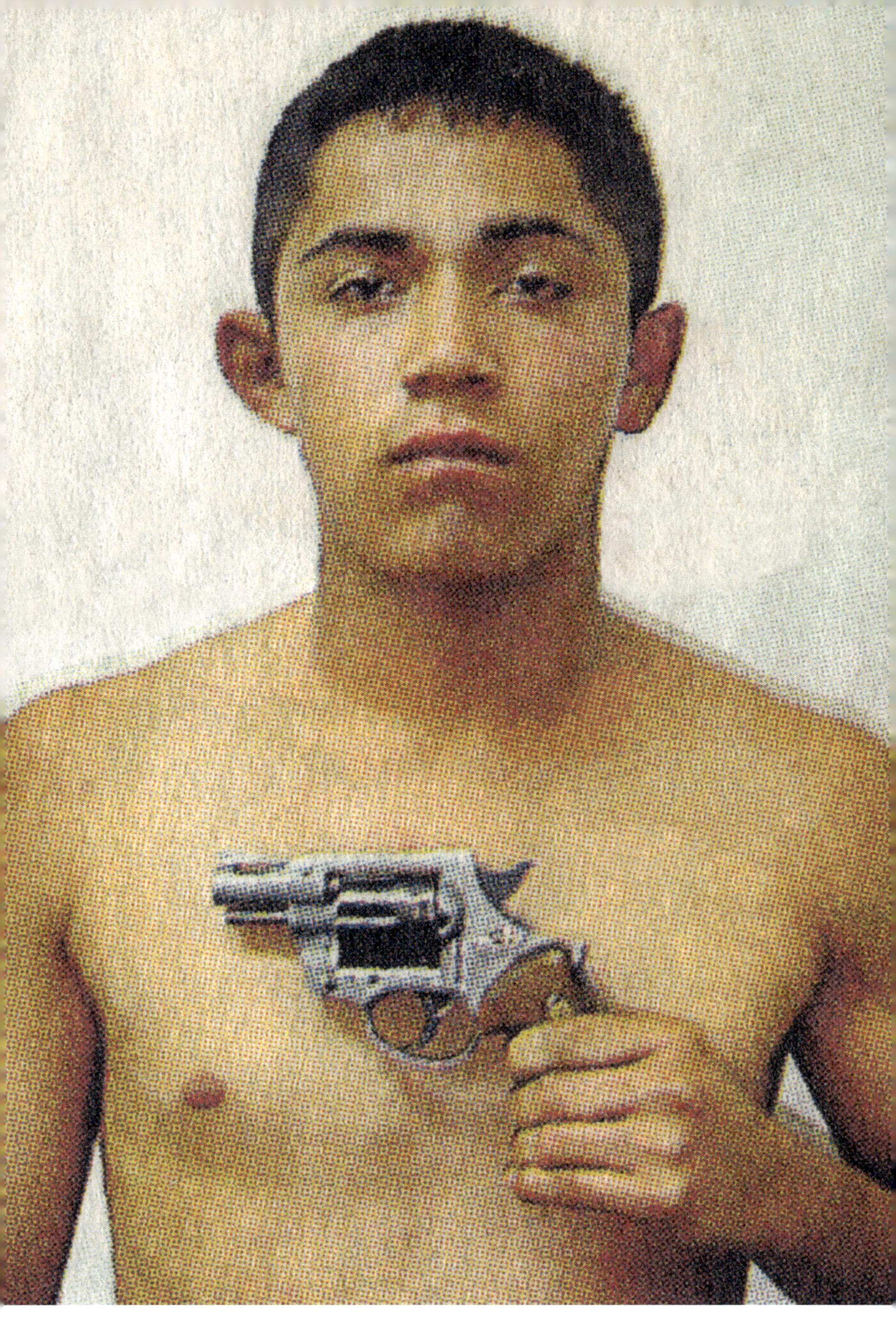

Icônes du ghetto – Boyzone Mexico / Ghetto Icons – Boyzone Mexico, Jesus, 2011
Photographie couleur, 43 × 61 cm
Color photograph, 16.9 × 24 inches

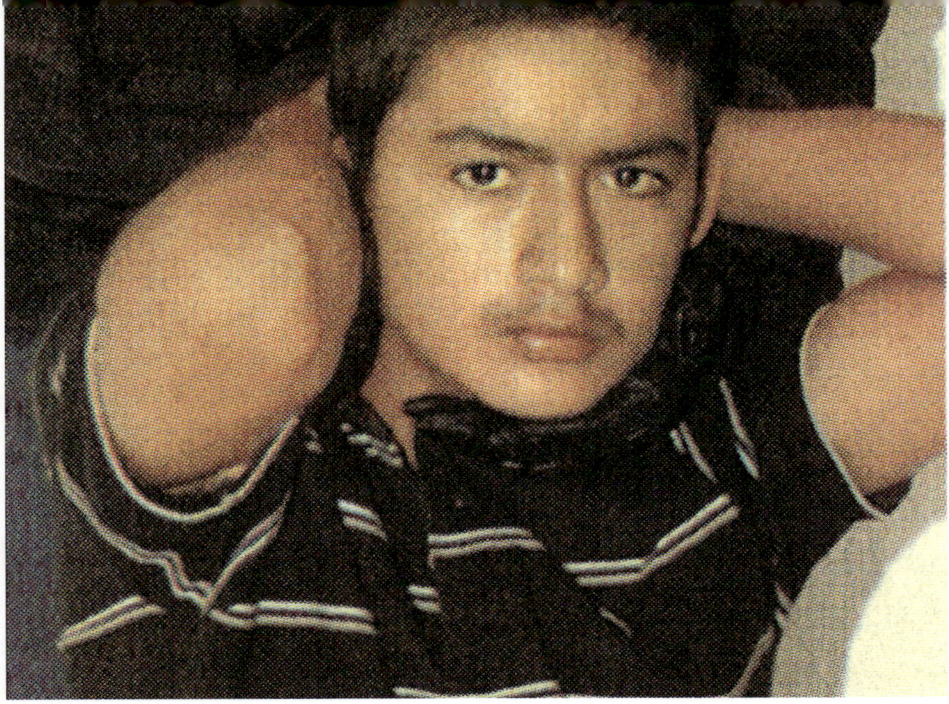

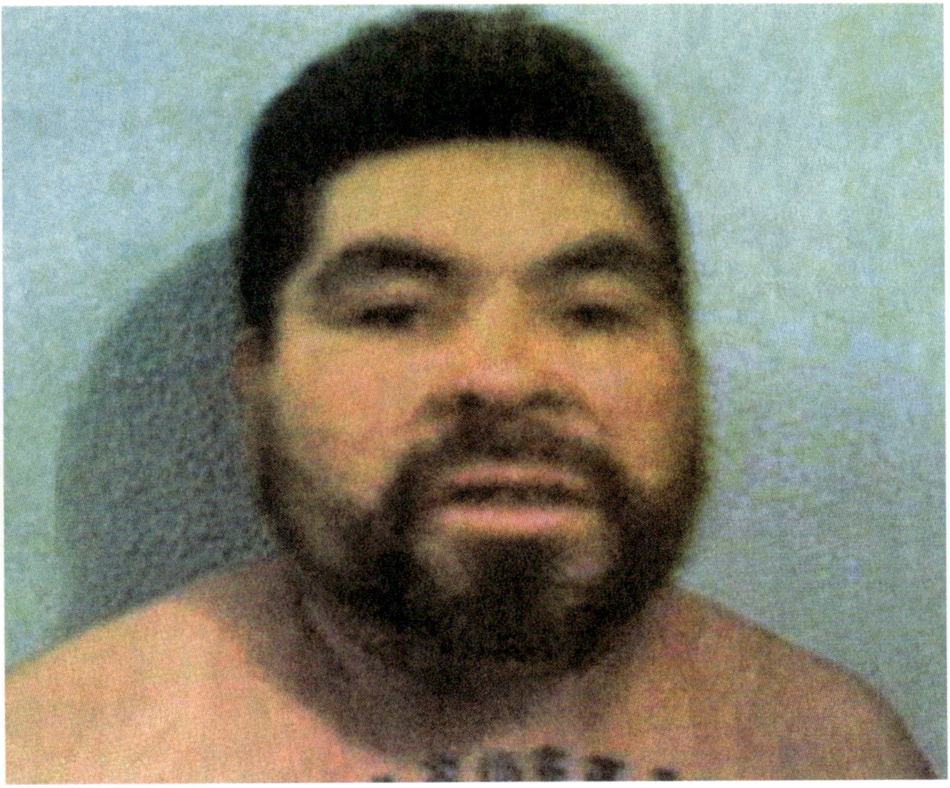

Icônes du ghetto – Boyzone Mexico / Ghetto Icons – Boyzone Mexico, Gangster, 2011
Photographie couleur, 71,6 × 65 cm
Color photograph, 28.3 × 25.6 inches

Icônes du ghetto – Boyzone Mexico / Ghetto Icons – Boyzone Mexico, Ogro, 2011
Photographie couleur, 101,5 × 85,6 cm
Color photograph, 39.97 × 33.71 inches

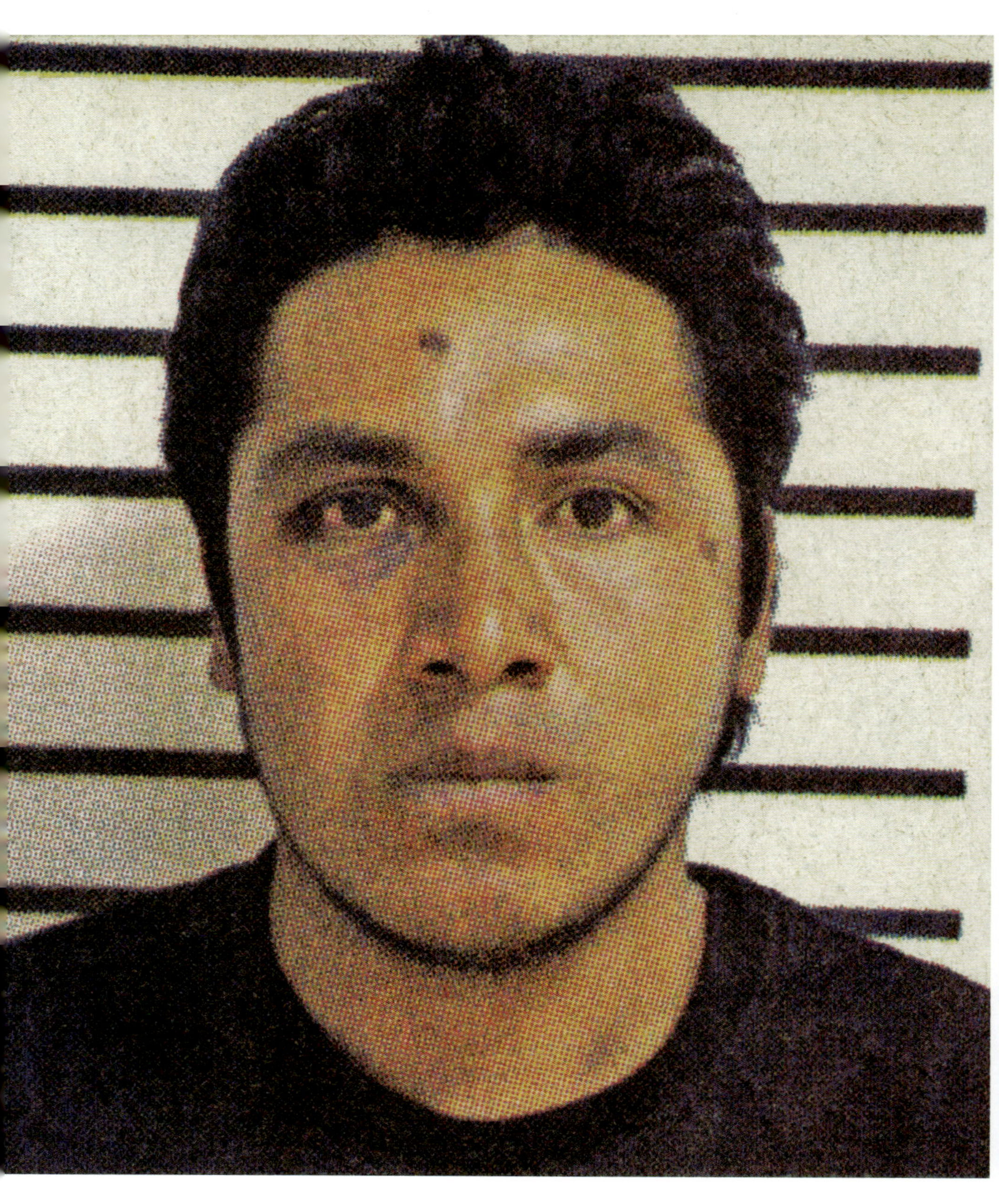

Icônes du ghetto – Boyzone Mexico / Ghetto Icons – Boyzone Mexico, 2011
Photographie couleur, 69 × 81,4 cm
Color photograph, 27.2 × 32.3 inches

ICONS OF THE GHETTO

TALKING ABOUT *BOYZONE* (1998–present)

Nicole Brenez

NICOLE BRENEZ: Where did the idea for *Boyzone* come from? Was the series inspired by a specific visual situation, or by criteria you'd worked out beforehand?

CLARISSE HAHN: *Boyzone* came into being in 1998. From a high perch, I started observing bare-chested men who were roaming around in a sort of wasteland, near an abandoned chapel where they were squatting. I straightaway picked up my video camera which never left my side at that time, and I started filming them. Those men tended to be at a loose end, they would talk to one another as they drank beer. I was too far away to hear what they were saying. That's just what was interesting: everything had to do with their non-verbal communication. With their bodies they emanated a mixture of aggressiveness and attractiveness. They approached one another, while at the same time keeping their distance in a kind of relationship of strength. It was like a dance. A little while later I went back to my perch to see if the squatters were still there. They'd been evicted. In their place, a uniformed security guard was training his dog. The dance carried on. The security guard in front of his animal expressed all the postures of strength and domination. A kind of violence emanated from him. The dog looked terrified.

NB How many installments are there in the project so far, and is it destined to carry on for the duration of your career?

CH About forty videos, several series of photos, screen-prints. It's a series in progress, which I intend to continue, unless I get tired of it.

NB How do you choose the situations you're going to record? On the spot when you come across them, or after carrying out some research?

CH Often it's a situation encountered by chance that suddenly stops me, because it corresponds exactly to what I'm looking for in this series. At the same time, if I'm going that way with a camera or a cine-camera, it's not completely by chance: It's because I'm on the lookout.

NB Generally speaking, your way of filming, taking photographs, which is very sensory, indeed carnal, plays with immediacy.

CH Quite right.

NB The relationship to the subjects differs from one episode to another, sometimes the "boy," or group of boys, is aware of being filmed, sometimes not, sometimes it remains unclear or latent; in some cases you already know them and in others you'll never meet them... What is it that runs through the series, is it the principle of the vignette focusing on bodies captured in everyday activities, or to be more precise a physical energy emanating from them, or something completely different?

CH   That, yes, and also a way of communicating peculiar to them,
     a way of being together where they're so familiar with its codes
     and customs that they carry them in their bodies. Whether they
     know I'm filming them or not, they have an acute awareness
     of being watched because they're observing one another, and
     they're posing.

NB   You must sometimes have very long rushes available, what cri-
     teria do you use to edit the final result? Are there different edits
     based on the same material?

CH   I often have a lot of rushes. It takes time to film something in
     the process of happening in real life. But in the end, for *Boyzone*
     the editing is quite quick, since I go straight to the part of the
     shoot that interests me. There's no intention of constructing a
     story as there is in my long films: these are fragments.
     What links all these videos is a set of problems, a way of looking.
     We go straight to the action (or non-action) that interests me,
     without locating the characters. Moreover, is it possible to talk
     about characters? They tend rather to be figures. We don't
     enter their inner world, because when they're inside the group
     that's actually the very thing they don't want to let people see.
     They have a role to maintain.

NB   *Boyzone* is shown both as a traditionally projected film, and as
     an exhibit in a gallery or museum; do you immediately think
     of those two possible uses, or are certain episodes more particu-
     larly dedicated to one or other of these forms of display?

CH   When you invited me to project all of my films at the
     Cinémathèque française, you insisted that selected bits from
     Boyzone should be projected in the auditorium, something I'd
     never envisaged. *Boyzone* was conceived to be installed in an
     exhibition space, projected onto several screens simultaneously.
     Some episodes are very long takes, but others are livelier, almost
     narrative, and it's those that I've chosen. You were right, it
     worked very well in the cinema. I think of these films in a dif-
     ferent way now.

NB   Would you agree in saying that the descriptive working plan
     that typifies *Boyzone* constitutes the main core of your documen-
     tary work? Also in the sense that we find "boyzonism," i.e. the
     description of male groups captured in the special characteristics
     of their physical energy, in a lot of your other films, like *Kurdish
     Lover* or *Queridos Amigos* (Dear Friends)?

CH   I don't know if it's the main core. I'd tend rather to say that it's
     a red thread that links the films with one another. In *Kurdish
     Lover,* there are the fighters, the building workers, the demon-
     strators. In *Queridos Amigos,* shot in the Wirikuta desert in
     Mexico, a pre-adolescent takes part in a rodeo, like a kind of

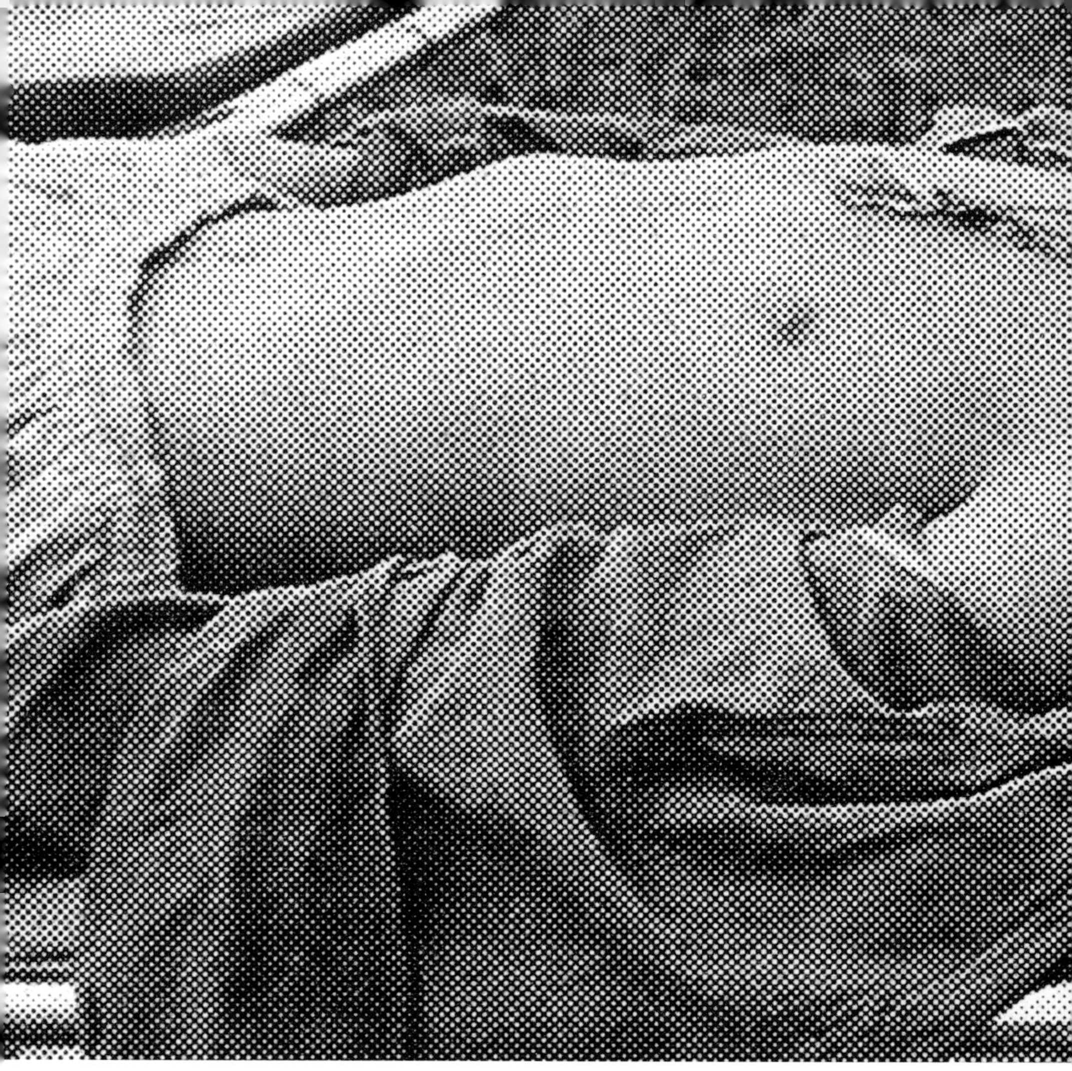

Icônes du ghetto – Boyzone Thaïlande / Ghetto Icons – Boyzone Thailand, 2011
Photographie couleur, 101,5 × 50 cm
Color photograph, 39.8 × 19.7 inches

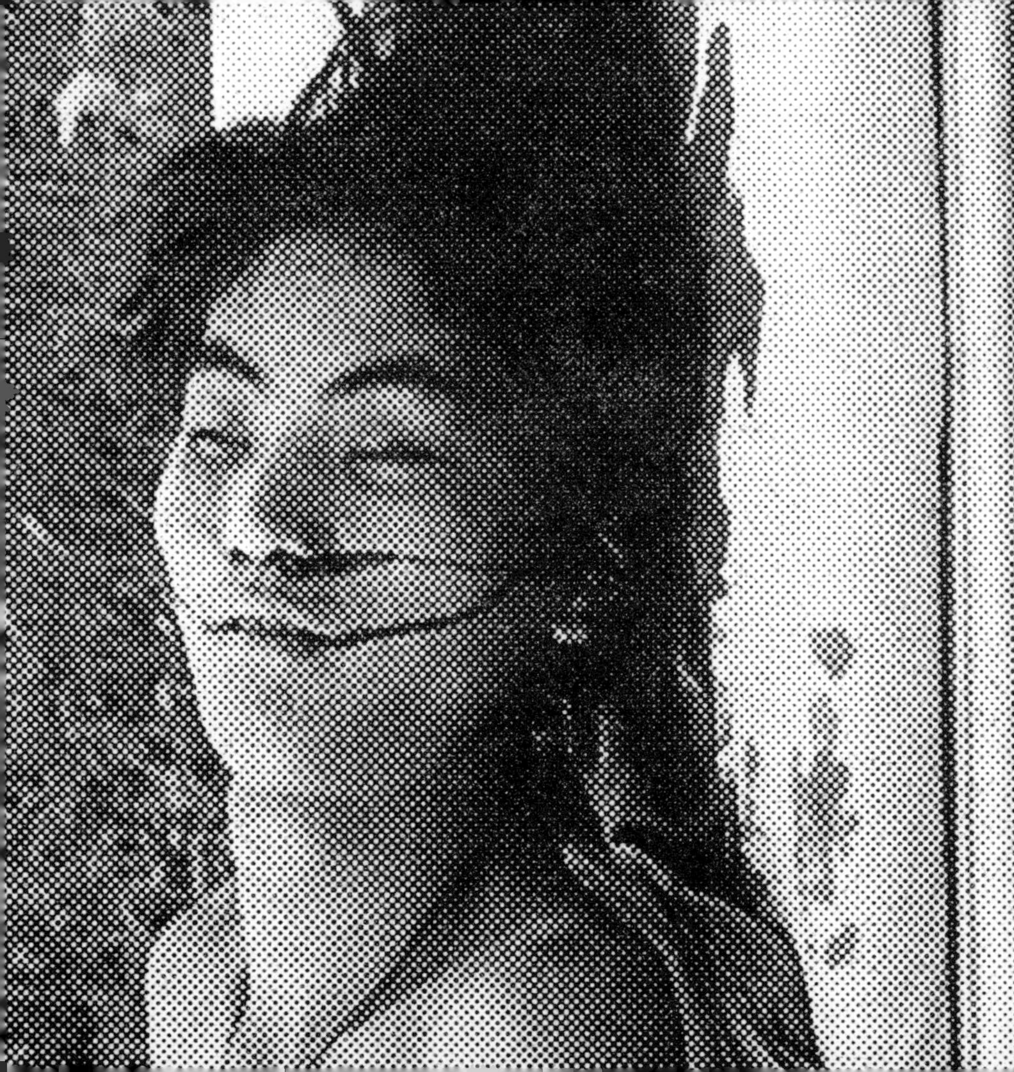

initiation rite to masculinity. He has a quite serious fall that knocks him out for several minutes. Initiation rites are always painful. In the same place, I took a series of photos, *Boyzone-Wirikuta*: At the weekend, the men of the village set off for the desert to get drunk, sitting on the roof of their vehicle so that they can see into the distance. I filmed those groups of men again in *Mescaline*, my first fiction film. The actress, Agathe Bonitzer, finds herself amidst the villagers of the Wirikuta desert, not knowing their customs. The group rape that then happens is a sort of ritual. For the youngsters in particular, who act under the pressure of the group and for whom it is like a dark initiation rite. So ritual is also a red thread linking my works to one another. The concept of a social code, whether it is understood or not, is another. As is the relationship of the individual to the group. That said, all those things are present in *Boyzone*, so perhaps you're right.

NB In exploring *Boyzone*, we think a lot not only of the portrait series that are a regular occurrence in the history of cinema, like Andy Warhol's *Screen Tests* or Curt McDowell's *Nudes*, but also of the tradition of the great painters who monumentalized and fetishized humble bodies, at work, indeed the lowest of the low, or the coarseness of the bodies of say Annibale Carracci, Caravaggio, or of course Gustave Courbet. What are your points of reference?

CH The history of painting nurtures my work. In the screen-prints, or the series of photos of Mexican or Thai delinquents, there's that monumental dimension. I transform images of infamous events into fetishes and icons. They're icons of the ghetto. Warhol's films are a very important benchmark for me. Warhol looks at the people who gravitate around him with fascination, and I recognize myself quite a lot in that way of looking, while disappearing (hiding?) behind the camera. In *Screen Tests*, he films people who are in control of the art of being depicted, and subjects them to the test of duration. Everything depends on their presence. He understood that the most interesting moments occur when people remain together without doing anything. It's in those moments that they reveal themselves. In Curt McDowell's *Nudes*, everything appears in fragments: the eroticized bodies, his sexual, masturbatory narratives. It's odd that you can see his films on gay pornographic sites. It's on the same kind of websites that you can see Jean-Noël René Clair's films. I discovered his work in the 1990s at the time when it was circulating in the form of VHS cassettes. Jean-Noël René Clair filmed men in the act of masturbating, in the style of a documentary. He too operated on the series principle: legionnaires, firefighters, Turks, footballers.

NB At the end of this work so far, what is a "boy" for you?

CH I'd be very careful not to answer that question! If I make pictures,
it's precisely because there's something complex there, something that resists definitions. You can't give an exact definition
of what the genre is. It's something that is constructed in an
equilibrium between oneself and other people. Its an awareness
of oneself amidst other people.

LE POINT DE CONTACT ET SON CONTRAIRE

HÔPITAL (1999) ET *LES PROTESTANTS* (2005)

Noémie Luciani

NOÉMIE LUCIANI : *Hôpital* et *Les Protestants* sont deux films d'intérieur. On voit un peu de jardin dans *Les Protestants,* un bout de rue, et on ne sort pas une fois durant *Hôpital.* Tout y est nu, impersonnel. Il faut arriver à continuer d'être dans cette neutralité.

CLARISSE HAHN : Ce qui m'intéresse lorsque je filme l'espace, c'est que chaque lieu offre une structure en tant que telle : fermée, ici, et qui isole les gens de leur univers intime. C'est la neutralité comme mise à niveau des individus, et aussi comme neutralisation de leur souffrance, qui aurait un caractère exceptionnel parmi leurs proches, alors qu'ici, en dehors de la société, elle est mise dans une espèce de vacance, et eux avec.

NL Le film offre beaucoup de jeux de cadrages partiels, comme ce torse d'homme âgé que l'on voit au début. Montrer partiellement, c'est voir de beaucoup plus près qu'on ne voit habituellement, dans la nudité des corps et la maladie. Et pourtant, on n'éprouve jamais le sentiment d'être intrusif.

CH Le voyeurisme ne me dérange pas en tant que tel, mais je n'en voulais aucun dans cet univers-là. Les cadrages partiels renvoient à des corps fragmentés, avec des membres qui cessent de fonctionner. Ils sont aussi dus au fait que je filme beaucoup les mains : je me suis focalisée sur le toucher. Les personnes âgées souffrent beaucoupde ne pas être touchées ni regardées. Elles ont changé de place dans la société : tu es malade, donc improductif, et si tu ne crées rien dans le système tu es mis à part. Il est très difficile pour les infirmières d'avoir des gestes et un vocabulaire autres que techniques parce que le corps mourant est forcément un corps dans lequel on se projette. Les infirmières luttent en permanence, avec leur énergie surjouée, une violence présente même dans la blague. La relation au corps de l'autre crée un clivage. C'est une chose qui m'intéresse, et que l'on retrouve dans beaucoup d'autres situations professionnelles ou sexuelles, le porno par exemple. Toute la question est de savoir comme l'humain résiste à l'intérieur de cela, où il se place.

NL *Hôpital* comme *Les Protestants* sont deux univers presque asexués, et pourtant il s'établit une continuité avec ton travail sur les pratiques sexuelles : comme dans *Karima* ou *Ovidie,* il s'agit de maîtriser un code, une chorégraphie. De s'y plier ou non. De franchir ou non les limites que ceux-ci imposent.

CH Ces situations ont aussi en commun d'explorer le rapport du corps à la violence. Dans *Hôpital* et *Les Protestants,* c'est la violence de a norme, surtout, d'une certaine place dans la société. On trouve cette violence dans la dernière scène de *Hôpital,* lorsque les infirmières parlent à un patient, placé dans un lève-malade, des petites cases dans sa tête qui devraient lui permettre de marcher. Elles l'infantilisent, comme la société, à défaut de savoir quelle place lui donner.

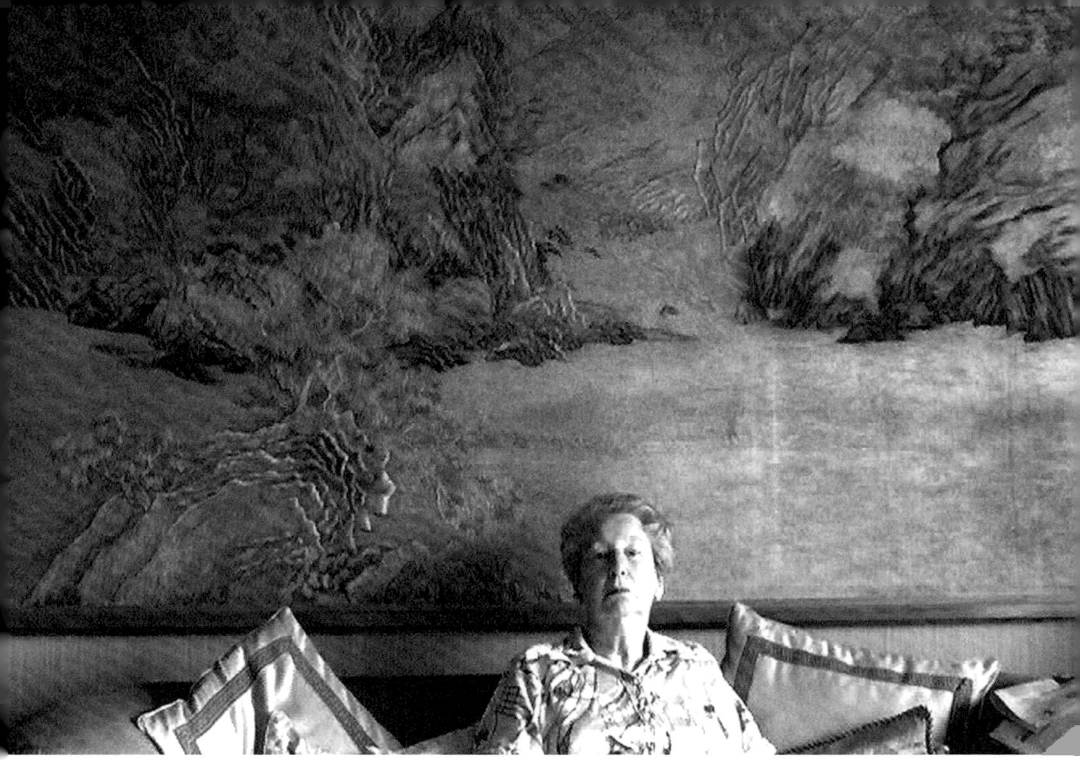

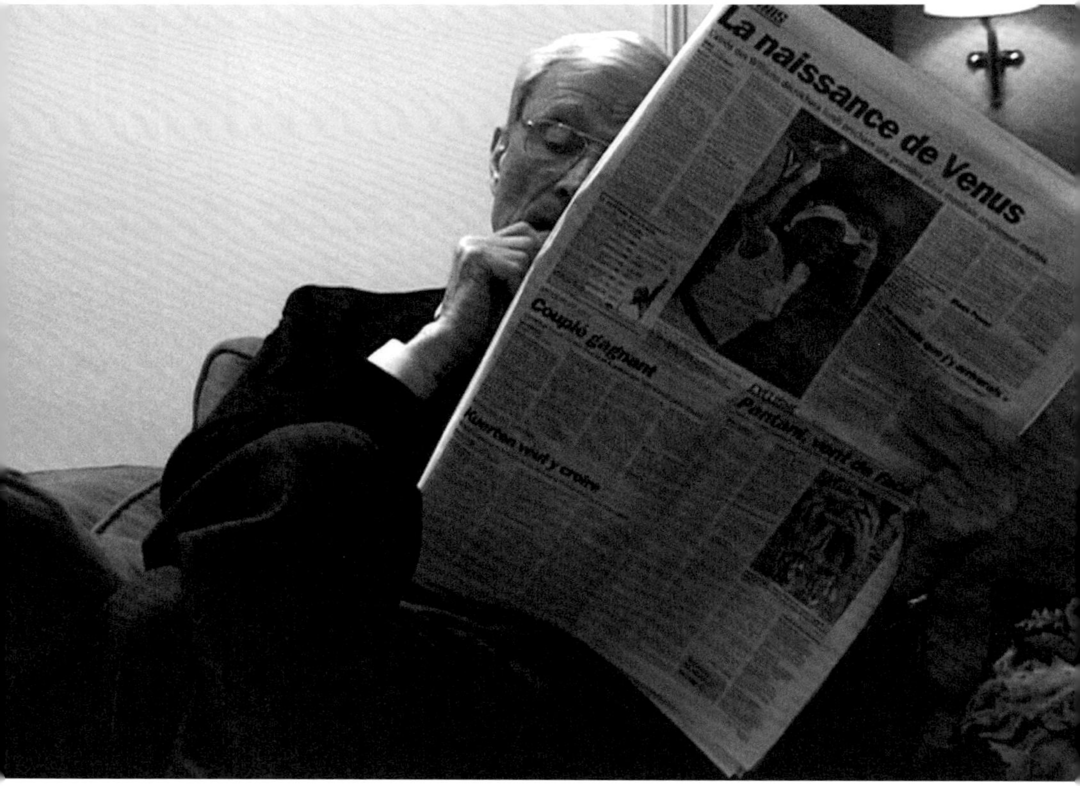

Les protestants / The Protestants, 2005
Documentaire, couleur, 4:3, 85′
Documentary, color, 4:3, 85′

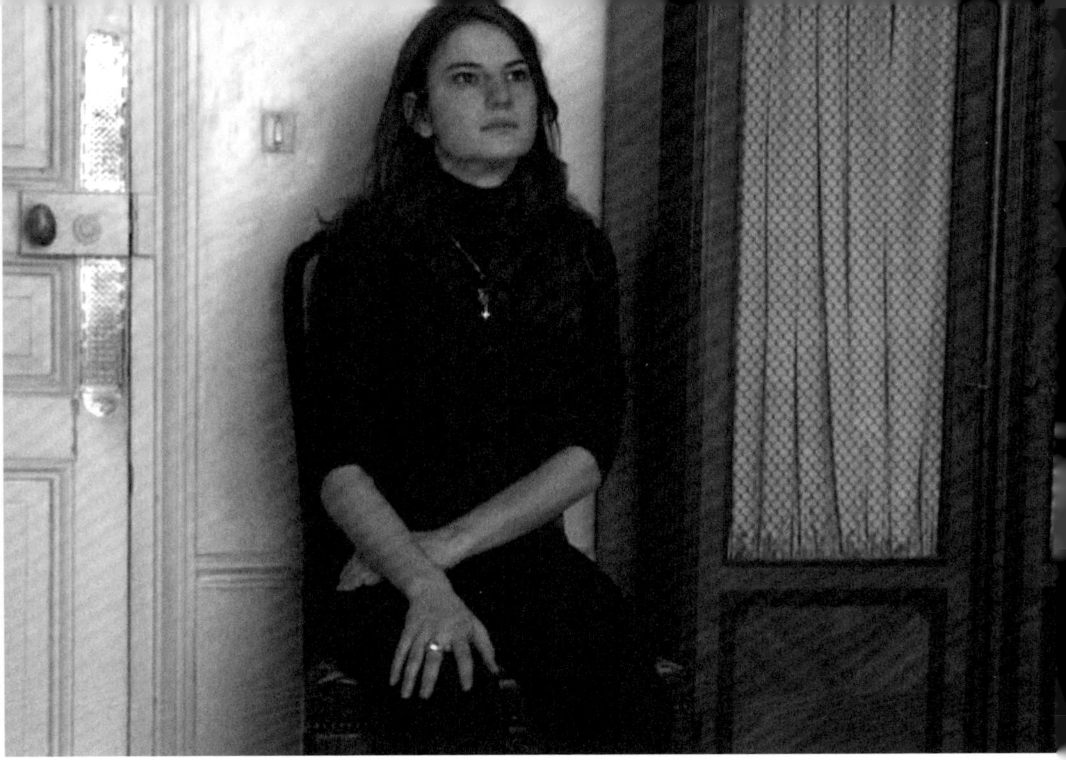

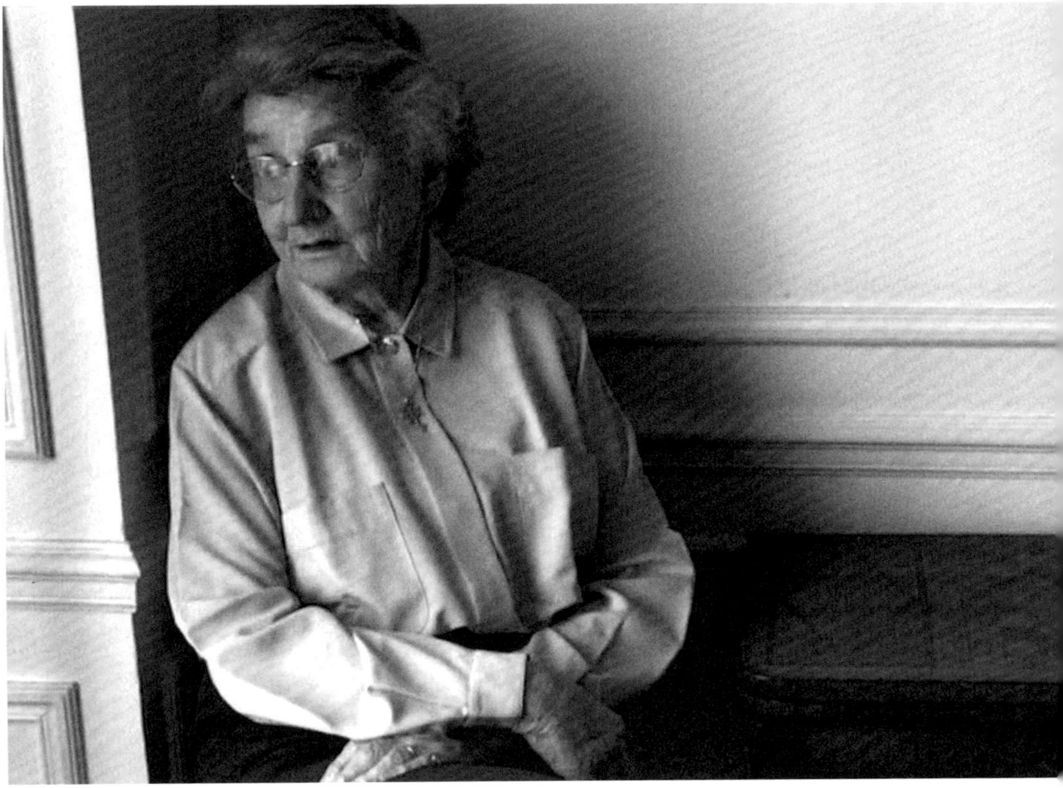

NL   Elle est terrible, cette scène avec le lève-malade à la fin du film.
     C'est tout un futur qui s'ouvre, où l'on perd encore dans le contact
     physique. Et en même temps, il reste de très belles choses dans le
     toucher, que tu filmes : certains gestes médicaux sont très délicats.

CH   Je cherche le point de contact et son contraire.

NL   Dans un sens plus métaphorique, c'est aussi le sujet des
     Protestants. Tu y filmes des membres de ta famille élargie, et
     pourtant le point de contact entre vous s'avère extrêmement ténu.

CH   C'est l'univers que j'ai eu le plus de mal à filmer. Les protestants
     sont dans l'hypercontrôle, donc, eux aussi, dans la violence de
     la norme. Contrairement aux gens de l'hôpital, du SM, du porno,
     ou aux Kurdes, la caméra induisait pour eux quelque chose de
     très officiel, donc difficile émotionnellement. Ils cherchaient
     sans cesse à se raidir, à contenir ce qui aurait pu leur échapper,
     l'émotion, la parole. J'ai filmé des gens qui ne bougeaient pas.

NL   *Les Protestants* comporte beaucoup de plans fixes, comme si tu
     voulais aller dans le sens de cette immobilité, ne pas contrarier
     la pose.

CH   Je voulais prendre ce que les gens me donnaient. C'était aussi une
     manière de les mettre en perspective avec ces tableaux et ces
     photos qu'ils ont chez eux, donc avec les conventions bourgeoises
     de la représentation, qui les habitent complètement et sont aussi
     une manière de maintenir le silence dans un corps.

NL   Dans *Les Protestants*, le décor est au rebours de la neutralité
     hospitalière : une scène de théâtre, avec ses tapisseries très char-
     gées et ses tableaux qu'on se transmet de génération en généra-
     tion. On voit ça très bien lorsque tu filmes une vieille dame qui
     n'occupe que le tiers inférieur de l'image, dont les deux tiers
     supérieurs sont occupés par le mur tapissé – et la tenue de la
     dame est assortie à la tapisserie ! Il devient presque impossible
     de distinguer le corps du décor.

CH   C'est qu'ils se racontent eux-mêmes à travers les images. Souvent,
     d'ailleurs, la personne disparaît dans les images. Celles du
     Papillon, par exemple, le journal familial. Ou celles de la méthode
     Hébert, cette méthode de gymnastique des années 1930 que les
     protestants ont beaucoup appliquée. Elle fait partie d'une éduca-
     tion bourgeoise qui met en avant le corps sportif, donc utile à
     la communauté : un corps qui s'aligne.

NL   Ton film s'appelle *Les Protestants*, mais Dieu n'y est jamais évo-
     qué en dehors du *Credo* que l'on entend au début, et du chant
     religieux à la fin – deux moments pendant lesquels l'écran reste
     noir, comme pour suggérer que le lien entre la parole et l'image
     n'est pas simple.

CH   J'ai voulu filmer le protestantisme comme lien social, rapport
     à l'autre et donc au corps. Un moment, au jardin, les protestants

font une ronde en se tenant les uns aux autres : c'est exactement
cela, le protestantisme comme système de soutien les uns aux
autres. Et en même temps, la ronde n'est pas stable : ce monde
vacille un peu, tourné vers le passé, il tente de faire perdurer
des structures anciennes, notamment à travers ce corps que
l'on dresse.

NL   On a l'impression qu'il leur est impossible de parler d'eux-mêmes
en tant qu'individus.

CH   Oui, c'est une problématique qui m'intéresse énormément.
Le film est construit sur cette rétention.

NL   Qui s'étiole un peu sur la fin, pourtant, avec cette femme qui
raconte qu'elle a euthanasié son père, ou cet homme qui regrette
de ne pas avoir été plus proche des autres. L'ouverture semble ne
pouvoir se faire que sous la forme de regrets.

CH   Je pense qu'avec l'âge, les gens expriment plus facilement leurs
émotions. Et ce sont d'ailleurs les gens âgés que j'ai filmés le plus
facilement. Au début de la scène, l'homme dont tu parles continue de lire son journal sans se presser, il reste dans cette même
raideur qu'on trouve dans tout le film. C'était exceptionnel qu'il
me parle ainsi, et il a d'ailleurs commencé par le regretter, et puis
les spectateurs lui ont dit qu'il était beau… C'est l'une des plus
belles scènes, grâce à sa sincérité. C'est une valeur chrétienne,
pourtant, la sincérité. Mais elle est difficile.

NL   À revoir les films, je te sens plus proche des patients de l'hôpital
que des membres de ta famille. On t'entend dans les deux
cas intervenir, poser des questions, mais une sorte d'inversion
s'opère : la violence se trouve plutôt du côté de ta famille, dans
cette fermeture, et la douceur, l'empathie, dans ta recherche
à l'hôpital.

CH   La caméra me rapproche des situations ou m'en met à distance.
Susan Sontag disait que les premiers photographes des camps
de concentration n'auraient jamais pu rien voir sans le médium
de l'appareil photo. L'objet imposait une tâche à accomplir, ce qui
permettait d'aller encore plus près du sujet. Dans *Les Protestants*,
c'était l'inverse : la caméra a créé une pétrification du sujet,
et c'était intéressant de voir qu'elle pouvait provoquer cela.

NL   Et à l'hôpital ?

CH   L'expérience était extrêmement éprouvante. Ça ne m'a pas
embarrassée de voir du porno, du SM, auquel les gens s'adon-
naient parce qu'ils en avaient envie, et j'ai pu supporter sans trop
de difficultés de voir des combattants ou militants affronter
la mort parce qu'ils risquaient délibérément leur vie, en toute
connaissance de cause. Mais de voir des gens condamnés à
attendre la mort, agoniser sans défense… La gériatrie reste
l'univers le plus extrême que j'ai abordé : l'extrémité de la vie,

de la souffrance, des corps. Je me protégeais derrière la caméra comme les infirmières derrière leur vocabulaire. Et la caméra m'aidait à regarder, oui. Un plan peut durer cinq minutes, mais c'est insoutenable de regarder quelqu'un qui souffre pendant cinq minutes. La caméra m'a permis de fixer mes yeux.

NL *Hôpital* a plus de quinze ans. C'était ton premier film, une occasion d'expérimenter, de te découvrir. Et pourtant on a l'impression que tout y est déjà.

CH En effet, *Hôpital* contient déjà ces idées de situations extrêmes vécues au quotidien, d'espace en crise que l'on aménage, de relations déséquilibrées dans lesquelles on cherche un équilibre, entre l'actif et le passif, entre le maître et l'esclave… Des idées qui sont restées au cœur de mon travail, et qui constituaient déjà la base de mon approche. Une certaine austérité, aussi, dans la manière de filmer les corps en y cherchant une beauté, une élégance, une crudité également. Spontanément, je ne suis pas dans la douceur, pourtant avec *Hôpital* c'est sans cesse la douceur que j'ai cherchée dans ma manière de filmer ces corps que l'on ne regardait pas avec tendresse, que l'on ne regardait pas du tout.

NL Et comment l'as tu trouvée ?

CH J'avais une caméra très sensible, que je tenais très près de moi, et je me plaçais de manière intuitive, en essayant de garder une émotion, une sensibilité dans le regard : la caméra a permis de concentrer ce regard comme une loupe pourrait concentrer les rayons du soleil. Je n'essayais pas, je l'avais. J'ai regardé les visages et les individus avec un émerveillement et une douceur, un désir, même. Filmer, pour moi, est presque toujours lié au désir. Regarder ces corps avec une caméra, c'était comme une caresse. Et je me dis parfois que, même si les caméras que j'utilise aujourd'hui sont bien meilleures, je n'ai jamais rien retrouvé d'aussi sensible dans ma manière de filmer.

THE POINT OF CONTACT AND ITS OPPOSITE

HÔPITAL (1999) AND *LES PROTESTANTS* (2005)

Noémie Luciani

NOÉMIE LUCIANI: *Hôpital* (Hospital) and *Les Protestants* (The
Protestants) are two indoor films. We see a little bit of garden
in *Les Protestants*, a snatch of road, and we don't go outside
once during *Hôpital*. Everything in it is bare, impersonal. You
have to manage to carry on existing in that neutrality.

CLARISSE HAHN: What interests me when I'm filming a space is that
every place offers a structure as such: Here it is closed, isolating
the people and their private worlds. It's neutrality as a way of
putting individuals on the same level, and also as a way of neu-
tralizing their suffering, which would be exceptional in nature
among those close to them, whereas here, outside society, it's put
into a kind of vacuum, and them with it.

NL   The film offers a lot of interplay of part shots, like that torso of
an old man we see at the start. Showing partially means seeing at
much close quarters than we usually do, in the nakedness of
the bodies and illness. Yet we never have the feeling that we're
intruding.

CH   Voyeurism doesn't upset me as such, but I didn't want any of it in
that world. The part shots refer to fragmented bodies, with limbs
that are no longer functioning. They're also due to the fact that
I film hands a lot: I focused on touch. Old people suffer greatly
from not being touched or looked at. They've changed their place
in society: You're ill, therefore unproductive, and if you don't
create anything in the system you're cast aside. It's very hard for
nurses to have gestures and words that are anything other than
technical because the dying body is inevitably a body we project
ourselves into. Nurses are constantly struggling, with their
energy overstrained, a violence present even in jokes. The relationship to the other person's body creates a divide. It's something that interests me, and that we find in many other profes-
sional or sexual situations, pornography for example. The whole
question is finding out how human beings cope inside those situations, where they put themselves.

NL   Both *Hôpital* and *Les Protestants* are almost asexual worlds,
and yet a continuity is established between them and your work
on sexual practices: As in *Karima* or *Ovidie*, it's a question of
mastering a code, a choreography. Complying with it, or not.
Crossing the boundaries they impose, or not.

CH   What these situations also have in common is exploring the relationship of the body to violence. In *Hôpital* and *Les Protestants*,
it's the violence of the norm, above all of a certain area in society.
We find that violence in the final scene of *Hôpital*, when the
nurses speak to a patient, placed in a hoist, about the little boxes
in his head which should enable him to walk. They're infantilizing
him, as society does, because they don't know where to place him.

NL   It's dreadful, that scene with the hoist at the end of the film. It's a whole future opening up where you're a loser, even in physical contact. But at the same time, there are still very lovely things relating to touch that you film: Some medical gestures are very delicate.

CH   I'm looking for the point of contact and its opposite.

NL   In a more metaphorical way, it's the subject of *Les Protestants* too. In it you film members of your extended family, yet the point of contact between you turns out to be extremely tenuous.

CH   It's the world I found it hardest to film. Protestants are in hyper-control of themselves, so they too are in the violence of the norm. Unlike with the people in the hospital, S&M, pornography, or the Kurds, the cine-camera represented something very official for them, so difficult emotionally. They constantly tried to stiffen up, to contain what they might have revealed, emotion, words. I filmed people who didn't move.

NL   *Les Protestants* includes a lot of static shots, as if you were wanting to go in the direction of that immobility, not to thwart the pose.

CH   I wanted to take what people were giving me. It was also a way of putting them into perspective with those pictures and those photos they have in their homes, so with the middle-class conventions of representation, which inhabit them through and through, and are also a way of maintaining silence in a body.

NL   In *Les Protestants*, the interior decoration is at the other end of the scale from the neutrality of the hospital: a theater set, with its heavily patterned wallpapers and its pictures that are passed down from generation to generation.
We see that very well when you film an old lady who occupies only the bottom third of the image, with the upper two thirds filled by the wallpapered wall—and the lady's clothes match the wallpaper! It becomes almost impossible to distinguish the body from the decor.

CH   The thing is that they tell their own story through the images. Moreover, the person often disappears into the images. Those in *Papillon*, for instance, the family newspaper. Or those of the Hébert natural method, the 1930s PE method that Protestants used widely. It's part of a middle-class education which lays emphasis on the sporting body, so one that's useful to the community: a body that falls into line.

NL   Your film's called *Les Protestants*, but God is never mentioned in it, apart from the Credo we hear at the beginning, and the religious singing at the end—both moments when the screen remains black, as if to suggest that the link between the spoken word and the image isn't simple.

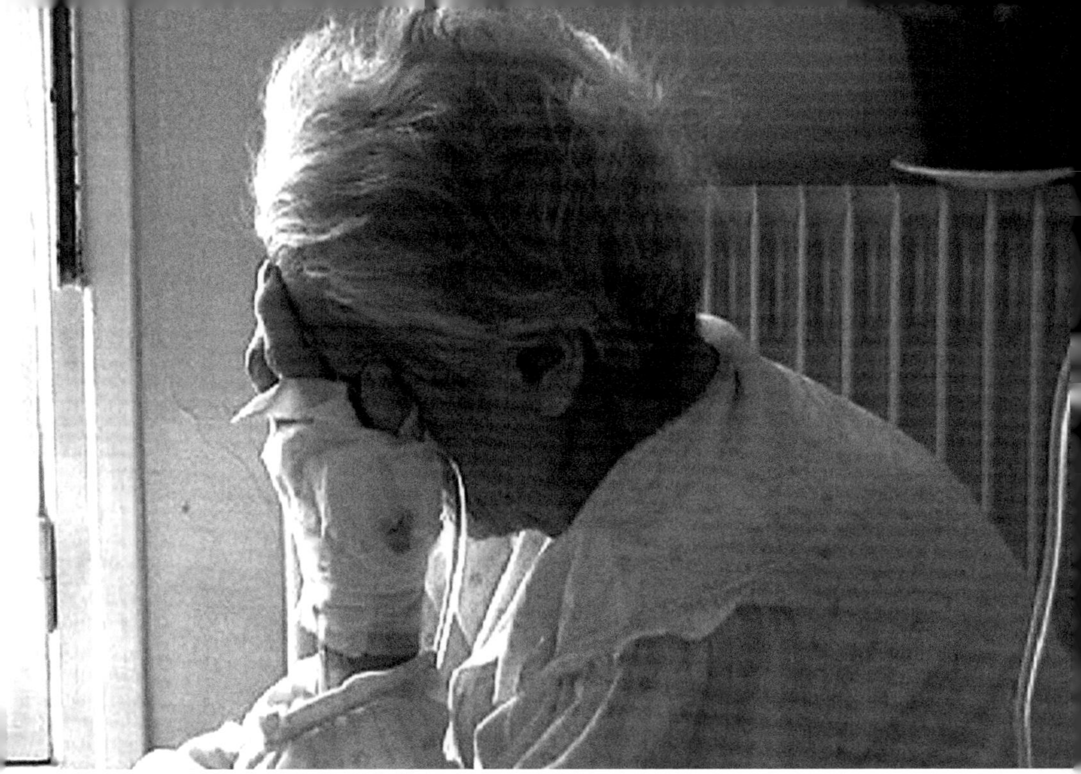

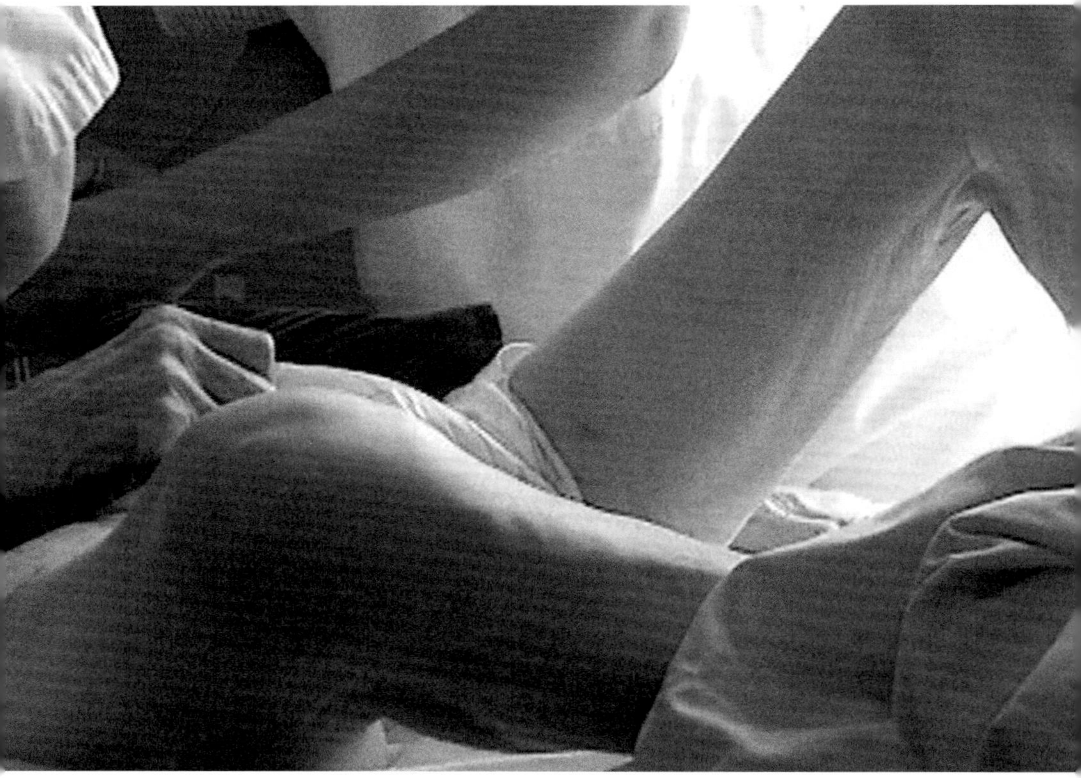

Hôpital / Hospital, 1999
Documentaire, couleur, 4:3, 37′
Documentary, color, 4:3, 37′

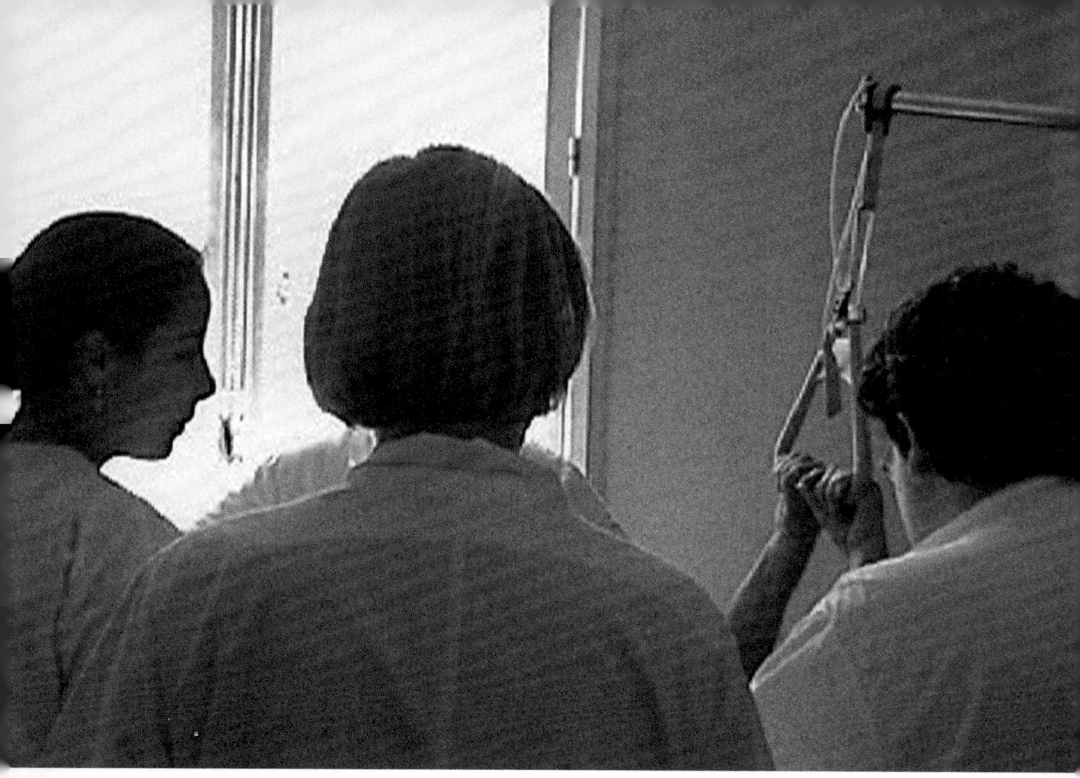

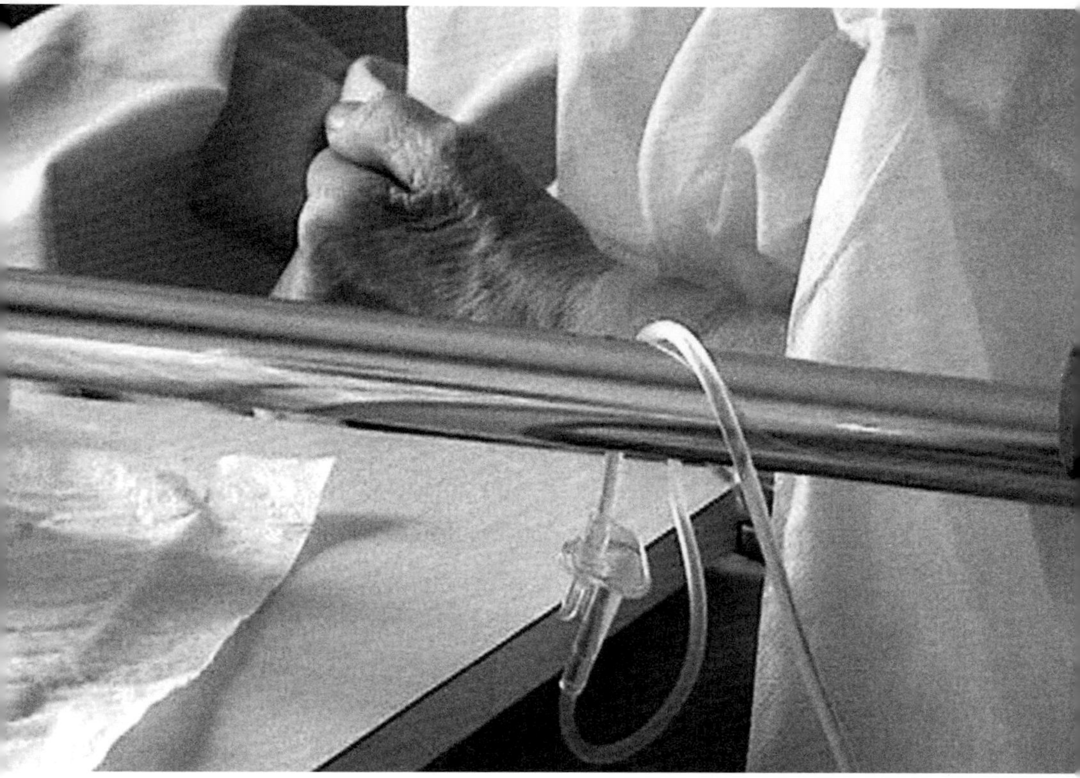

CH I wanted to film Protestantism as a social bond, a relationship to others, and hence to the body. At one point, in the garden, the Protestants form a circle, holding hands: That's exactly what it is, Protestantism as a system of reciprocal support. And at the same time, the circle isn't stable: That world is wobbling a bit, turned towards the past, it's trying to make old structures endure, specifically through those bodies they train.

NL We get the impression that it's impossible for them to talk about themselves as individuals.

CH Yes, it's a problem area that interests me greatly. The film is constructed on that holding back.

NL But it weakens a little towards the end, with that woman who tells us that she used euthanasia on her father, or that man who regrets not having been closer to other people. Openness seems to be possible only in the form of regrets.

CH I think as they grow older people find it easier to express their feelings. Moreover, it was mainly elderly people that I found it easiest to film. At the start of the scene, the man you're talking about carries on reading his newspaper without hurrying, he remains in that same stiffness you find throughout the film. It was exceptional for him to speak to me like that, moreover he started to be sorry he had, then the onlookers told him that he was fine... It's one of the finest scenes, thanks to his sincerity. Yet sincerity's a Christian value. But it's hard.

NL Seeing the films again, I feel you're closer to the patients in the hospital than to members of your family. In both cases we hear you intervening, asking questions, but a sort of inversion takes place: Violence occurs more on the side of your family, in that closing off, while gentleness, empathy is there in your research at the hospital.

CH The camera brings me close to situations or it distances me from them. Susan Sontag used to say that the first photographers at the concentration camps would never have been able to see anything without the medium of the camera. The subject imposed a job to be done, which allowed them to go still closer to what was being photographed. In *Les Protestants*, it was the other way round: the camera created a petrification of the subject, and it was interesting to see that it could cause that result.

NL And at the hospital?

CH It was an extremely distressing experience. I wasn't embarrassed seeing pornography or S&M, which people were indulging in because they wanted to, and I was able to bear seeing fighters or militants confronting death without too much difficulty, because they were deliberately risking their lives, fully aware of what they were about. But seeing people condemned to wait for death,

going through their death throes with no defense... Geriatrics
is still the most extreme world I've tackled: the furthest point
of life, suffering, bodies. I shielded myself behind the camera as
nurses did behind the way they talked. And the camera helped
me to watch, yes. A shot can last for five minutes, but it's unbearable to watch someone who's suffering for five minutes.
The camera enabled me to keep looking.

NL *Hôpital* is more than fifteen years old. It was your first film,
an opportunity to experiment, to find your way. And yet one gets
the impression that everything's already there.

CH *Hôpital* does in fact already contain those ideas of extreme situations experienced in everyday life, of space in crisis that we
arrange, out-of-balance relationships in which we're looking for
an equilibrium between the active and the passive, between
master and slave... Ideas that have remained central to my work,
and which already constituted the basis of my approach. And a
certain austerity in the way of filming bodies, by looking for a
beauty, an elegance, as well as a rawness. My spontaneous reaction isn't to be gentle, yet with *Hôpital* it was constantly gentleness I looked for in my way of filming those bodies which weren't
being looked at tenderly, which weren't being looked at all.

NL And how did you find it?

CH I had a very sensitive camera which I held very close to me, and
I positioned myself intuitively, trying to preserve feeling, sensi-
tivity in my way of looking: The camera made it possible to con-
centrate my gaze as a magnifying glass would be able to concen-
trate the rays of the sun. I wasn't trying, it was just there.
I looked at the faces and the individuals with wonder and gentleness, even desire. Filming for me is almost always associated
with desire. Looking at those bodies with a cine-camera was like
stroking them. I sometimes think that even if the cameras I use
now are a lot better, I've never again found anything as sensitive
in my way of filming.

LÉGENDES (I)
KARIMA

Karima Chérif

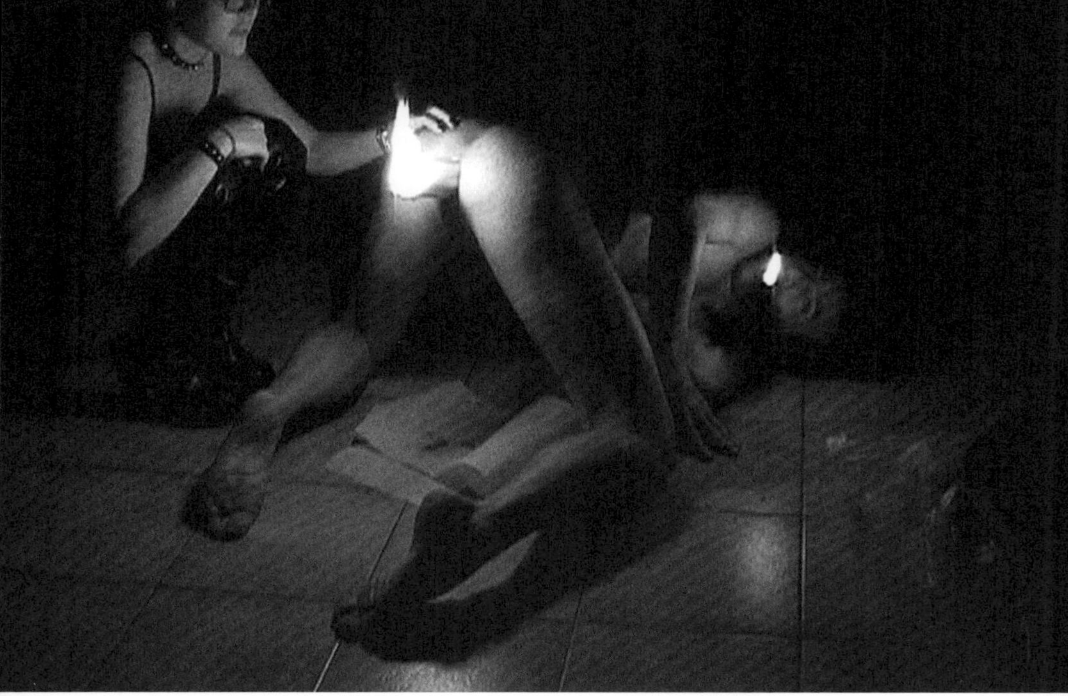

1.   « Jamais on n'a inséré autant de bougies. Il s'est mis lui-même une bougie dans la bouche pour éclairer un peu plus et aussi pour arrêter de rire. Nous étions comme deux personnes qui performent, un couple de performers. Nous sommes restés amis. »

Karima, 2002
Documentaire, video / Documentary, video, 95'

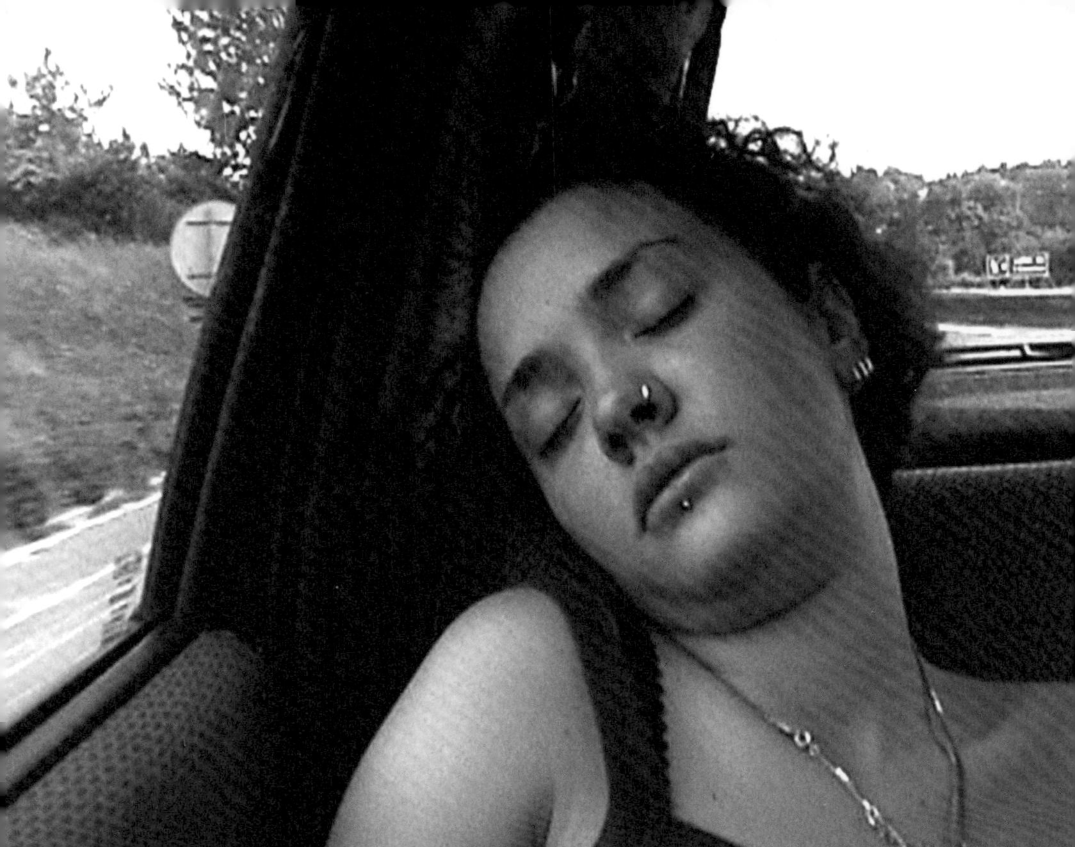

2.   « Je ne supporte pas la voiture, alors je ferme les yeux.
Et puis je m'endors. »

Karima, 2002
Documentaire, video / Documentary, video, 95'

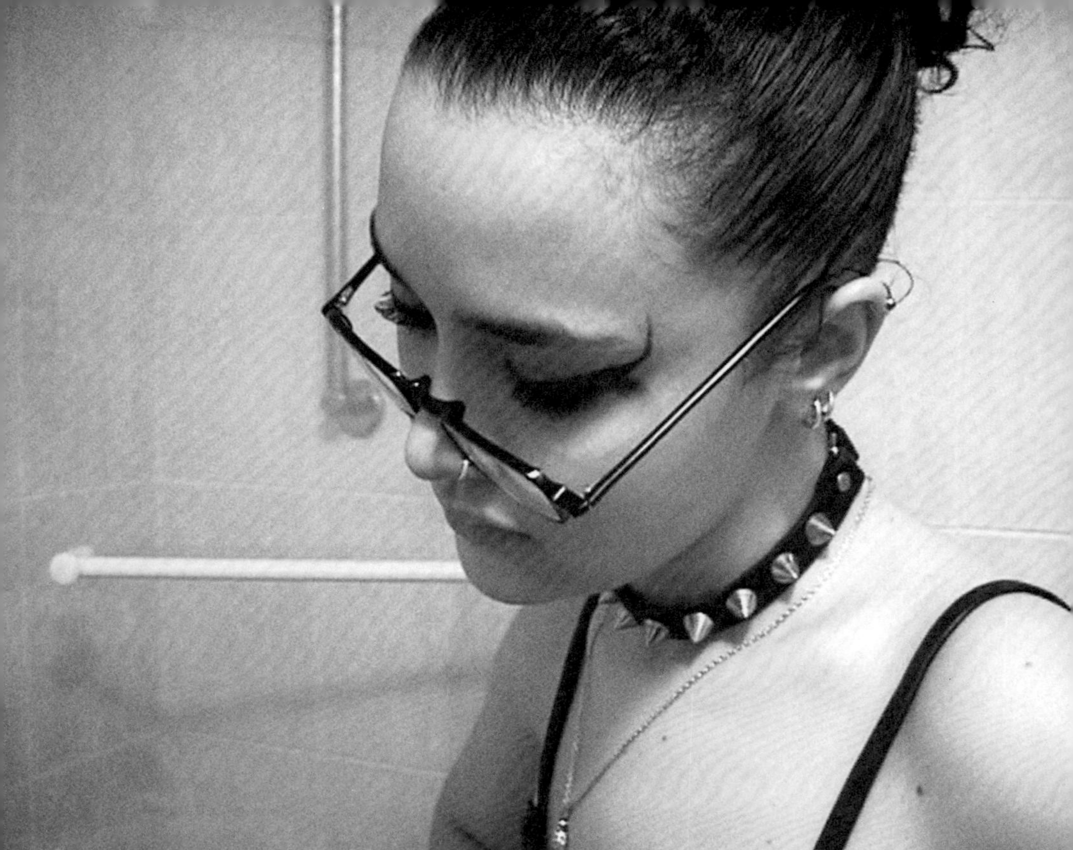

3. « Thibaut venait juste d'éjaculer, je lui demande de se lécher
    les doigts. J'étais habillée et maquillée ainsi tous les jours.
    Je n'ai pas l'impression d'avoir changé. »

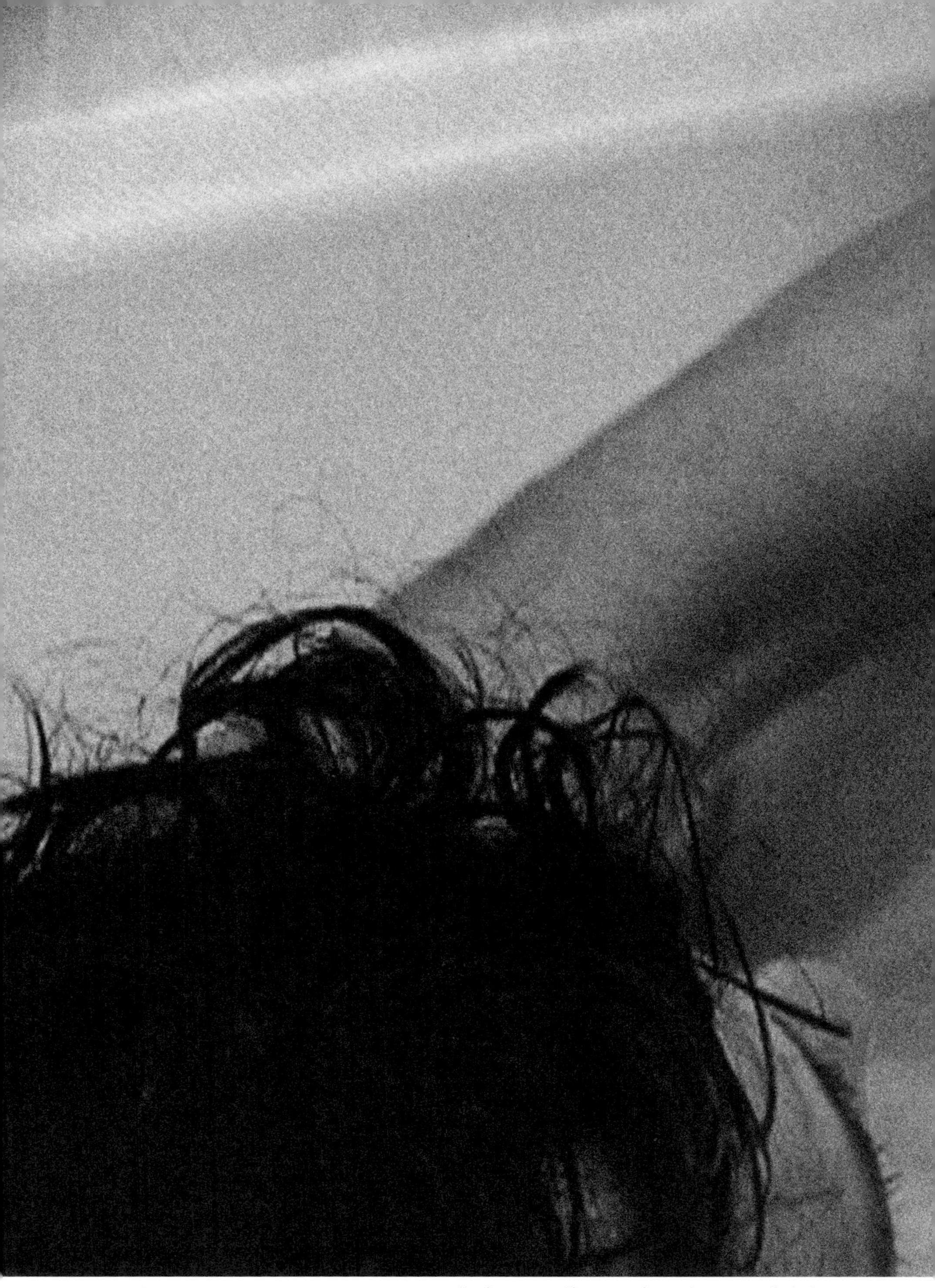

4. « Son corps et ses gestes sont très beaux, il prend vraiment plaisir
    à ce qu'il fait. La différence entre lui et un soumis, c'est qu'avec
    lui, je n'ai pas besoin de jouer un rôle ni de faire semblant. »

Karima, 2002
Documentaire, video / Documentary, video, 95′

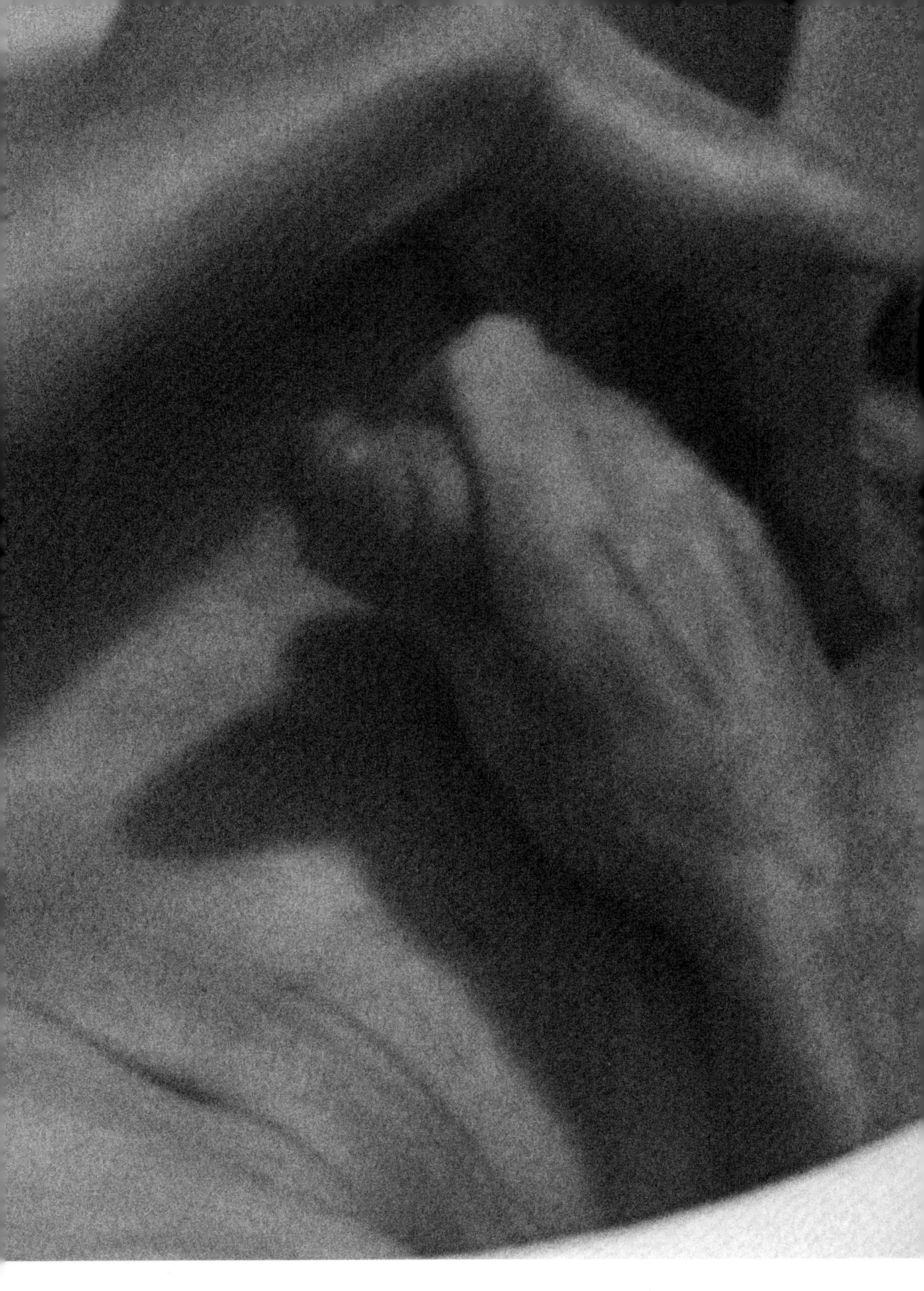

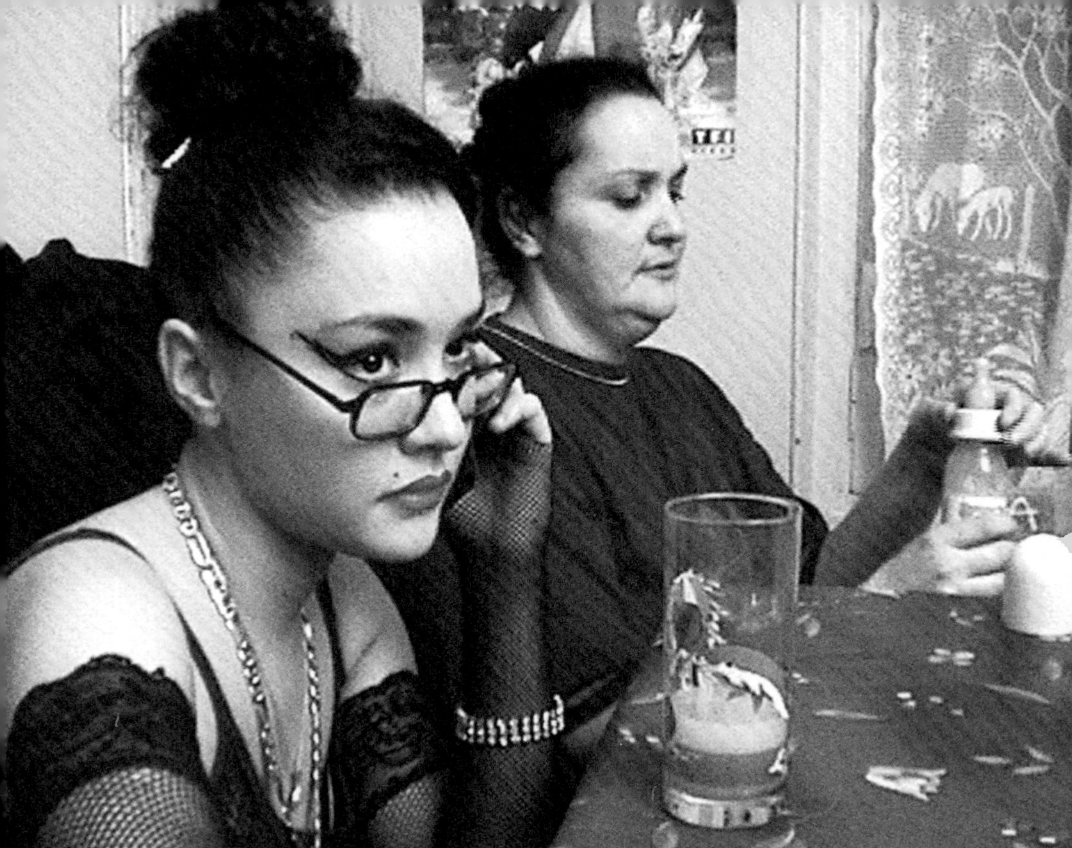

5.   « Dans mon cercle familial, je dénotais. Ma mère avait cousu
      des bas pour m'en faire des gants. On prépare toutes les deux :
      moi une soirée fétiche, elle un biberon. Ma mère ne me posait
      pas de questions et moi je ne me suis jamais cachée. »

Karima, 2002
Documentaire, video / Documentary, video, 95'

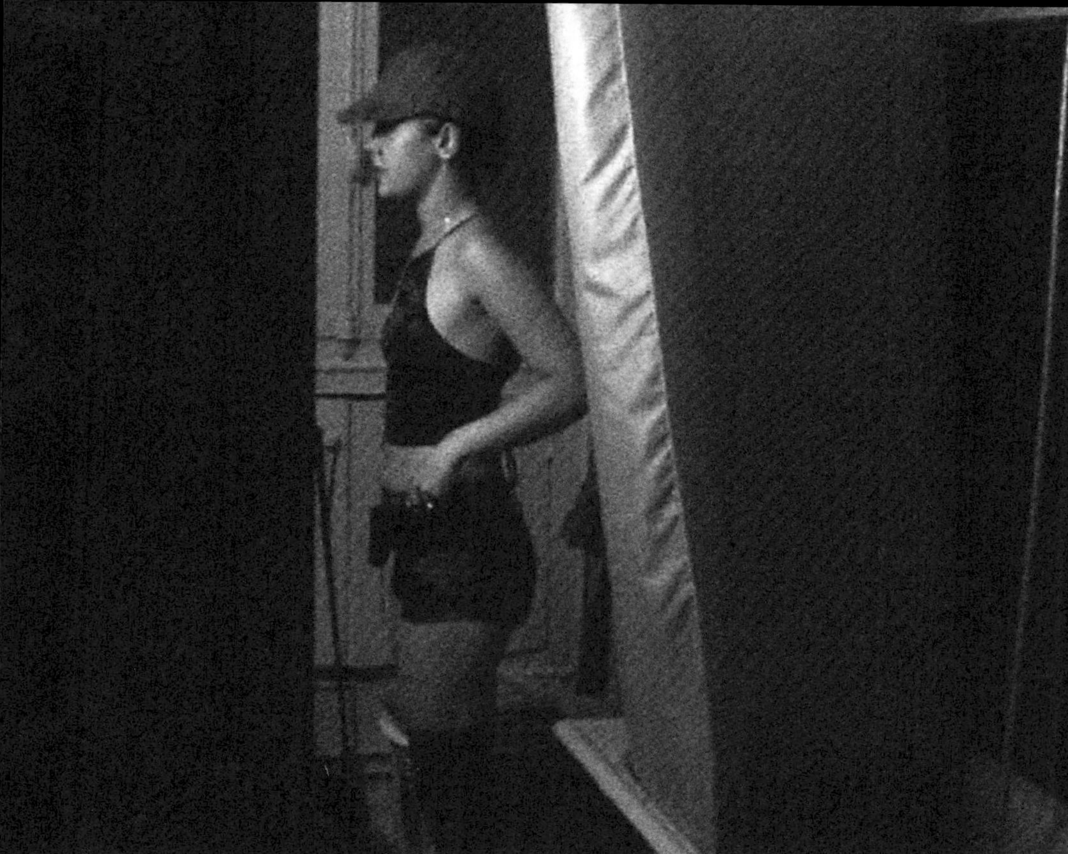

6. « Je vivais avec mon soumis, à demeure. Le miroir se trouvait
   en face des toilettes et il dormait là, dans la salle de bains.
   Les seuls moments où je le laissais dormir dans le salon, c'était
   lorsqu'il devait préparer des cours ou se reposer. »

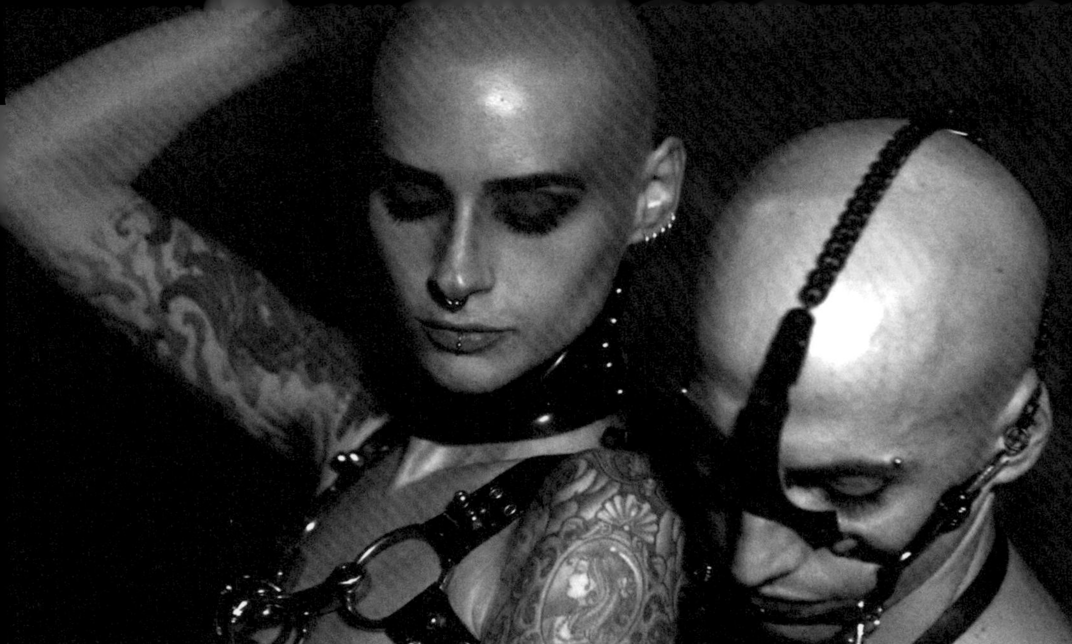

7.   « Un couple dans l'esprit fétiche, ils sont simplement costumés,
mais ils ne pourraient l'être ailleurs qu'à une soirée fétiche.
Ce sont les propres créations de l'homme qu'ils portent tous deux.
Il voulait que sa sœur et lui se ressemblent le plus possible. »

Rituels / Rituals, 2015
Installation video, 5 écrans, son. Écran 5: *Les soirées de maitresse Karima,* 13'
Video installation, 5 screens, sound. Screen 5: *Parties of Mistress Karima,* 13'

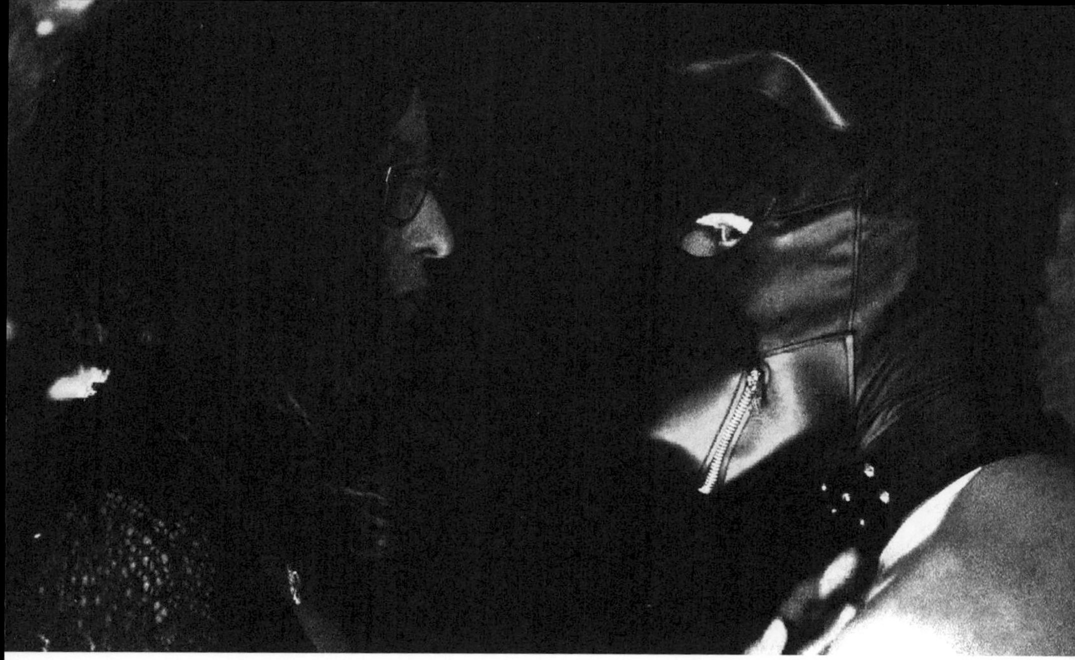

8. « Un jeu de domination, elle le regarde, et lui son regard fuit. »

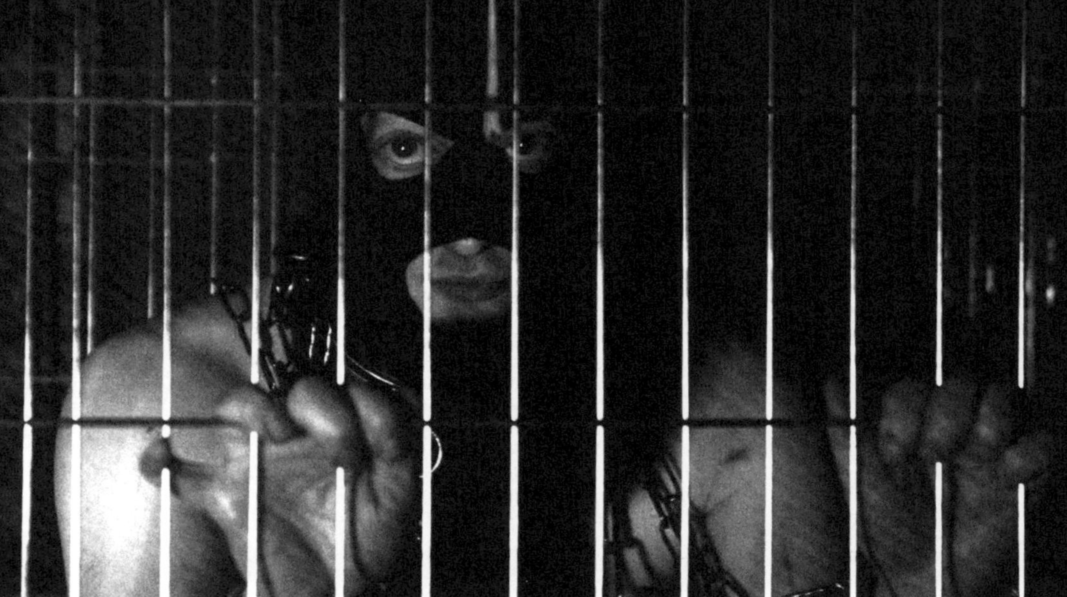

9.   « On l'appelle 'Le Boulet', parce qu'il traîne sans cesse un boulet au pied. Il est dans ma cage, que je mets à disposition, et dans laquelle il finit souvent. »

Rituels / Rituals, 2015
Installation video, 5 écrans, son. Écran 5: *Les soirées de maitresse Karima*, 13'
Video installation, 5 screens, sound. Screen 5: *Parties of Mistress Karima*, 13'

1. "We'd never put as many candles in. He himself put a candle in his mouth to get a bit more light and also to stop laughing. We were like two people performing, a couple of performers. We've stayed friends."

2. "I can't bear cars, so I shut my eyes. And then I fall asleep."

3. "Thibaut had just ejaculated, I asked him to lick his fingers. I was dressed and made up that way every day. I don't feel I've changed."

4. "His body and his gestures are very beautiful, he really enjoys what he's doing. The difference between him and a submissive man is that with him I don't need to act a role or pretend."

5. "In my family circle, I stood out. My mother had sewn stockings to turn them into gloves for me. Both of us are getting something ready: I'm preparing for a fetishist soirée, she's preparing a baby's bottle. My mother didn't ask me questions and I never hid what I was."

6. "I lived with the man submitting to me, at home. The mirror was opposite the toilets and he slept there, in the bathroom. The only times when I let him sleep in the sitting-room were when he had to prepare classes or to rest."

7. "A couple in the fetishist frame of mind, they're simply dressed, but they couldn't be dressed like that anywhere other than at a fetishist soirée. They're the man's own designs that they're both wearing. He wanted his sister and him to be as like one another as possible."

8. "A domination exercise, she looks straight at him, and he looks away."

9. "We call him 'Le Boulet' [The Millstone] because he constantly drags a millstone along on his foot. He's in my cage, which I make available, and he often ends up in there."

CLARISSE, KARIMA, OVIDIE ET LES AUTRES

CONVERSATION AVEC CLARISSE HAHN[*]

Catherine Millet

[*] Veille de week end de l'Assomption, Paris, 2015.

Comme j'ai revu *Ovidie* et *Karima*, premiers longs métrages de Clarisse Hahn, le lendemain du jour où j'ai vu la troisième partie des *Mille et une nuits* de Miguel Gomes (2015), je me dis que décidément la fonction du cinéma était désormais de maintenir vif le sentiment de l'empathie quand la religion n'était plus apte à nous le suggérer et que le rythme de vie ne lui laissait plus le temps de s'installer. Au moins, dans ce temps longuement pétri qu'offre le déroulement d'un film, avons-nous tout le loisir de nous abîmer dans un partage d'émotions avec ceux auxquels la caméra s'est précautionneusement attachée. Ainsi, du jour au lendemain, ai-je partagé des émotions avec des hommes, modestes habitants de la périphérie de Lisbonne, si fiers d'apprendre à leurs pinsons les chants les plus enchanteurs, et avec de très jeunes femmes dont l'une, actrice dans des films pornos, et l'autre, maîtresse SM, exposent avec une même candeur leur corps, leur gaité et leurs interrogations, dans l'exercice d'un métier qui a pour objet de mettre les corps « dans des situations extrêmes ». Je reprends là une expression qu'utilise Clarisse pour souligner la logique qui relie ses films, depuis *Hôpital* (réalisé immédiatement avant *Ovidie* et *Karima*) qui levait le voile sur les soins apportés à des personnes en fin de vie, aux *Los Desnudos*, ces paysans spoliés qui protestent en promenant leur corps absolument nus dans la mégalopole de Mexico. Dans un registre aux antipodes, il y a, pendant un life show sur Internet, l'orgasme véritable auquel parvient Ovidie, état extrême bien sûr exceptionnel devant une caméra. Clarisse n'oublie pas le corps animal, d'autant que celui-ci permet d'approcher la mort, et elle me rappelle qu'elle a filmé des sacrifices rituels d'animaux (*Boyzone, Kurdish Lover*). « Depuis le début, j'ai su que c'était ça qui m'intéressait : le corps dans sa dimension collective et sociale, des activités collectives liées au corps, des rituels au cours desquels l'attention de tout le monde se concentre sur un point qui est un corps. » Par une sorte de pudeur, je n'ai posé la question de l'empathie à Clarisse qu'à la fin de notre entretien et sa réponse a été immédiate : « Mais oui ! C'est un des objets principaux des films ! ». J'aurais dû commencer la conversation par là, parce qu'elle a aussitôt enchaîné, citant une phrase lue dans un ouvrage que son père, Otto Hahn, avait consacré à l'œuvre critique de Jean-Paul Sartre, et qui l'a durablement marquée : « Comprendre les autres et se comprendre est une seule et même chose qui se développe à l'infini ».

Pour que cette chose « se développe à l'infini », encore faut-il que le désir de comprendre se porte sur ceux qui sont les plus éloignés de vous. Que le parcours soit long et n'évite pas les obstacles. Pourquoi Ovidie et Karima ? La réponse immédiate de Clarisse est étonnante : « Toutes deux ont des cheveux et des yeux très noirs, des peaux très blanches, tout le contraire de moi. » Auparavant, Clarisse avait surtout filmé des corps d'hommes (*Boyzone*). Quand, à 26 et 27 ans, elle entreprend de filmer des femmes à peine plus jeunes qu'elle, elle complique donc le processus d'identification qui aurait pu s'établir facilement en choisissant des corps qui ne peuvent pas être des miroirs, des corps de femmes de toutes façons « différentes ».

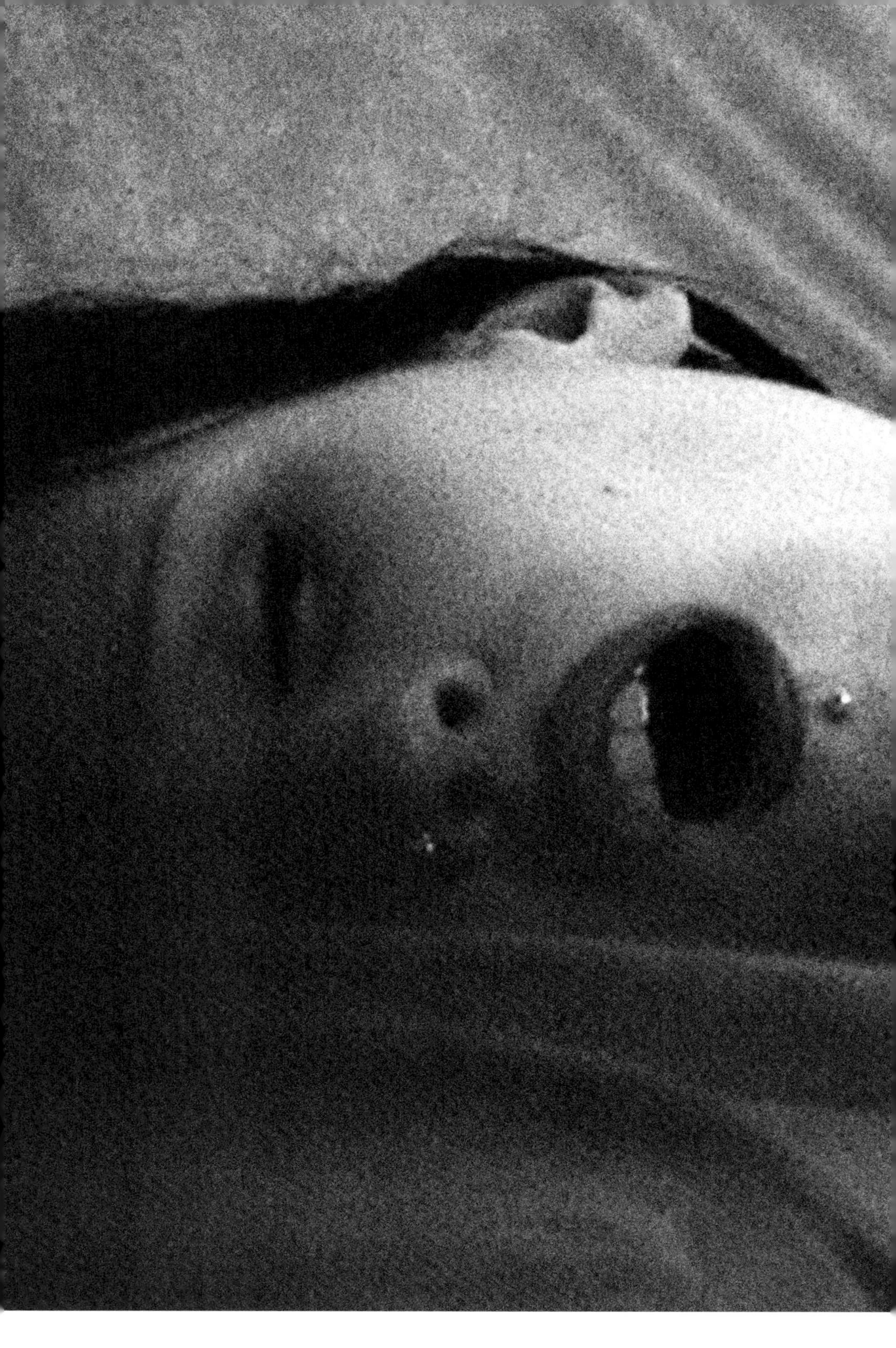

Ovidie, 2000
Documentaire, couleur, 4:3, 103′
Documentary, color, 4:3, 103′

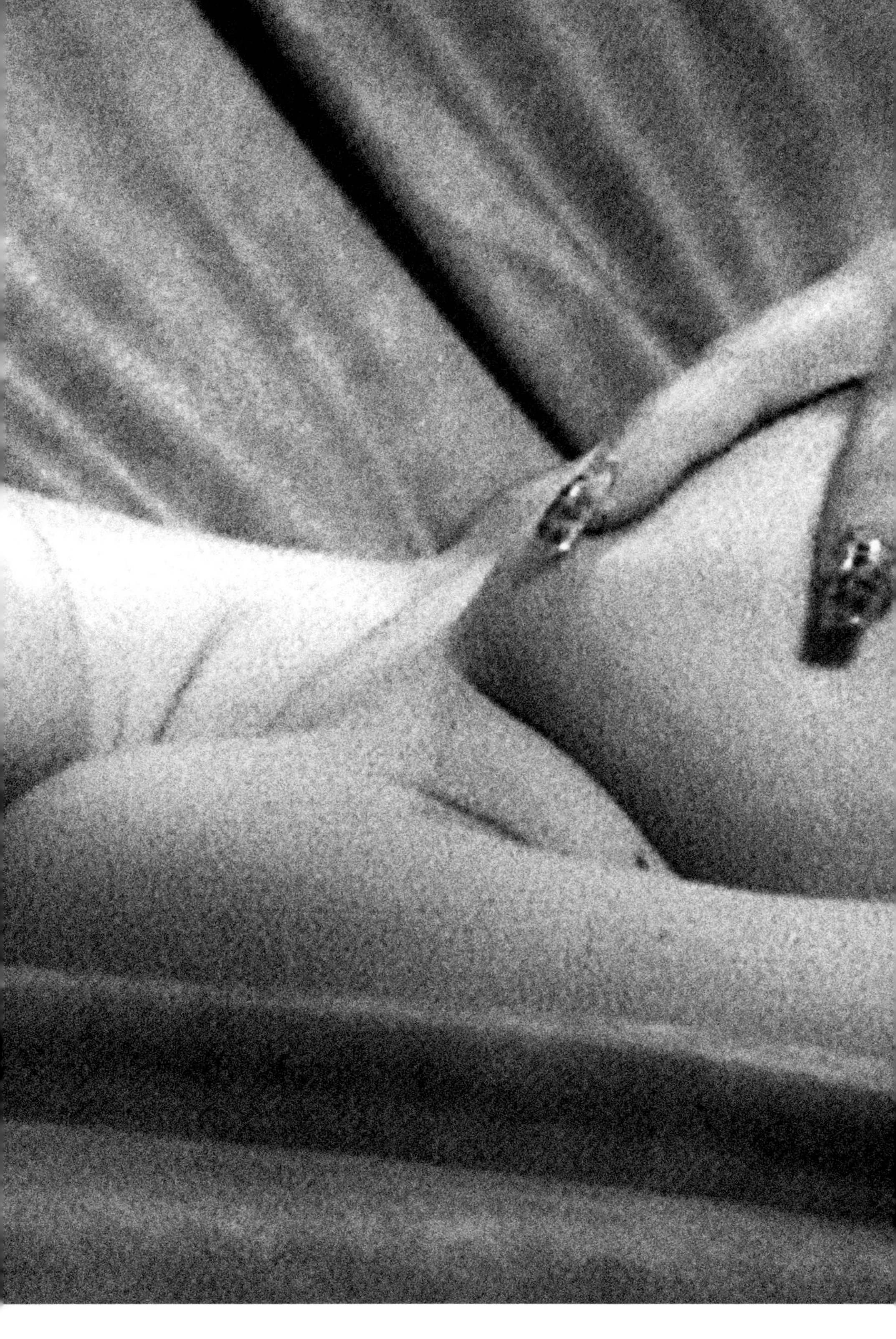

C'est un professeur à l'École des Beaux-Arts de Paris, plus astucieux que ce que l'on pourrait attendre, qui un jour lui donne une invitation pour la première d'un film pornographique au Forum des images à Paris. À la suite de la projection, un débat avec le réalisateur et les acteurs a lieu devant un public clairsemé. Clarisse remarque la jeune femme dont le physique contraste tellement avec celui des autres actrices, toutes blondes décolorées, et qui se distingue aussi par son attitude pendant la discussion. Sans trop avoir réfléchi à ce qu'elle est en train d'entreprendre, elle lui demande si elle peut la revoir pour une interview. S'ensuit une amitié. Ovidie et celui qui est alors son mari séjournent plusieurs mois chez Clarisse, le temps de trouver un appartement à Paris (ils viennent de Tours), et la plupart des séquences pendant lesquelles on les voit l'un et l'autre discuter âprement ont été tournées dans la cuisine de Clarisse.

Karima, elle, a beaucoup été filmée dans sa famille maghrébine, chez sa mère qui vit dans un deux pièces, « où l'on a l'habitude de vivre sous le regard des autres », précise Clarisse, entourée d'une sœur plus jeune qui la regarde s'habiller et se maquiller, d'un petit neveu qui joue avec un soutien-gorge. Interrogée sur cette famille lors de rencontres avec le public, Karima répond qu'elle n'éprouve aucune honte devant elle. Clarisse ajoute : « la famille ne se préoccupe absolument pas de correspondre à une norme ou à des règles morales. J'aimais bien la présence de la télévision qui était toujours ouverte, comme une fenêtre sur la violence (la mère se passionnait pour *New York, unité spéciale*, série qui raconte tout le temps des crimes sexuels). » Elle poursuit : « Ce qui m'intéressait chez Karima comme chez Ovidie, c'est qu'en dépit de leur jeunesse, elles assumaient leur différence. Voilà ce que je voulais transmettre. »

« Au moment du film, Ovidie sortait de l'adolescence, elle était timide, se contrôlait beaucoup. Elle avait une difficulté à s'ouvrir qu'elle ne doit plus avoir maintenant. Au contraire, Karima se livrait avec une spontanéité incroyable devant la caméra. J'ai aimé découvrir grâce à elle l'univers SM dont on parlait moins à l'époque. Je l'accompagnais souvent très tard dans la nuit, et comme le temps de tournage est absolu, qu'on laisse de côté tout le reste, ce temps finalement se dissout sans qu'on sache ce qui va se passer. » Je fais remarquer à Clarisse qu'il fallait néanmoins, avec l'une comme avec l'autre, réussir à obtenir une pleine confiance. Réponse : « Mais, c'est moi qui choisis aussi de travailler avec des gens avec qui je me sens en confiance ! Comme avec les producteurs et les galeristes, d'ailleurs. Si je fais des films, c'est parce que j'ai envie de me rapprocher des gens, et c'est parce que je me suis rapprochée d'eux qu'ils sont en confiance. Il n'y a qu'une seule façon de faire, il faut prendre le temps ; les gens finissent toujours par se révéler, ils prennent l'habitude de la caméra sans savoir si elle tourne ou pas. Tu ne dois pas mentir sur ce que tu veux faire, tu dois montrer ce que tu as déjà enregistré. Karima a été filmée pendant un an et le travail de montage a demandé six mois. Je disposais d'une centaine d'heures de tournage, ce qui n'était pas énorme car maintenant, j'en ai beaucoup plus. Je laisse beaucoup plus les choses advenir. Je travaille à l'inverse des documentaristes qui étudient longuement le terrain et puis filment en un mois. »

L'un des effets de cette méthode auquel je suis, moi, particulièrement sensible, est la présence de Clarisse dans l'espace du film ; les protagonistes l'interpellent, elle répond. Certes, elle est hors champ mais, si j'ose dire, elle fait partie du décor, tous ceux qui l'entourent et qu'on voit à l'image l'ont intégrée. Alors, il suffit que le spectateur entende sa voix pour sentir près de lui, le touchant presque, tout le poids du corps de la réalisatrice. Dans *Ovidie*, un petit monsieur à l'œil coquin l'invite à son club naturiste ; un plan de *Karima* montre les pieds de la réalisatrice, foulant, dans le même temps où elle l'interroge, le garçon dont le plaisir est d'être piétiné. Comme dans les tableaux ayant pour thème « le peintre et son modèle », où l'autoportrait du peintre est le passage pour l'entrée du spectateur dans l'atelier, face au modèle offert dans sa nudité, cette présence de Clarisse est un vecteur efficace de l'empathie ressentie par le spectateur de ses films.

« C'est ma place en tant que réalisatrice, et la méthode *honnête* que j'ai trouvée pour régler la question de la place de l'intervieweur-réalisateur. J'ai commencé à filmer en 2000, quand sont apparues, à des prix abordables, les petites caméras légères, organiques, qui sont comme des prolongements du corps, et qui, de plus, permettent de tourner pendant des heures. On me sent donc là, mais sans que je sois le point central (je ne suis pas dans l'autobiographie) et je pense qu'il est important qu'on perçoive le rapport détendu que j'ai avec ceux que je filme. »

Notre conversation digresse. Je dis à Clarisse à quel point l'infinie diversité des pratiques sexuelles, l'incroyable invention du genre humain lorsqu'il s'agit de trouver le plaisir, me réjouissent. Ainsi, le garçon sur qui marche Clarisse, qui n'admet pour cette pratique que des femmes pour partenaires, alors même qu'il est homosexuel. On croit souvent constater que les fantasmes sont assez stéréotypés, mais n'est-ce pas qu'on ne les connaît que par le récit qui en est fait devant sociologues ou psychologues, et que la parole qui les porte les appauvrit. C'est la parole qui est stéréotypée. Les mots manquent devant l'extrême individualisation du plaisir. Or les films de Clarisse ne se contentent précisément pas de la parole, ils montrent les pratiques. Clarisse enchaîne : « Les pratiques sont comme un château de cartes qui se construit différemment pour chaque personne. Le château du désir. »

Bien sûr, tout le monde ne réagit pas comme moi. Je me souviens que lors d'une soirée organisée par *artpress* au Centre Georges Pompidou, au cours de laquelle nous avions montré des films d'artistes contenant des scènes sexuelles explicites, le public avait applaudi, *sauf* devant des extraits de *Karima*, alors en montage, que nous avions projetés. Réaction due sans doute au fait que se succédaient les scènes montrant Karima en famille et celles où elle se trouvait avec des clients, et que le public, fasciné, ou assujetti à la hantise de la pédophilie, avait dû mélanger les unes et les autres.

Clarisse évoque alors l'interprétation donnée par Daniel Karlin d'une réaction à l'une des séquences de son film *Et si on parlait d'amour* (2001). La séquence était consacrée à un couple d'échangistes et comportait, de la même façon, une scène purement familiale en compagnie d'une grand-mère et de ses petits-enfants. Une journaliste avait confondu en une seule cette scène et une scène d'échangisme. Pour Karlin, la journaliste avait projeté là ses propres fantasmes... J'apprends que certains spectateurs ont pu aussi trouver insupportable et reprocher à Clarisse la scène où un soumis de Karima s'abandonne complètement au plaisir sans se soucier de la caméra. Or cet homme explique que le plaisir de la soumission tient précisément à cet abandon, sans aucune gêne ni retenue, devant le regard de l'autre.

En revoyant *Karima* en particulier, je me suis rendue compte que j'étais autant émue que lors du premier visionnage par les personnes que Clarisse nous fait rencontrer. Je lui dis mon admiration pour la liberté avec laquelle celles-ci exposent leur sexualité et aussi l'atmosphère sympathique, l'humour qui se dégagent de ses films. Exactement ce qu'elle recherche, répond-elle : « Je souhaite que les films encouragent certains spectateurs eux-mêmes à parler. Lors d'une projection, devant la scène du garçon qui se fait marcher dessus, des gens ont ri alors qu'il se trouvait dans la salle et cela m'a mise très mal à l'aise. Mais si les spectateurs peuvent avoir des *a priori*, beaucoup s'aperçoivent ensuite que ces êtres à l'écran, dont les pratiques sont 'différentes', sont en même temps comme tout le monde et, au travers de cette similitude, certains spectateurs peuvent se révéler à eux-mêmes. J'ai reçu des lettres me disant avoir ressenti comme une libération la découverte de personnes qui ressentaient les choses comme les signataires. Moi-même, je me découvre dans la rencontre avec l'autre. À l'instar de la plupart des documentaristes, je suis à la recherche d'une confrontation, d'une expérience qui met en danger. Les reporters de guerre risquent leur corps, d'autres, comme moi, leur système de valeurs. Pénétrer dans la vie des gens est déstructurant, mais c'est avec cette expérience que l'on se construit ensuite, et j'espère faire d'autres rencontres qui ébranleront mon socle. »

CLARISSE, KARIMA, OVIDIE, AND THE OTHERS

CONVERSATION WITH CLARISSE HAHN*

Catherine Millet

As I looked again at *Ovidie* and *Karima*, Clarisse Hahn's first feature-length films, the day after I'd seen the third part of Miguel Gomes's *Arabian Nights* (2015), it occurred to me that the purpose of cinema these days is clearly to keep the feeling of empathy alive now that religion is no longer suited to conveying it, and the pace of life no longer gives empathy time to get established. At least, in the protracted time the showing of a film takes, we have full leisure to plunge into a sharing of emotions with the people the camera has cautiously latched onto. Thus from one day to the next I shared emotions with men, unassuming inhabitants of the outskirts of Lisbon, so proud of teaching their chaffinches the most delightful songs, and with very young women, one an actress in pornographic films, the other working in S&M, both exhibiting their bodies, their gaiety and their questions with the same candor, in practicing a profession which has the putting of bodies "into extreme situations" as its objective. There I am picking up on an expression used by Clarisse to emphasize the logic that links her films, from *Hôpital* (Hospital), made immediately before *Ovidie* and *Karima*, which lifted the veil on the end-of-life care given to people, to *Los Desnudos*, those ripped-off peasants protesting by parading their completely naked bodies in the megalopolis of Mexico City. In a register at the polar opposite, during a live show on the internet, there is the real orgasm Ovidie achieved, an extreme state that is of course exceptional in front of a camera. Clarisse does not forget the animal body, especially as it allows us to get close to death, and she reminds me that she has filmed ritual sacrifices of animals (*Boyzone, Kurdish Lover*). "Right from the start I knew that was what interested me: the body in its collective and social dimension, collective activities associated with the body, rituals during which everyone's attention is concentrated on one point which is a body." Through a kind of discretion, I only raised the question of empathy with Clarisse at the end of our interview, and her answer was immediate: "Of course! It's one of the main subjects of the films!" I should have started the conversation there, because she straightaway went on, quoting a sentence taken from a book her father, Otto Hahn, wrote about the critical work of Jean-Paul Sartre, which made a lasting impression on her: "Understanding others and understanding oneself is one and the same thing which keeps on developing ad infinitum."

In order for that thing to "develop ad infinitum," it is also necessary for the desire for understanding to relate to those who are most distant from you, for the journey to be long and not to avoid obstacles. Why Ovidie and Karima? Clarisse's immediate answer is astonishing: "Both of them have very black hair and eyes and very white skins, the complete opposite of me." Before that, Clarisse had mainly filmed men's bodies (*Boyzone*). When at the age of twenty-six and twenty-seven she embarked on filming women hardly any younger then herself, she thus complicated the process of identification, that could easily have happened, by choosing bodies that cannot be mirrors, bodies of women who are "different" in every way.

     Catherine Millet

It was a teacher at the École des Beaux-Arts in Paris, more astute than might have been expected, who one day gave her an invitation to the première of a pornographic film at the Forum des images in Paris. Following the projection, a debate with the director and the actors took place before a sparse audience. Clarisse noticed the young woman whose looks were in such contrast with those of the other actresses, all died blondes, and who also stood out for her attitude during the discussion. Without thinking too much about what she was embarking on, she asked her if she could see her again for an interview. This led to a friendship. Ovidie and the man who was then her husband stayed with Clarisse for several months while they were looking for an apartment in Paris (they come from Tours), and most of the sequences in which we see the two of them arguing bitterly were shot in Clarisse's kitchen.

As for Karima, she was filmed a lot with her North African family, at the home of her mother who lives in a two-room apartment "where people are used to living under the eyes of others," Clarisse points out, along with a younger sister who watches her get dressed and put on her make-up, and a little nephew who plays with a bra. Questioned about that family at encounters with the public, Karima replies that she feels no shame in front of them. Clarisse adds: "The family isn't in the least concerned about corresponding to a standard or to moral rules. I really liked the presence of the television which was always on, like a window onto violence (Karima's mother adored *New York, unité spéciale* [Law & Order: Special Victims' Unit], a series that is full of stories about sexual crimes)." She goes on: "What interested me in both Karima and in Ovidie was that despite their youth, they had come to terms with being different. That's what I wanted to get across."

"At the time of the film, Ovidie was emerging from adolescence, she was shy, held back a lot. She had some difficulty in opening up which she must have overcome now. Karima on the other hand behaved with incredible spontaneity in front of the camera. I liked discovering the S&M world thanks to her: It wasn't talked about so much at that time. I often went with her very late at night, and as filming time is all-demanding and you have to put everything else to one side, that time ultimately dissolves without you knowing what's going to happen." I point out to Clarisse that it was nonetheless necessary, with both girls, to manage to obtain their complete trust. Her answer: "But it's me who also chooses to work with people I feel I can trust! As with producers and gallery owners, what's more. If I make films it's because I want to get close to people, and it's because I've come near to them that they trust me. There's only one way of going about it, you have to take time; people always end up revealing themselves, they get used to the camera without knowing whether it's running or not. You mustn't lie about what you want to do, you have to show what you've already recorded. Karima was filmed over the course of a year, and the editing process took six months. I had about 100 hours of film, which wasn't huge because now I have a lot more. I let things happen a lot more. I work the other way round from documentary filmmakers who spend a long time studying the ground, then do the filming in a month."

One of the effects of this method that I personally am particularly aware of is Clarisse's presence within the film; the protagonists talk to her, and she answers. Yes, she is out of vision, but if I dare put it this way, she's part of the set, all those surrounding her whom we see in the picture have integrated her. So all it takes is for viewers to hear her voice for them to feel close to the full weight of the director's body, almost touching it. In *Ovidie*, a short man with a roguish eye invites her to his naturist club; one shot in *Karima* shows the director's feet tramping on the youngster who takes pleasure in being walked on as she questions him. As in pictures on the theme of "the painter and his model," where the painter's self-portrait is the passage allowing the viewer to enter the studio, opposite the model offered in his/her nudity, that presence of Clarisse is an effective vector of the empathy felt by viewers of her films.

"It's what I do as the director, and the *honest* method I've found to settle the question of the place of the interviewer-director. I started making films in 2000, when small, light, organic cine-cameras first appeared on the scene at affordable prices; they're like extensions of the body, and in addition they allow you to carry on filming for hours. So you're aware of me there, but without me being the central focus (what I'm doing is not autobiography), and I think it's important for the relaxed relationship I have with the people I'm filming to be perceptible."

Our conversation digresses. I tell Clarisse how much the infinite diversity of sexual practices, the incredible inventiveness of human beings when it comes to finding pleasure, delights me. For instance the boy Clarisse walks on who only accepts women as partners for that practice, even though he's homosexual. We often think we can observe that the phantasms are rather stereotypical, but isn't it the case that we know them only through the story made of them in talking to sociologists or psychologists, and that the words conveying them impoverish them? It's the words that are stereotypical. Words fail in the face of the extreme individualization of pleasure. Well, Clarisse's films are specifically not satisfied with the spoken word, they show the practices. Clarisse carries on: "Practices are like a house of cards that is built differently for each individual. The house of desire."

Of course not everybody reacts the same way as me. I remember that at an evening event organized by *artpress* at the Centre Georges Pompidou during which we'd shown artists' films containing explicit sexual scenes, the audience applauded, *except* when looking at extracts from *Karima*, then being edited, which we'd projected. A reaction no doubt due to the fact that the scenes showing Karima with her family and the ones where she was with clients followed one another, and the audience, fascinated, or in thrall to the specter of pedophilia, must have confused the two.

     Catherine Millet

Clarisse then mentions the interpretation given by Daniel Karlin to a reaction to one of the sequences in his film *Et si on parlait d'amour* (What If We Talked About Love, 2001). The sequence was devoted to a partner-swopping couple and included, in the same way, a purely family scene along with a grandmother and her grandchildren. A woman journalist had confused that scene and a partner-swopping scene and made them into a single scene. In Karlin's view, the journalist in so doing had been projecting her own phantasms... I learn that some viewers may also have found the scene in which a man submitting to Karima abandons himself completely to pleasure, with no concern for the camera, unbearable, and reproached Clarisse for filming it. Well, that man explains that the pleasure of submission specifically depends on that abandonment, with no shame and no holding back, before the gaze of another person.

On seeing Karima in particular again, I realized I was just as moved by the people Clarisse introduces us to as at the first viewing. I tell her how I admire the freedom with which they exhibit their sexuality, as well as the friendly atmosphere and the humor that emanate from her films. Exactly what she's looking for, she replies: "I want the films to encourage some viewers themselves to speak. At one showing, at the scene with the boy who gets himself walked on, people laughed when he was in the auditorium, and that made me very uncomfortable. But while viewers may have *a priori* assumptions, many then notice that these beings on the screen whose practices are 'different' are at the same time like everyone else, and through that similarity, some viewers may be revealed to themselves. I've received letters saying that the writers experienced the discovery of individuals who felt things the same way as they did as a liberation. I myself discover myself in meeting others. Like most documentary makers, I'm looking for a confrontation, an experience that involves danger. War reporters risk their bodies, others, like me, put their system of values on the line. Penetrating people's lives is destructuring, but it's with the experience gained that we subsequently build ourselves, and I hope to have other encounters that will shake my secure base."

LÉGENDES (II)
KURDISH LOVER

Oktay Şengül

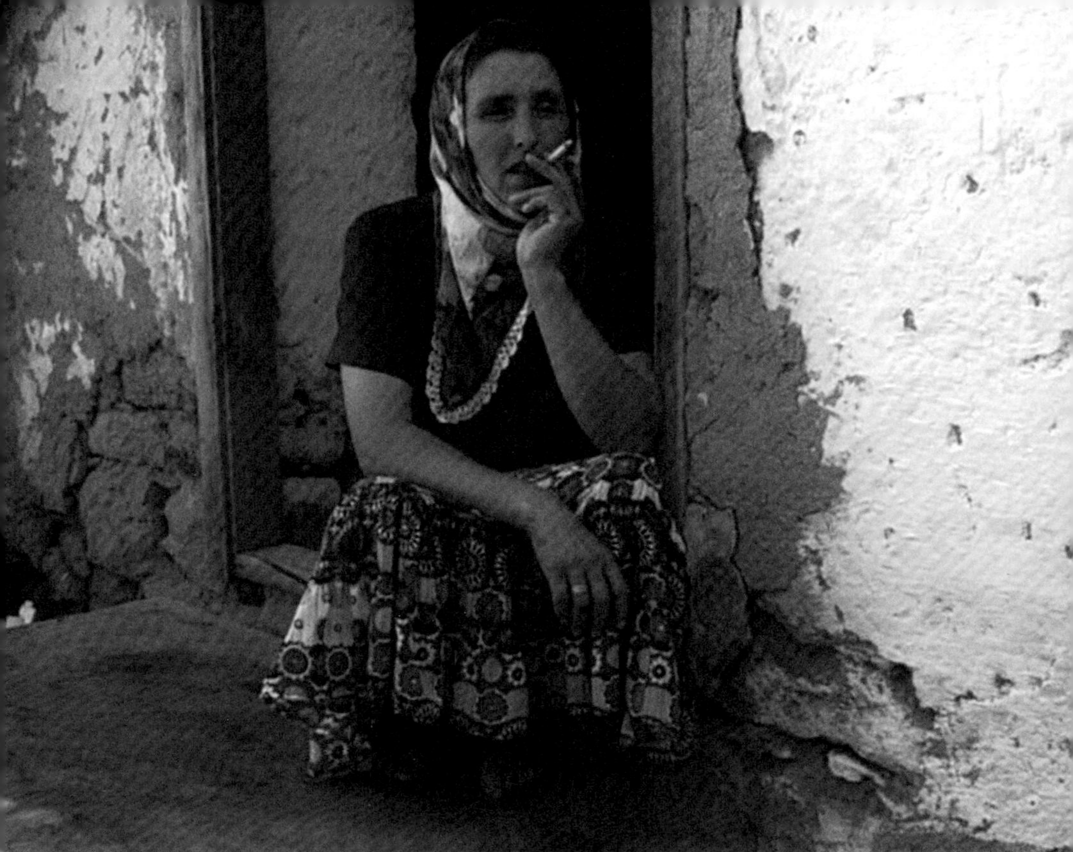

1. « Ma tante m'évoque une magicienne, une sorcière baveuse.
    De fait, elle vient d'une famille de magiciens et de Guides.
    Elle croyait qu'elle possédait des pouvoirs de magie noire
    et blanche. Mais je vois aussi la solitude, et l'abandon de sa
    maison en ruines. »

Kurdish Lover, 2010
Documentaire / Documentary, 95′

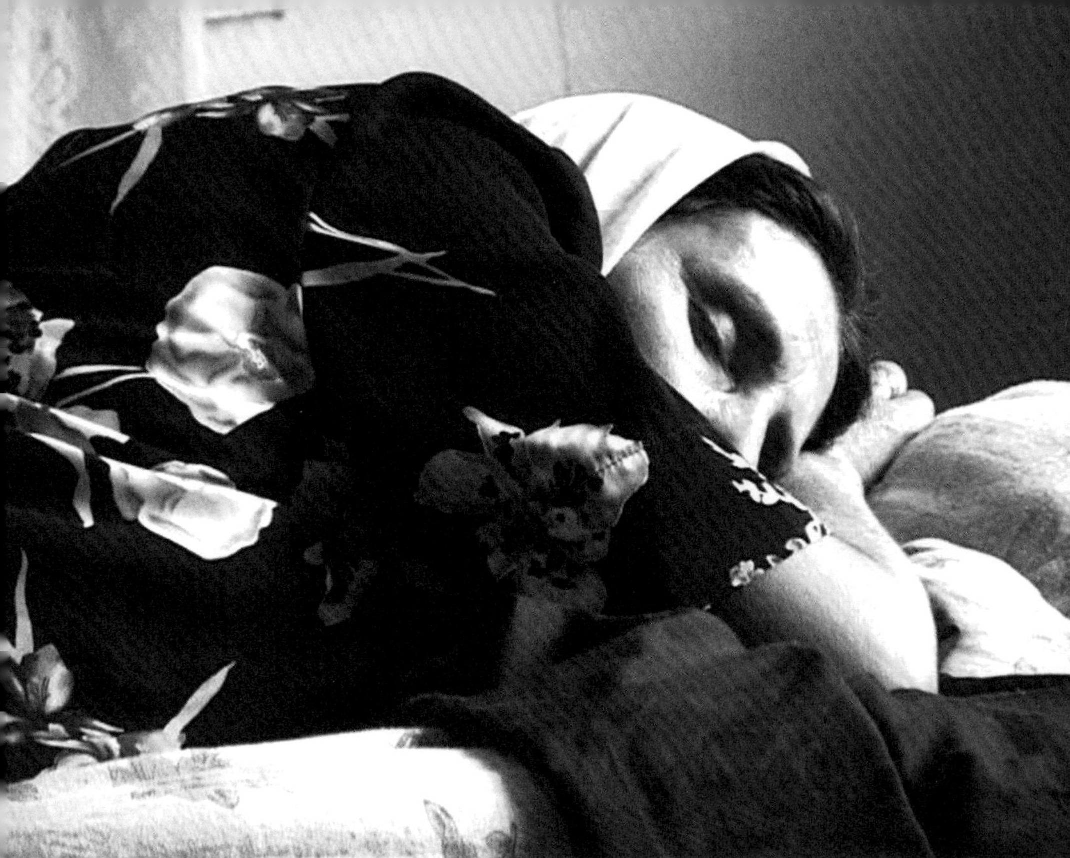

2. « Elle se réveille très tôt le matin, elle travaille d'arrache-pied, alors elle a besoin de se reposer la journée. Ses mains calleuses appartiennent au peuple des campagnes, mais elle reste coquette, avec sa bague, sa robe à fleurs et son fichu. »

Kurdish Lover, 2010
Documentaire / Documentary, 95'

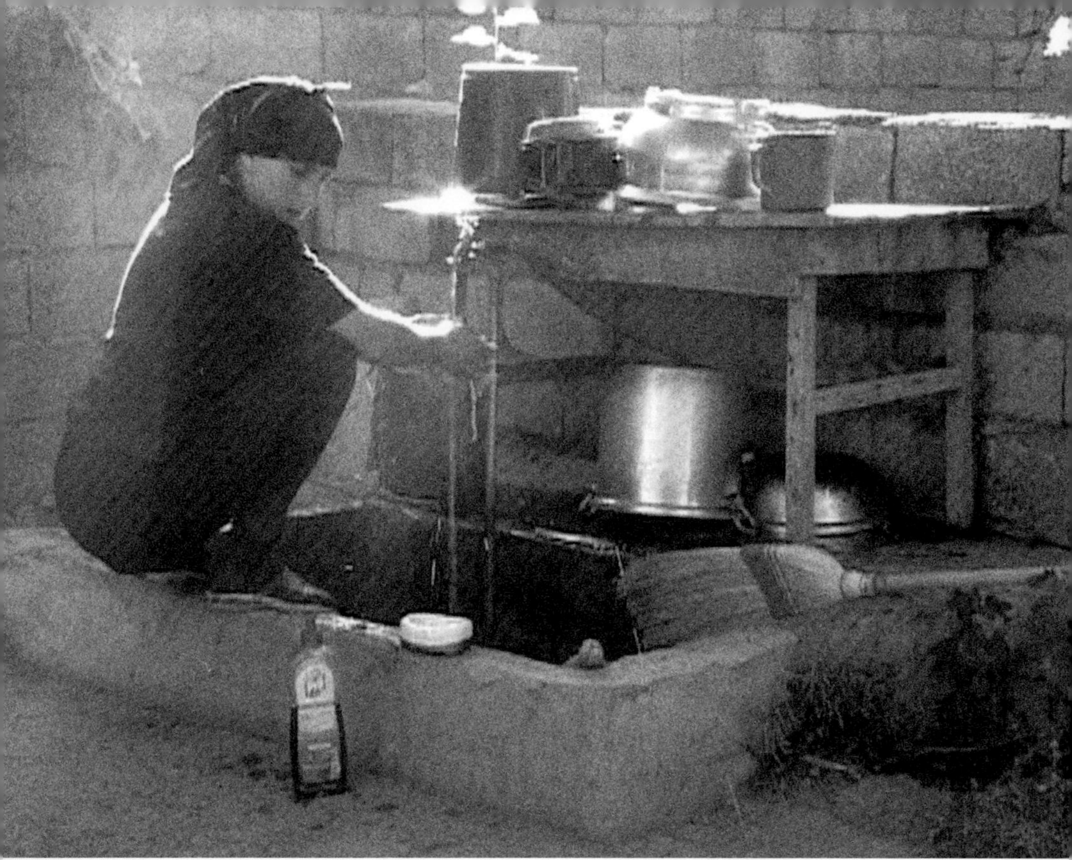

3. « Hiver, été, dans le grand froid comme dans le grand soleil,
    elle ne cesse de travailler quelles que soient les conditions. Elle
    est toujours seule, dans son monde. Il est difficile de la suivre. »

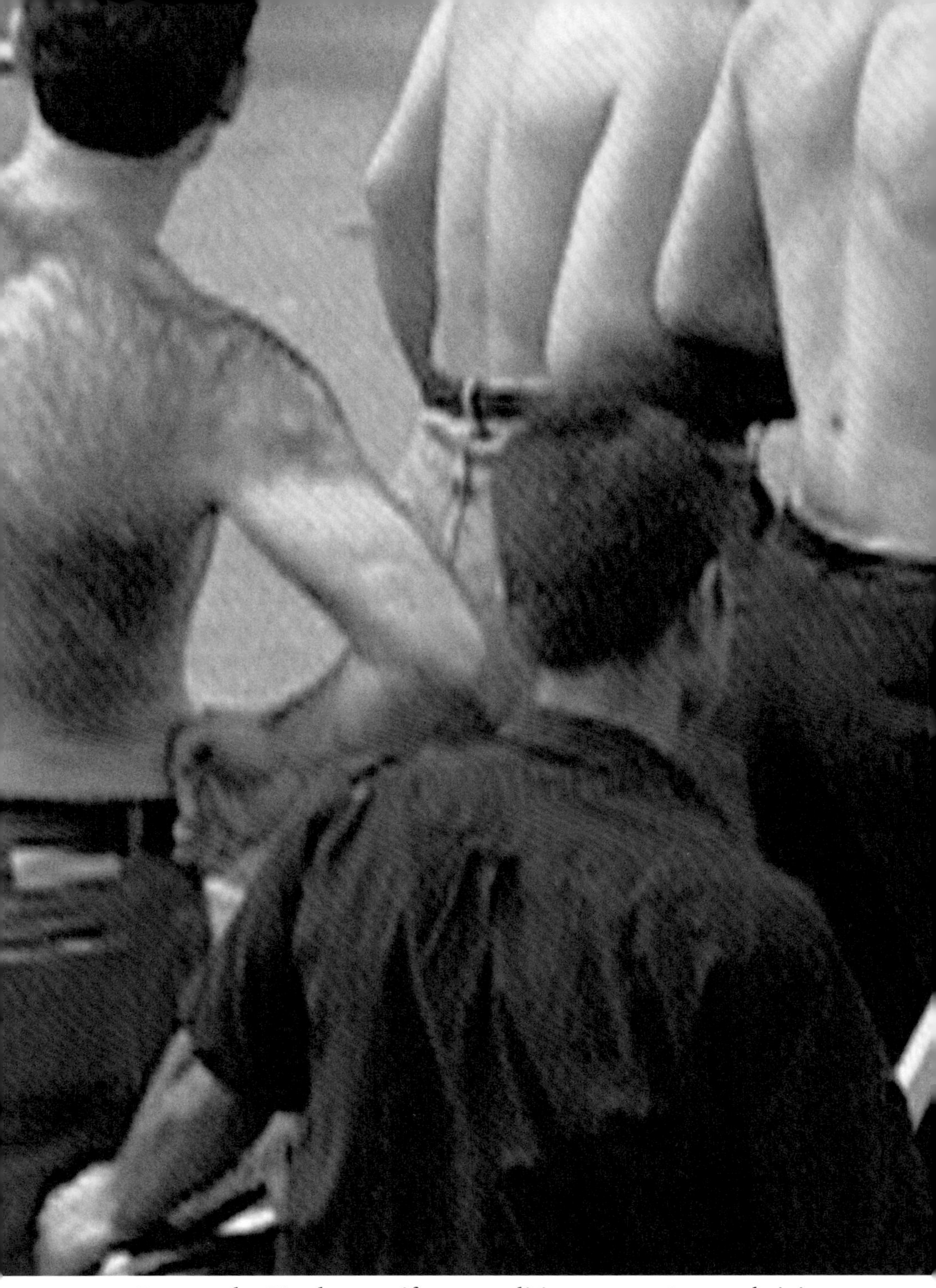

4. « Lorsque les Kurdes manifestent politiquement, c'est par la joie, les danses, le corps à corps, le toucher. Ils se touchent beaucoup, et par le corps, et par le regard.

Kurdish Lover, 2010
Documentaire / Documentary, 95′

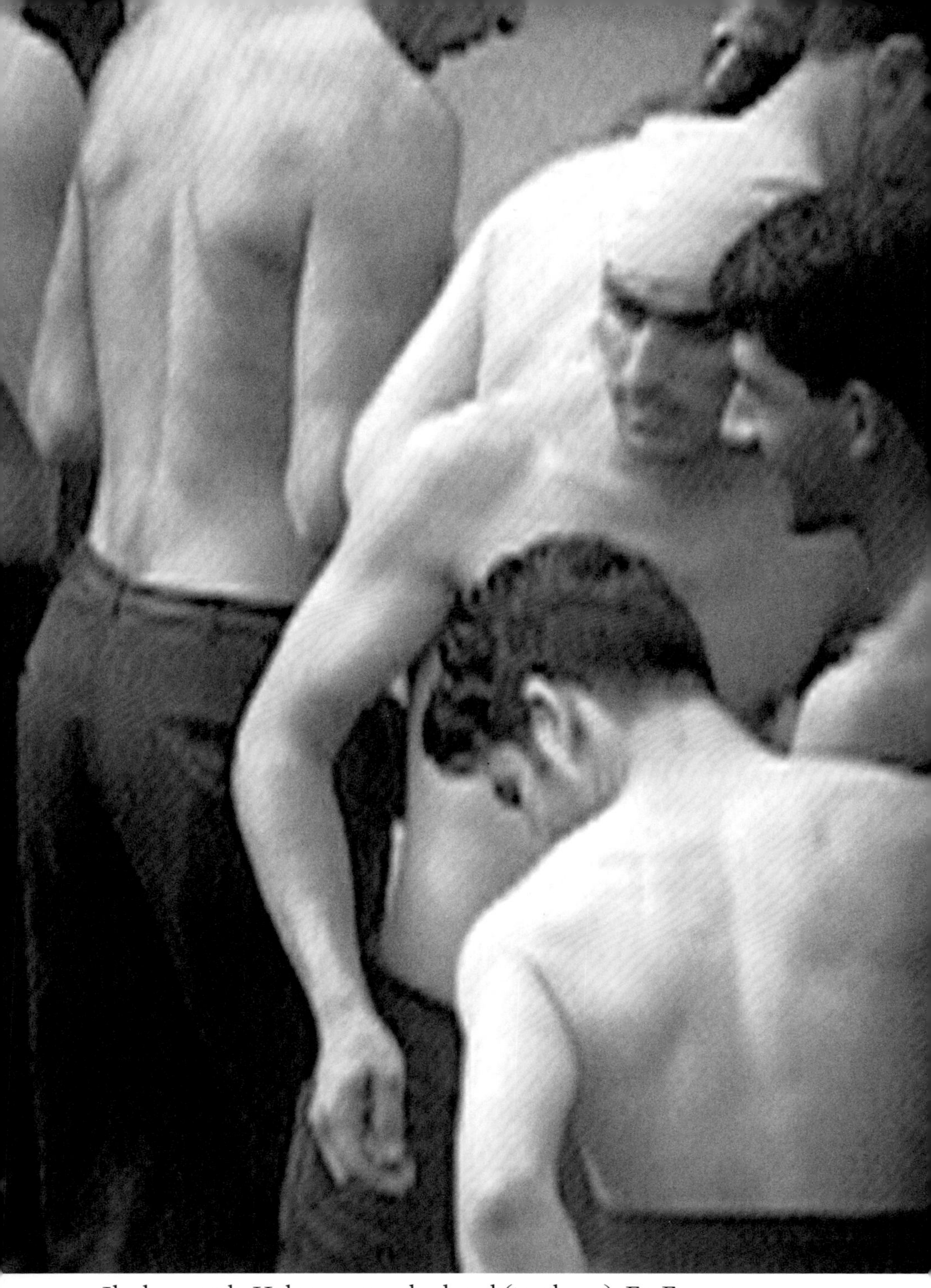

Ils dansent le Halay, au son du daoul (tambour). En France et en Europe, manifester c'est d'abord rédiger des slogans, chez les Kurdes, c'est danser. »

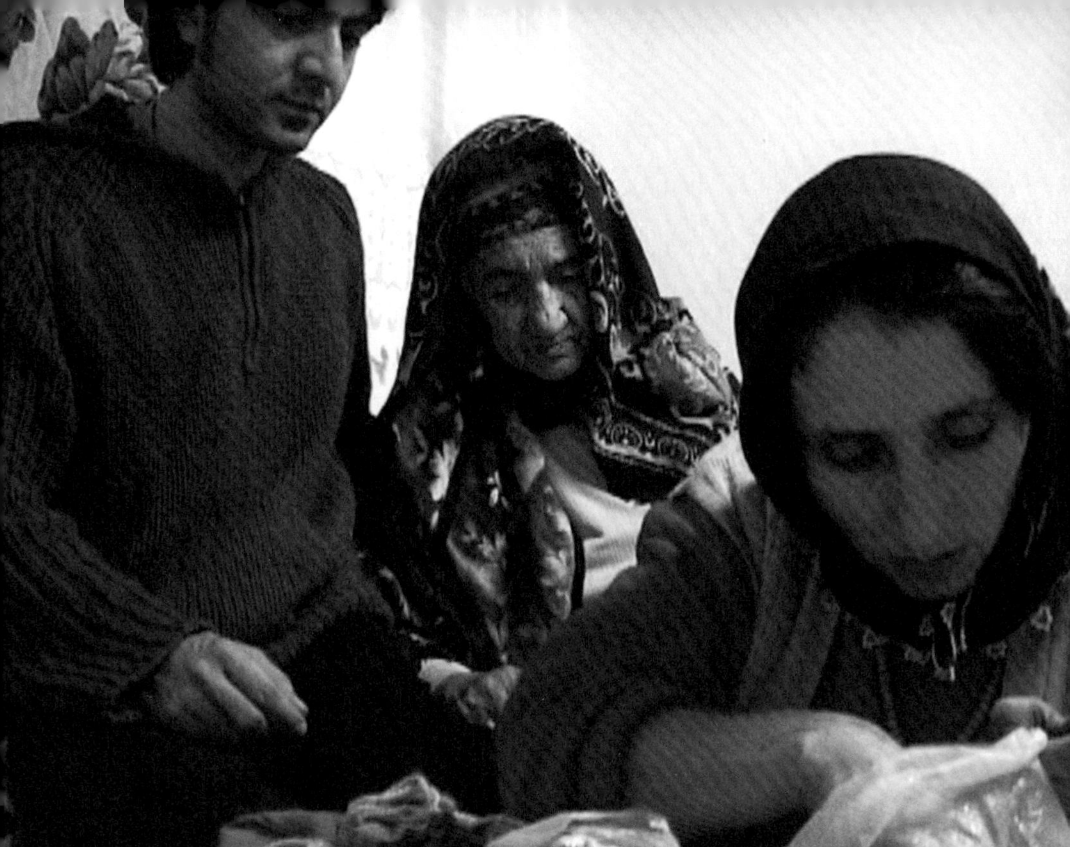

5.   « Comme les chamans, elles sortent tous les objets cachés, que normalement on ne montre jamais. Ici, elles sortent les pierres magiques et des poils de barbe d'un Guide, un Saint, pour la fertilité. Ma sœur qui voulait un enfant a pris de la barbe, et ça a marché. Ici, ma grand-mère est fâchée, parce qu'elle refuse que l'on montre ces objets sacrés. »

  Kurdish Lover, 2010
Documentaire / Documentary, 95'

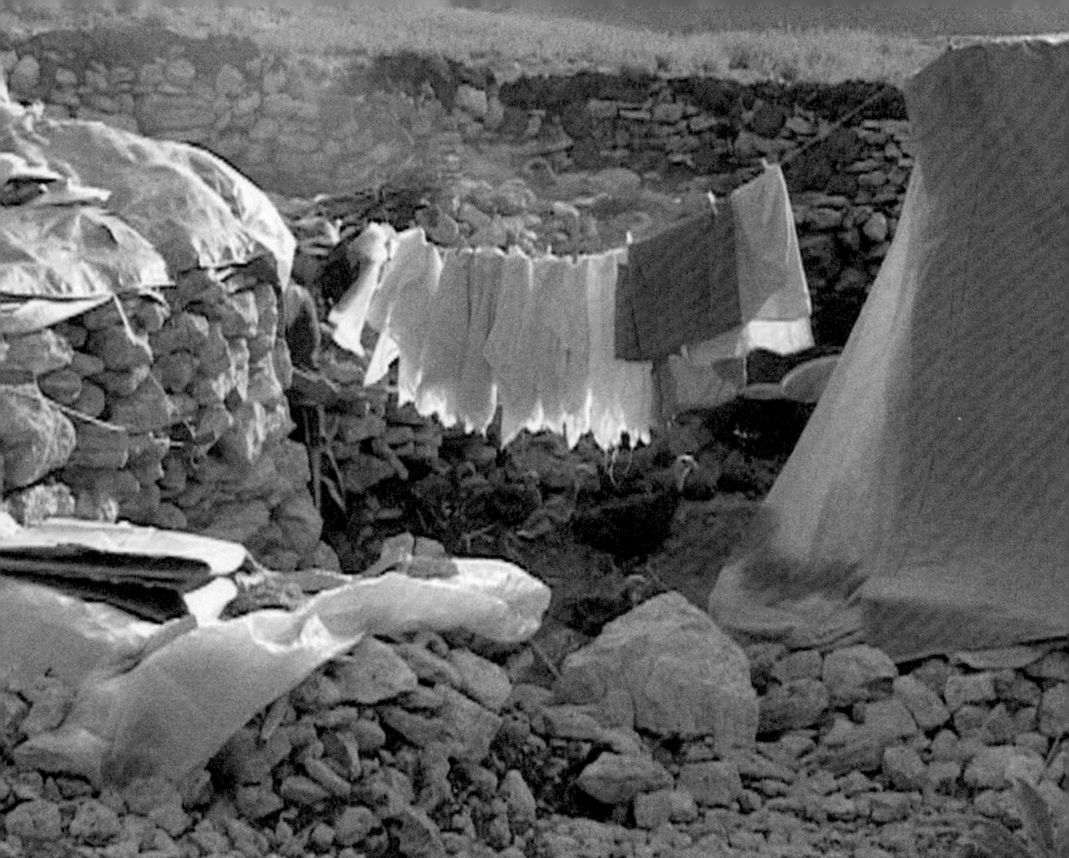

6. « Ces tissus servent à filtrer le yaourt pour faire du fromage.
   Ils représentent des millénaires de vie libre dans les montagnes
   et les pâturages. Un archéologue autrichien a établi que ces
   constructions et ces pratiques existent depuis 3000 ans avant
   J.-C. Ces petits édifices sont des Holiks, qui pouvaient être
   recouverts de peaux de bêtes. »

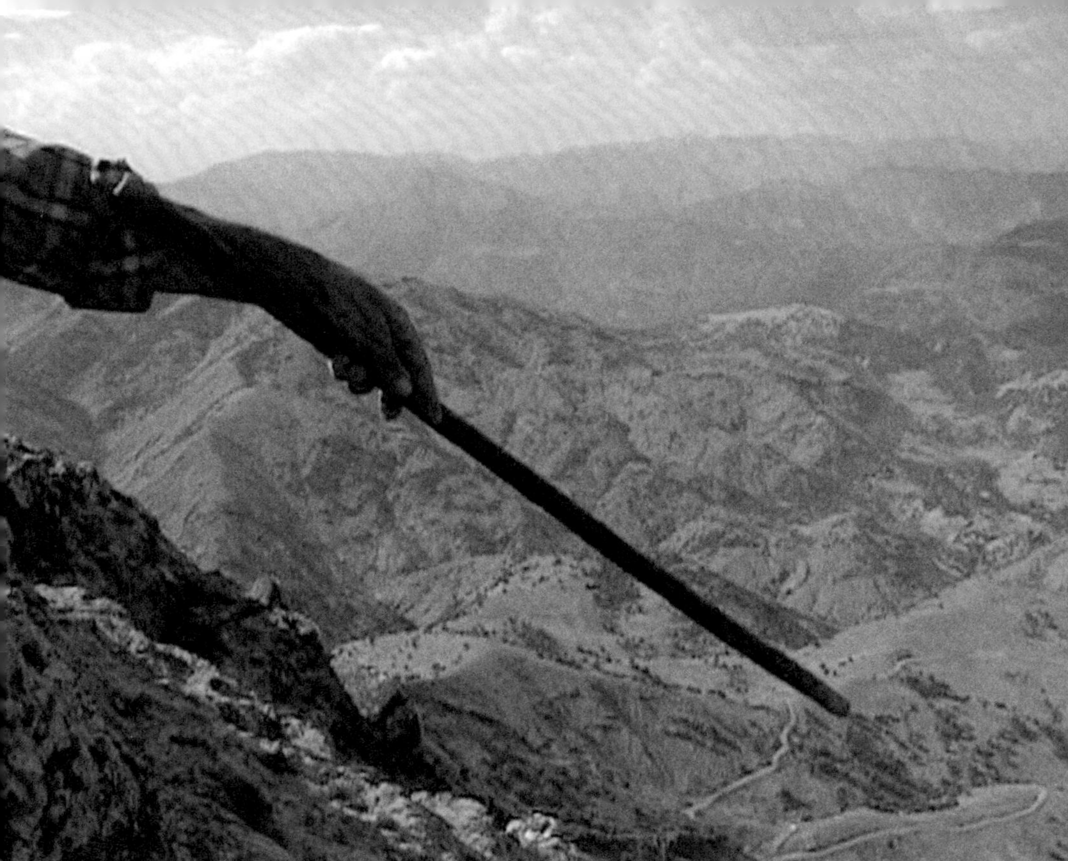

7.　« Chacune des montagnes du Dersim, région dont viennent mes parents, est sacrée et possède sa propre histoire. Elles sont aussi les refuges des guérilleros. Celui qui tient le bâton est un guide très volubile, qui a fait de la prison pour avoir aidé la guérilla. »

Kurdish Lover, 2010
Documentaire / Documentary, 95'

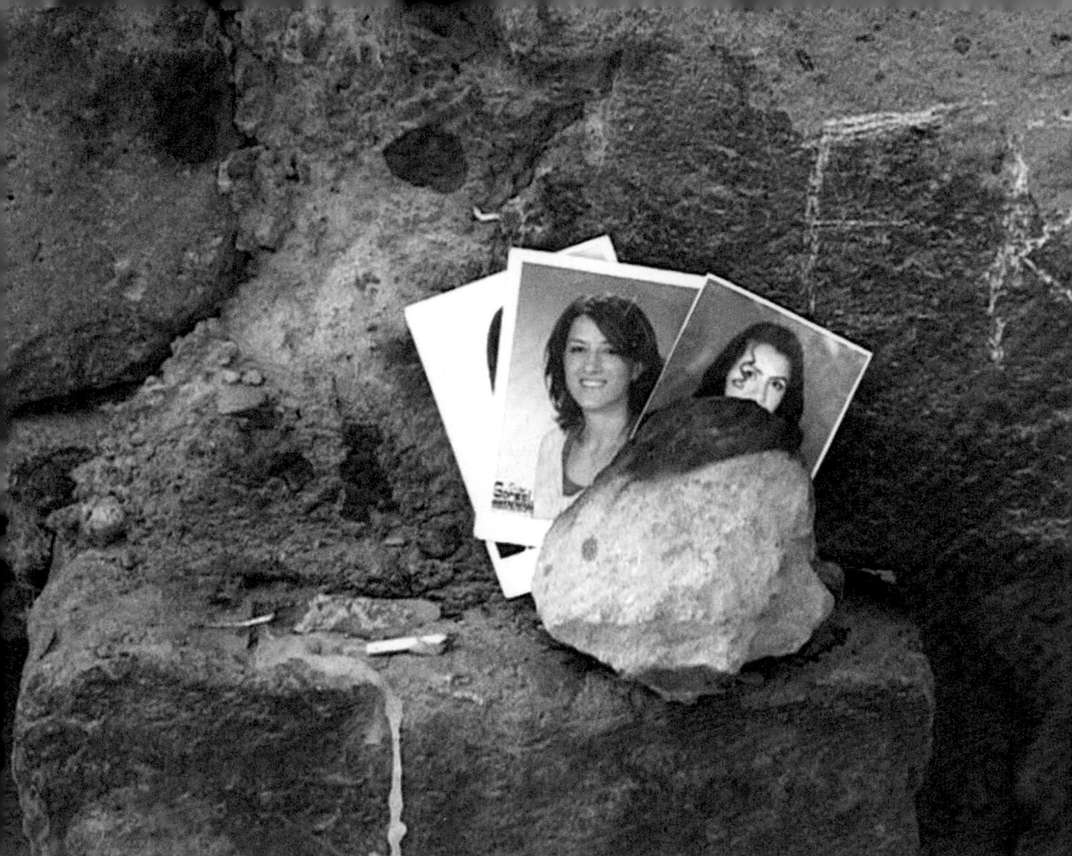

8. « Duzgun est le lieu le plus sacré de la région, tous les habitants viennent y déposer leurs vœux, vœux de santé et de fertilité. Pour y parvenir, mes grands-parents marchaient un jour et une nuit, avec leur bête, pour la sacrifier sur place. Les morceaux disparaissaient en une seconde. »

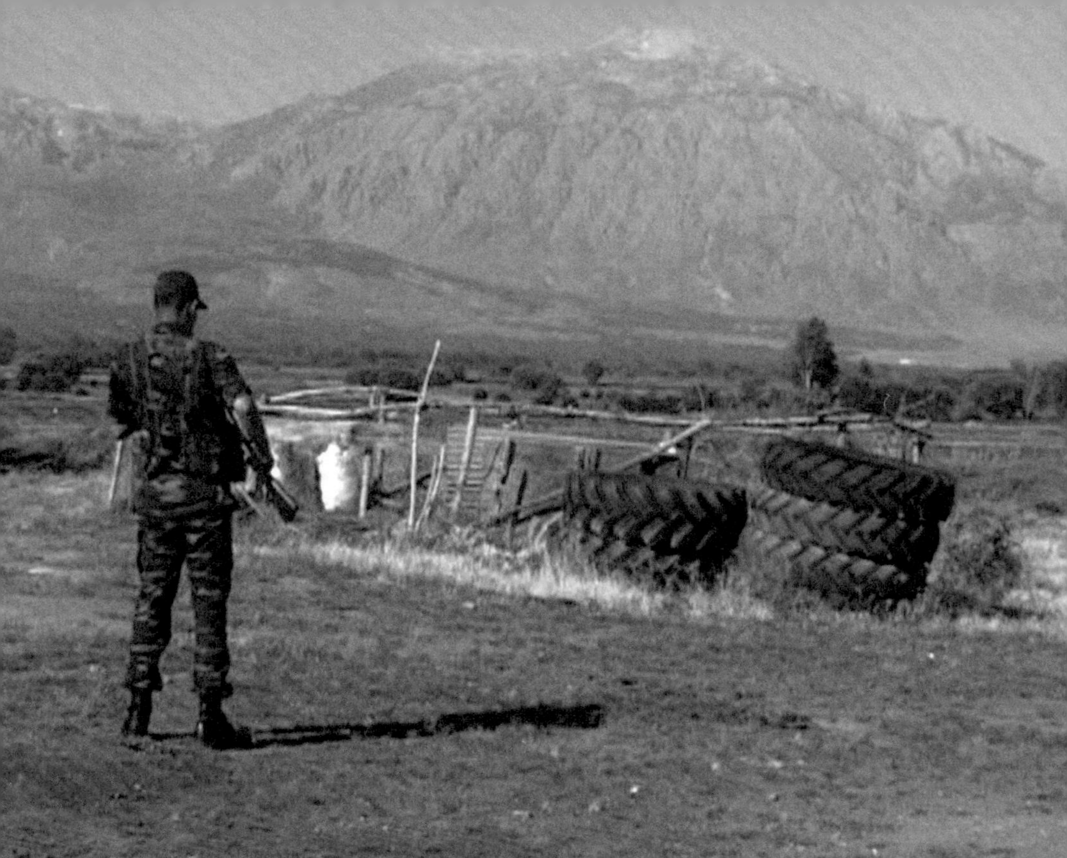

9. « Cette image est un emblème de l'omniprésence des militaires, que l'on fait venir de très loin afin qu'ils n'entretiennent aucun rapport avec la population. Ils sont là pour nous chasser, nous les émigrés qui revenons pendant les vacances avec de l'argent et des livres. Ils voudraient que cette région devienne un désert qu'il n'y ait plus personne pour soutenir la guérilla. Le soldat est tourné vers le mont Munzur, parce que c'est de là que vient, pour lui, le danger. »

Kurdish Lover, 2010
Documentaire / Documentary, 95'

1. "My aunt conjures up a magician to me, a drooling witch. In fact she comes from a family
of magicians and Guides. She thought she could do black and white magic. But I also see
loneliness, and the abandonment of her ruined house."

2. "She wakes up very early in the morning, she works relentlessly, then she needs to rest
during the day. Her calloused hands belong to country folk, but she still cares about her
appearance, with her ring, her flowery dress and her scarf."

3. "Winter and summer, in the intense cold and the full heat of the sun, she doesn't stop
working whatever the conditions. She's always alone, in her world. It's hard to follow her."

4. "When the Kurds stage political demonstrations, they do it through joy, dances, close bodily
contact, touch. They touch one another a lot, both with their bodies, and with their eyes.
They dance the Halay, to the sound of the daoul (drum). In France and in Europe, demonstrating primarily means writing slogans, with the Kurds, it means dancing."

5. "Like shamans, they bring out all the hidden objects that are normally never shown.
Here they're bringing out the magic stones and hairs from the beard of a Guide, a Saint,
for fertility. My sister who wanted a child took some of the beard, and it worked. Here,
my grandmother is angry because she refuses to let these sacred objects be shown."

6. "These cloths are used to strain yogurt to make cheese. They represent millennia of living
free in the mountains and pasturelands. An Austrian archaeologist established that these
constructions and these practices have been in existence since 3000 BC. These little
buildings are Holiks, which could be covered with animal skins."

7. "Every one of the mountains in Dersim, the region my parents come from, is sacred and
has its own story. They're also the refuge of the guerilla fighters. The man holding the stick
is a very voluble guide who's served time in prison for helping the guerilla movement."

8. "Duzgun is the most sacred place in the region, all the inhabitants come to deposit their
wishes here, wishes for health and fertility. To reach it, my grandparents walked for a
day and a night, with their animal, to sacrifice it on the spot. The pieces disappeared almost
instantaneously."

9. "This picture is an emblem of the omnipresence of the military who're brought from a long
way off so that they have no links with the population. They're there to chase us out, us
émigrés who come back during the holidays with money and books. They'd like this region
to become a desert, for nobody to be left here to support the guerilla movement. The soldier
is looking towards Mount Munzur, because for him that's where danger comes from."

KURDISH LOVER (2010)
TERRAIN SENSIBLE

Florence Maillard

Derrière la simplicité amène de son titre, *Kurdish Lover* concentre un champ de forces dialectiques qui se chevauchent, se contredisent, s'équilibrent parfois, dans une multiplicité débordante qui sonde sans relâche à la fois les formes d'un quotidien sous pression, et celles qui peuvent lui résister : les rapports du groupe et de l'individu, du trivial et du sacré, la parole véhémente et le corps expressif. La litanie des plaintes, des griefs, des insultes, des révoltes, côtoie les soins affectueux et l'abandon dans le sommeil des justes. Ce n'est pas la guerre qui est représentée sous les traits d'une comédie explosive, c'est toute l'âme humaine, endolorie et fière, diffractée en autant de portraits qu'il y a d'individus, rassemblée à son tour dans le portrait d'un clan. On n'existe jamais seul. On ne filme pas seul non plus. Clarisse Hahn fait de sa position toujours lisible l'un des premiers pivots de la représentation. D'une séquence à l'autre, cette position évolue, mute, se transforme, et le film fait tenir ensemble une série de gestes qui refusent autant l'univocité du regard surplombant que la sympathie à bon compte d'une observation lointaine, mais maintiennent bien vivante l'immersion documentaire, à la rencontre attentive des autres.

FLORENCE MAILLARD : Avec *Kurdish Lover*, tu pars au Kurdistan dans la famille d'Oktay, ton compagnon, et il me semble que tu y trouves à approfondir quelque chose que tu avais déjà approché par ailleurs : une façon d'être ensemble dans un environnement difficile, une promiscuité contraignante. Tu t'intéresses aussi à un groupe familial, comme dans *Les Protestants*. Comment est né le projet du film ?

CLARISSE HAHN : J'ai vu les Kurdes pour la première fois lors d'une manifestation du PKK devant chez moi, dans le 10e arrondissement. C'était l'été et ils étaient tous torse nu: c'est la première image du film. J'ai pensé que c'était la gay pride et j'ai filmé, dans le cadre de cette recherche que je mène, *Boyzone*. Après seulement, je me suis rendue compte qu'il s'agissait de Kurdes. J'ai rencontré par hasard Oktay, avec qui je vis aujourd'hui, et il m'a présentée à différentes associations kurdes du quartier. J'ai tourné à Paris tout un ensemble finalement non monté, parce que c'est vraiment un autre film. La séquence inaugurale adopte une première approche voyeuriste. J'assume une position que je perds complètement quand j'entre à l'intérieur de la famille : je suis différente d'eux et ils me le rappellent souvent, mais je suis avec eux. Quand Oktay m'a proposé un voyage au Kurdistan dans sa famille, j'ai reconnu toutes les problématiques qui m'intéressaient. Ces personnes vivent depuis des années dans un espace en guerre, bouleversé. Elles sont dans cette situation extrême au jour le jour, et moi, ça m'intéresse, comment on aménage le quotidien. Il y avait aussi cette manière qu'avaient les gens de parler d'eux-mêmes et d'exprimer quelque

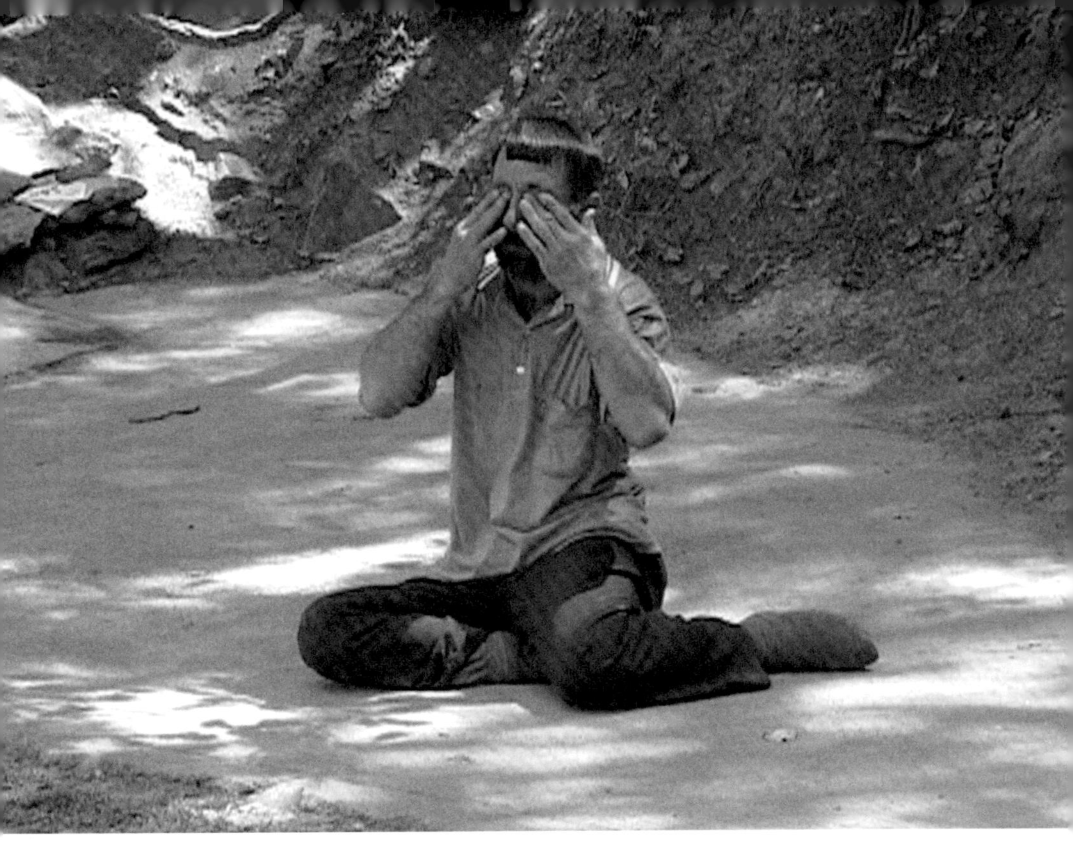

Kurdish Lover, 2010
Documentaire / Documentary, 95′

chose pour moi, pour la caméra. Cette promiscuité les oblige à tout sortir, sinon ils explosent.

FM On entend de fait un registre de parole très étonnant dans le film : une violence verbale inattendue, sans filtre, et en même temps une distance, comme un petit théâtre des relations. *Kurdish Lover* possède par là une dimension comique que l'on ne trouve peut-être pas ailleurs dans ton œuvre de façon si prononcée.

CH Le titre, « Kurdish lover », me fait penser à « Turkish delight », c'est assez léger. Et toute l'attitude des gens dans le film consiste à prendre avec légèreté des choses graves. C'est mon regard évidemment, mais il s'aligne sur leur manière de ne pas se prendre au sérieux et d'insérer dans leur vie un humour noir. Dans mon premier film, *Hôpital*, les infirmières avaient un humour très caractéristique en s'adressant aux patients. Quelque chose dans le rire insuffle une force vitale là où il y a de la mort et de la désolation. J'aime que les personnages de *Kurdish Lover* assument pleinement leur cruauté, comme lorsque la grand-mère dit qu'elle ne laissera jamais partir sa bru. Je présente des gens qui sont ambigus, comme je le suis moi-même. C'est cette complexité du cœur humain que j'ai envie de représenter.

FM Outre les toutes premières images, une autre séquence à part est celle où tu filmes les soldats qui forment, à nouveau, un groupe masculin. Tu les filmes jusqu'à faire tomber leur apparente sûreté d'eux-mêmes.

CH Les soldats en uniforme, en démonstration de force, se placent dans une situation où le corps est un peu objet. Cette soudaine prédation dans mon regard n'existe pas ailleurs dans le film. Dans le village, beaucoup de gens ont subi des persécutions et la torture, telles les grands-mères d'Oktay. Les gens vivaient dans les montagnes et comme ils ont aidé la guérilla, ils ont été déplacés. L'armée débarque, exhibe sa présence. Les soldats ont leurs fusils, et moi ma caméra. Je pensais beaucoup au regard un peu froid et voyeuriste d'Andy Warhol dans *Chelsea Girls*, où les êtres sont filmés jusqu'à ce qu'ils perdent contenance. C'est très pervers et je ne le ferais pas avec la grand-mère ou les tantes d'Oktay, mais avec un militaire, s'établit un rapport de force. À la fin, ce jeune soldat me parle, me dit qu'il veut être instituteur. Quelque chose tombe, je suis en face d'une personne. En même temps, quelqu'un passe et il se redresse, avec sa mitraillette : il plonge dans un entre-deux, entre l'individu et sa fonction. Cet entre-deux m'intéresse. J'essaye de représenter l'humain qui s'agite entre ses émotions internes et quelque chose qu'il donne en spectacle aux autres. Lors d'une scène de duel entre deux religieux, on voit ceux-ci entrer en transe sur un lieu saint, mais c'est une transe pour le public. Ils se traitent tous

deux d'usurpateur, en une espèce de concours. La transe est
un phénomène à la fois sincère et hystérique, théâtral – il
advient presque une mécanique des corps, à ce moment-là, qui
est, avec la parole, un autre élément de comédie dans le film.

FM   Sous plusieurs formes, revient la question de ta propre position.
Voyeuse ou prédatrice de ces groupes d'hommes, à ton arrivée
tu es accueillie par la grand-mère qui te demande de l'argent.
Tu filmes plus tard une altercation avec Oucho, le frère aîné qui
n'arrive pas à se marier.

CH   Cette scène avec la grand-mère est arrivée tout au début, et je
trouve précieux de filmer ce qui advient lorsque tu arrives dans
une réalité et que tu la voies pour la première fois. Après, ça
ne se repasse plus, les relations changent. Ma position en tant
qu'étrangère, la présence de la caméra, tout cela est important.
Mais la position, aussi, qui s'installe quand on côtoie les gens
depuis suffisamment longtemps. Parfois je les énerve, ils n'en
peuvent plus de me voir les filmer et il y a un moment où il
faut que moi aussi, je supporte des insultes. Dans le film, les
patriarches sont absents : avec la caméra, ils perdaient une position de pouvoir. Ils sont censés incarner un rôle dominant,
central, incontesté, et ils se sentaient fragilisés par la caméra,
ce que les femmes ne ressentaient pas. Le film traite donc
plutôt des fils. Oktay, qui lui ne veut pas assumer cette position
de patriarche et qui a une position un peu ambiguë dans le village, peut rester avec les femmes écouter leurs conversations.
Alors qu'Oucho, l'aîné, est censé avoir une position forte et
dominante – et en même temps on voit bien qu'il est un
peu perdu. Il s'en prend à moi, à Oktay, j'ai continué à filmer.
Oucho exprimait une frustration contre les filles et aussi contre
nous, notre relation dont il se sentait exclu. Et puis ça se calme :
tout est exprimé.

FM   Quelle fut ta méthode pour tourner, alors que tu ne parlais
pas la langue ?

CH   Le film a été tourné sur plus d'un an, avec plusieurs séjours en
Turquie. J'ai filmé seule, faisant moi-même le son et l'image.
Ce qui m'intéressait était très performatif : m'impliquer à l'intérieur de situations et voir venir. C'est une méthode d'immersion
lente, qui nécessite d'avoir toujours la caméra sur soi. À la fin,
je commençais à comprendre les grandes lignes des conversations. C'est vrai que je fais assez confiance à mon regard, et j'ai
envie aussi qu'il se passe quelque chose à l'image, je ne me laisse
pas guider que par la parole. Comme ce sont des gens qui ont
eu affaire à l'armée, qui ont vécu des tortures, dont des enfants
sont morts à la guérilla, j'avais beaucoup d'histoires. Avec la
monteuse, on a vu que tout à coup, on n'était plus dans une

action, dans un présent qui parle d'une situation à travers des actes en train de se dérouler sous nos yeux, mais dans un autre registre, celui de l'évocation du passé, un registre de récit. Je voulais parler de la guerre, mais à travers l'intimité, le corps, des sensations. Je me suis laissée guider par le sensible.

FM   Tu es attentive à des gestes, des objets, des rites, comme la viande distribuée de main en main, et dans ce quotidien ritualisé et imprégné de religion, tout reprend une dimension matérielle. Tu observes les liaisons du sacré et du très trivial.

CH   Les rituels traversent tout ce que je fais. Dans ce film, on reste vraiment dans l'intimité, je n'ai pas filmé de grands rituels religieux. La viande est typique d'une forme de communication par la violence, sur un être innocent qui prend sur lui le sadisme de la société. Grâce à son sacrifice et au démembrement de son corps, la société va se rassembler : c'est le même principe que l'Eucharistie. Les Kurdes instaurent un rapport beaucoup plus matériel à cette chair qu'on sépare, et puis c'est une promenade aussi, on va véritablement vers ses voisins, il faut donner de la main à la main cette chair qui vient d'être tuée. C'est une situation de crise de vivre dans un pays en guerre, plusieurs générations coexistent sous le même toit, et les rituels, les codes permettent d'apaiser les tensions internes ou l'insécurité qu'il peut y avoir à aller vers l'autre, comme lors de la demande en mariage. Par les moments de débordement – et dans la religion aussi, par les chants, les danses, les transes –, tu crées des moments de crise puis d'apaisement. Dans le rituel religieux chez les Kurdes alevi, on observe peut-être un rythme que l'on retrouve dans mon film, entre crises et apaisement, les rituels et les codes sont là aussi pour apaiser le chaos des émotions humaines.

FM   Une séquence ouvre l'horizon et nous projette soudain dans des paysages mythiques. Une montagne évoque une chevelure. Cette séquence est intéressante : quel est ce pays, le Kurdistan, à l'existence problématique ?

CH   Les Kurdes voient ce que je ne sais pas voir. Le fait d'avoir une caméra et d'aller vers les autres détermine qu'ils me montrent ce que je ne sais pas voir. C'est très important dans ma manière de faire des films : apprendre à percevoir. On se trouve au Kurdistan et la religion, l'alévisme, une religion païenne mêlée d'islam chiite, est très liée à des lieux saints. À Düzgün Baba, un lieu important dans cette région, une montagne sacrée, tout fait sens : la moindre entaille dans un rocher est sacrée, un trou laissé par le gel est l'empreinte du cheval de l'imam Ali, tout possède une histoire. Les bergers au sommet des montagnes vivent dans cet univers magique, c'est leur quotidien. Tous leurs gestes prennent une dimension légendaire.

Quelque chose de cet ordre travaille mon documentaire : à quel point, quand tu es dans le réel – parce que c'est vrai que je suis attachée à une dimension concrète et terre à terre, je ne veux pas idéaliser le corps ou les relations entre les gens –, ça peut quand même dériver vers le merveilleux, malgré ça, ou avec ça, avec cette trivialité ou cette violence, sans mièvrerie.

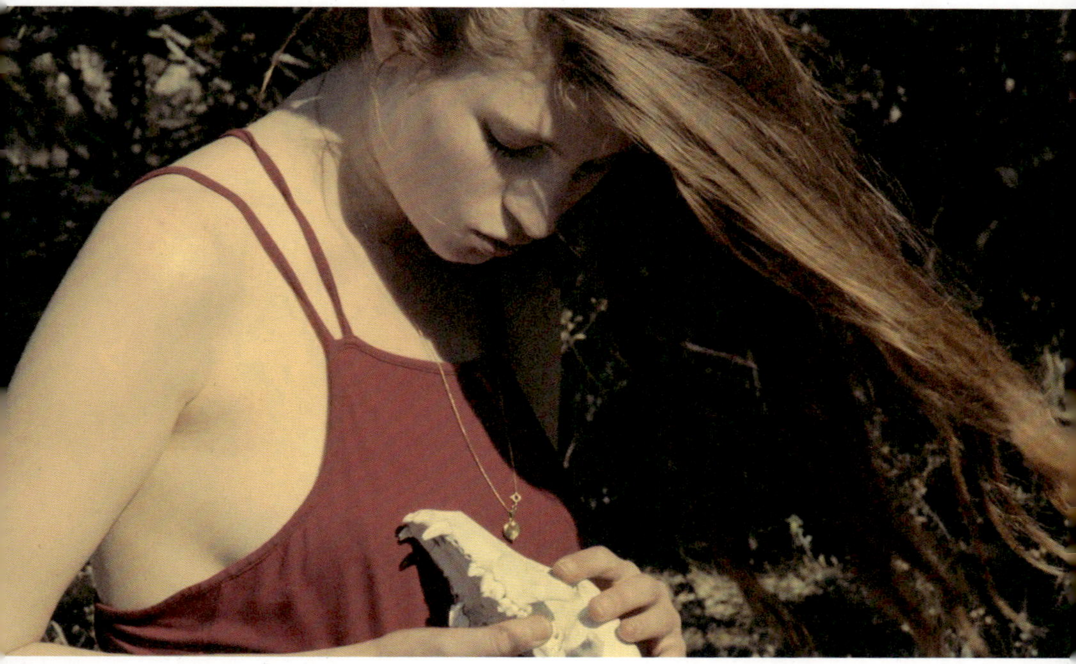

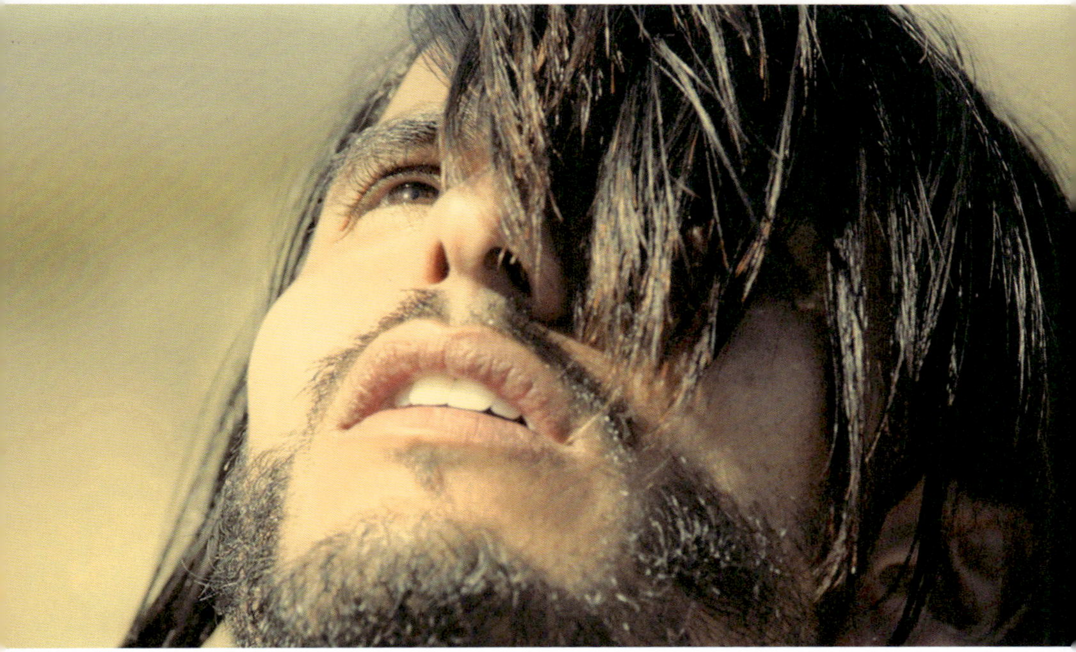

Mescaline, 2018
Fiction, video HD, 45′
Acteurs / Actors: Agathe Bonitzer, Mehdi Dehbi. Production: Les Films du Bélier

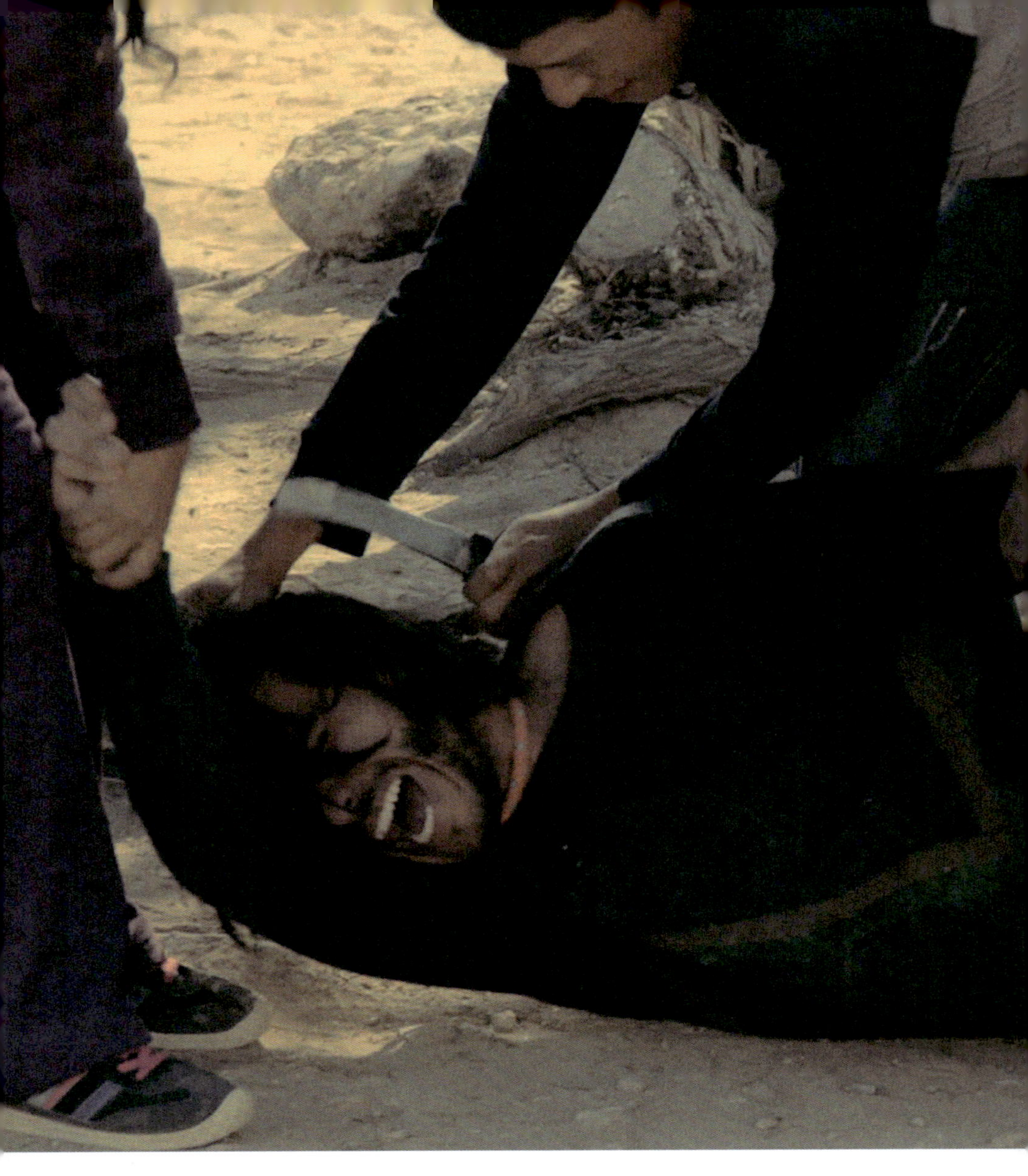

Mescaline, 2018
Fiction, video HD, 45'
 Acteurs / Actors: Agathe Bonitzer, Mehdi Dehbi. Production: Les Films du Bélier

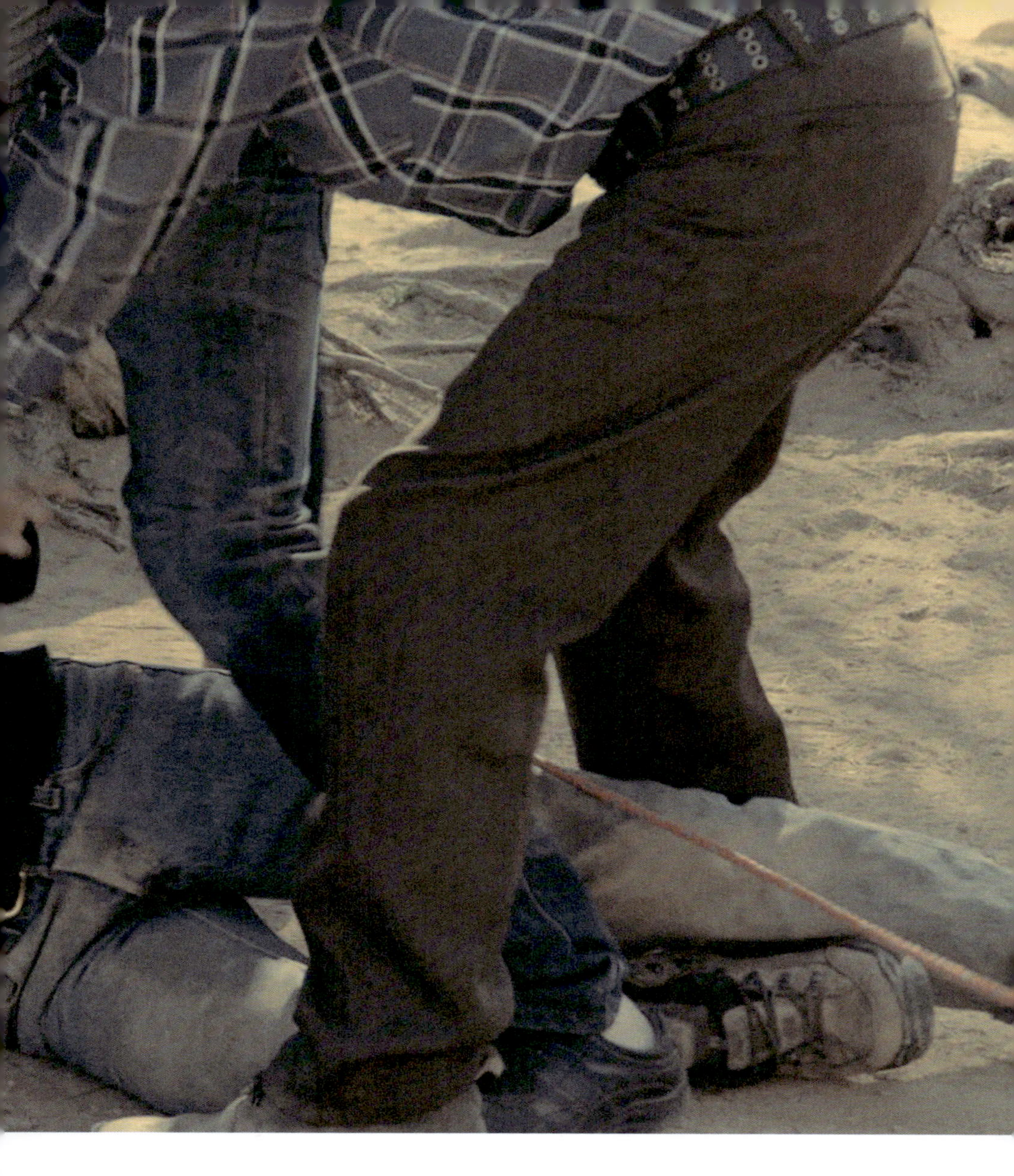

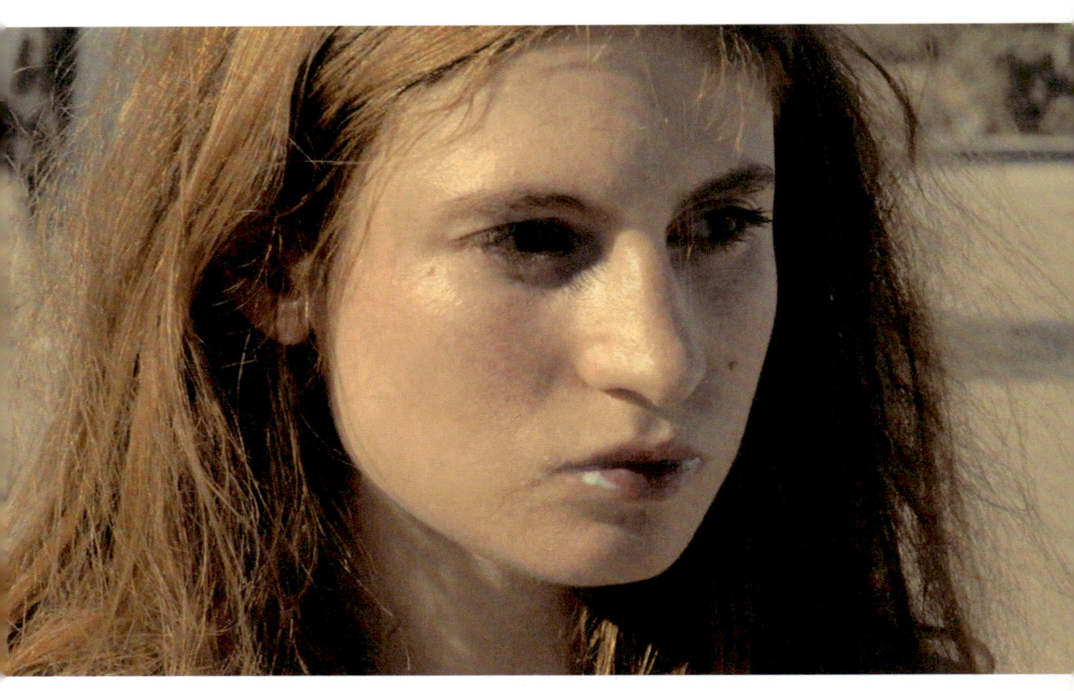

Mescaline, 2018
Fiction, video HD, 45'

Acteurs / Actors: Agathe Bonitzer, Mehdi Dehbi. Production: Les Films du Bélier

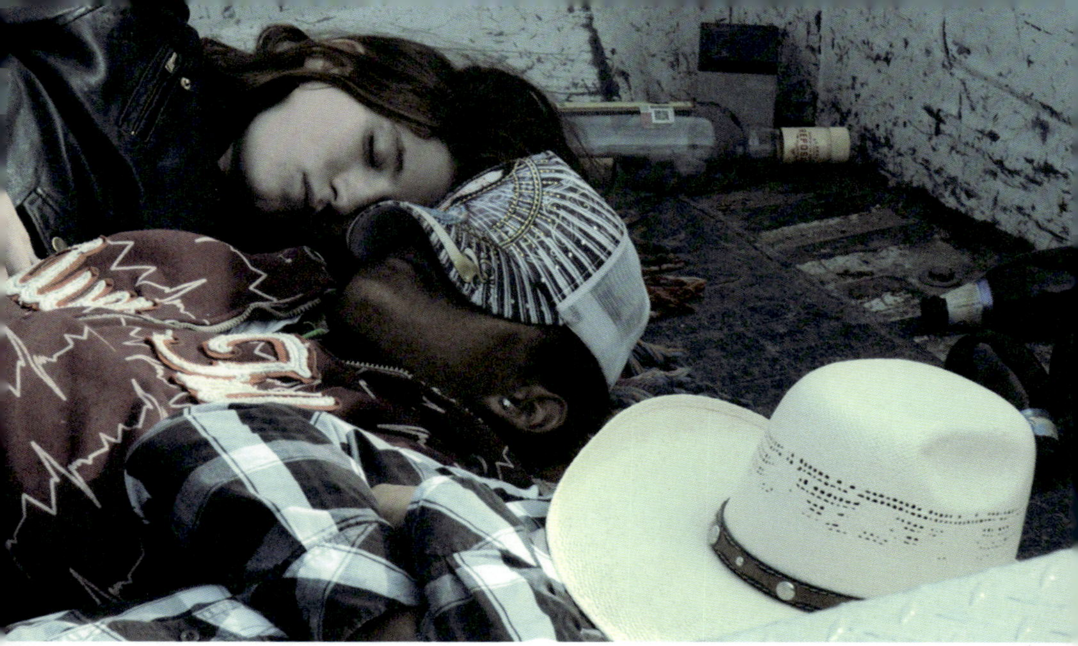

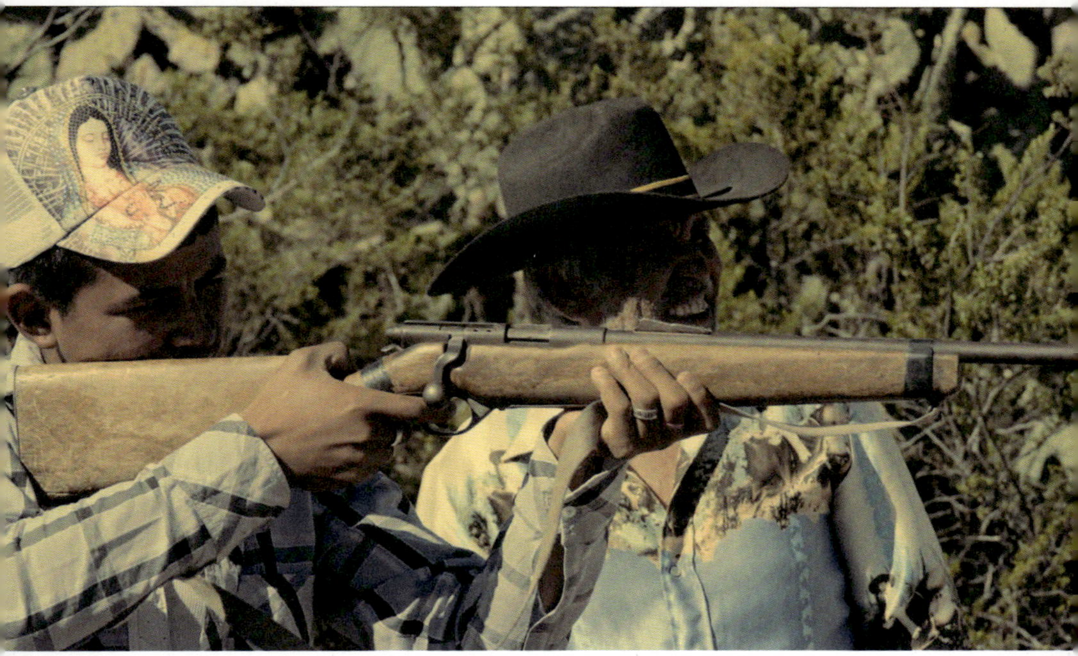

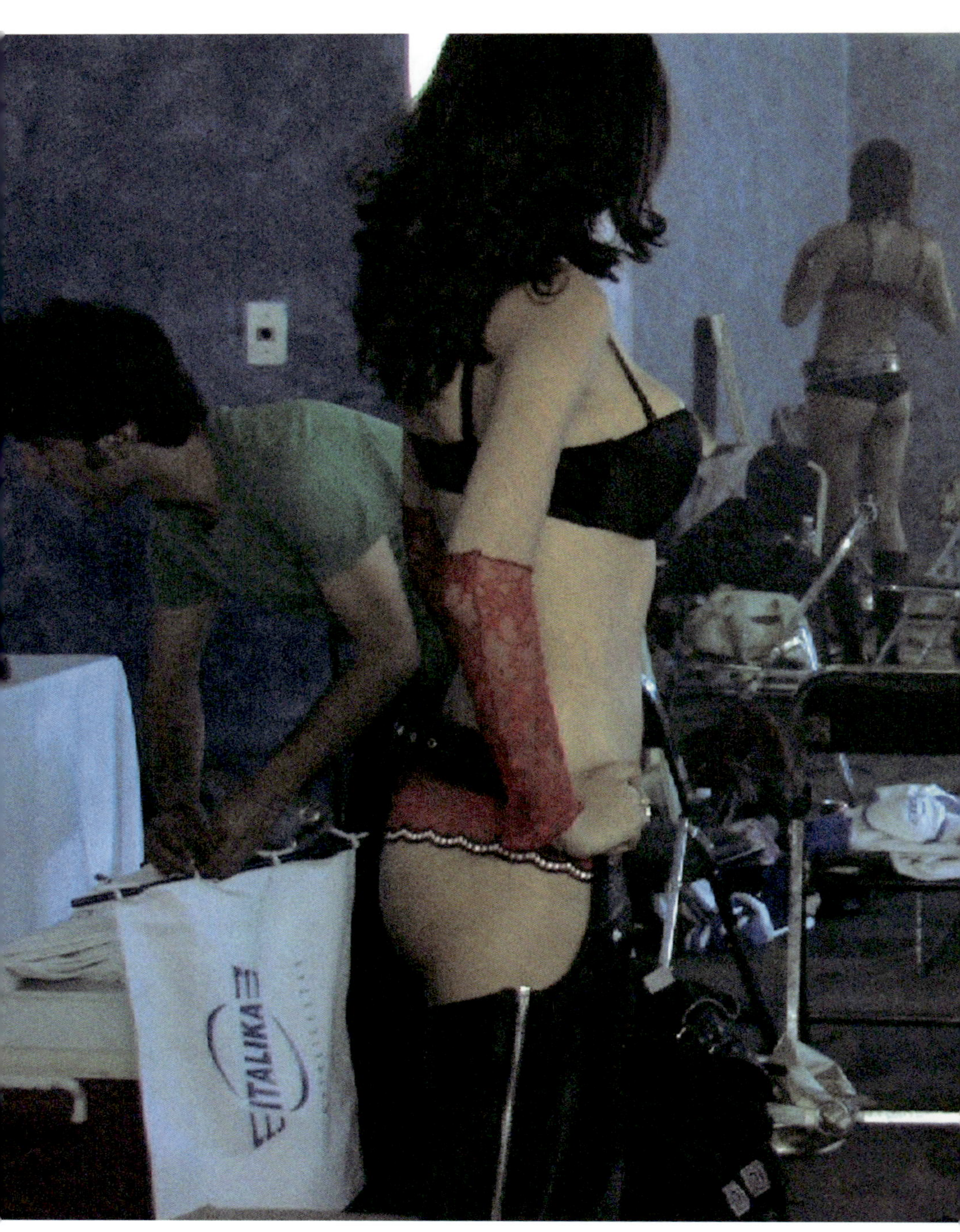

Queridos Amigos, 2013
Video HD, 20' (Mexique / Mexico)

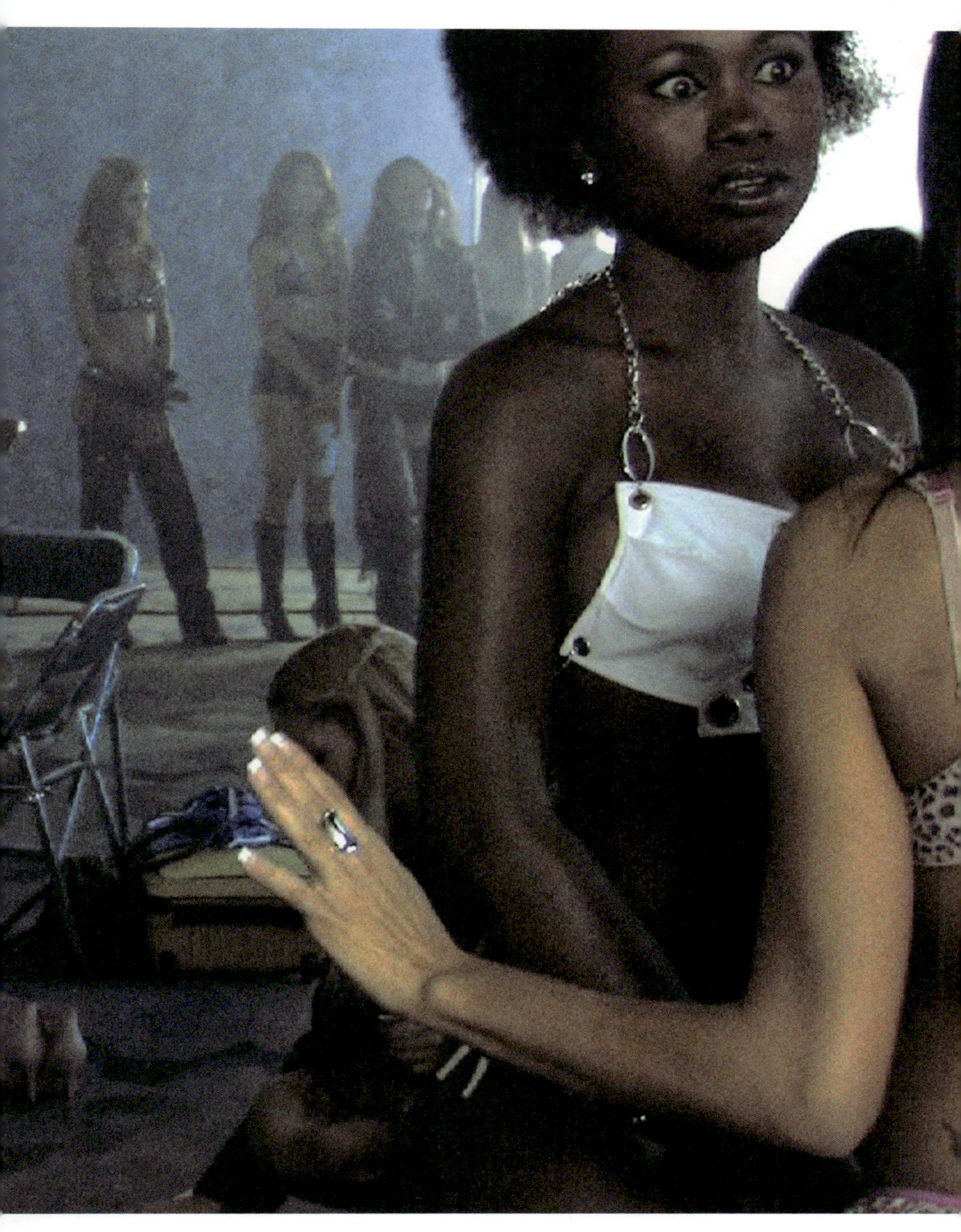

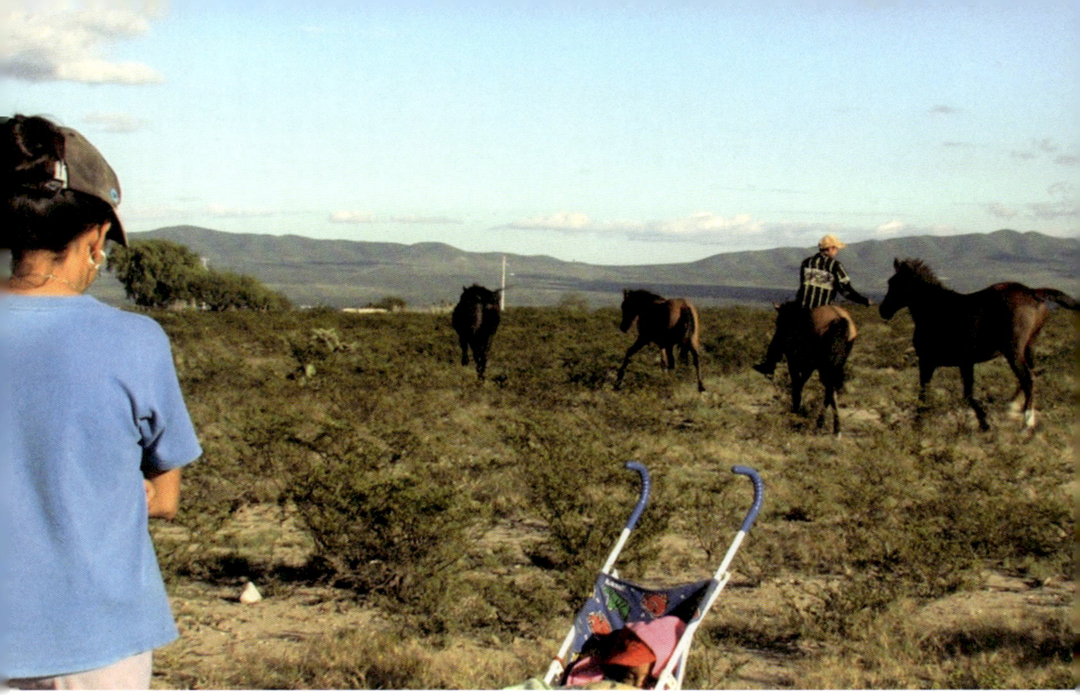

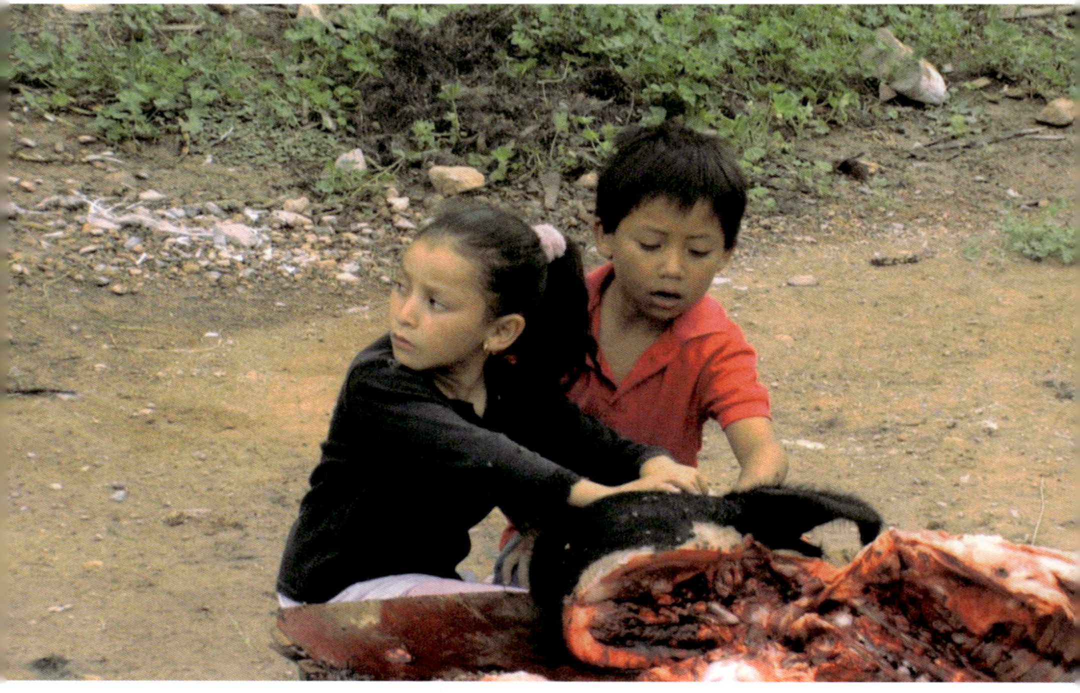

Queridos Amigos, 2013
Video HD, 20' (Mexique / Mexico)

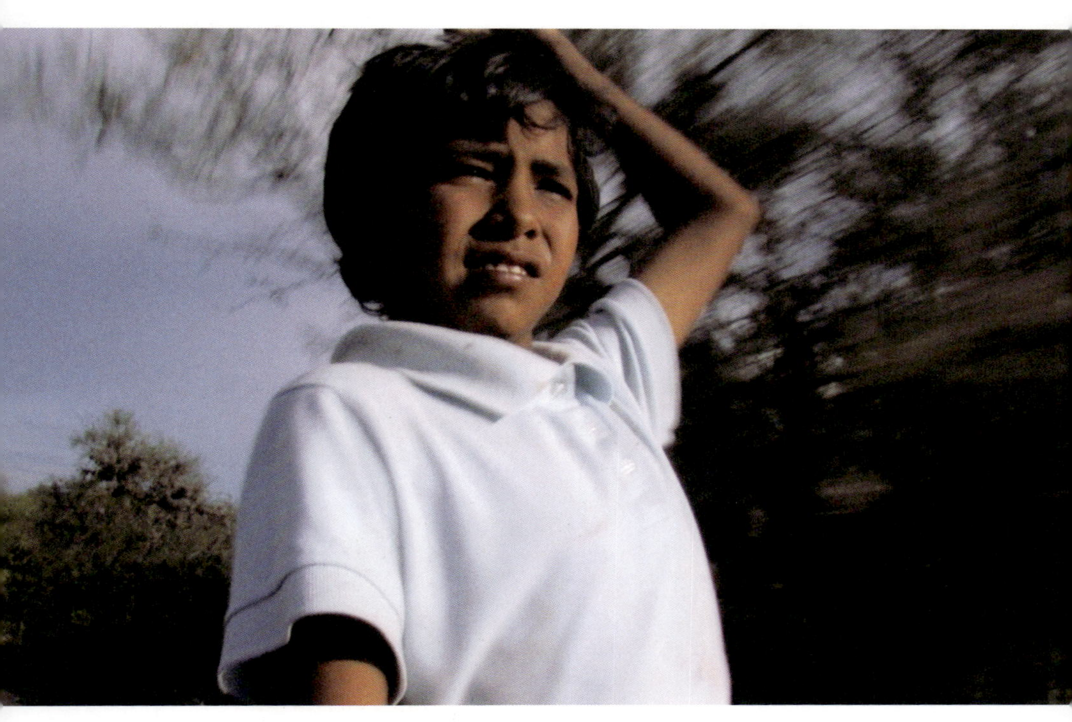

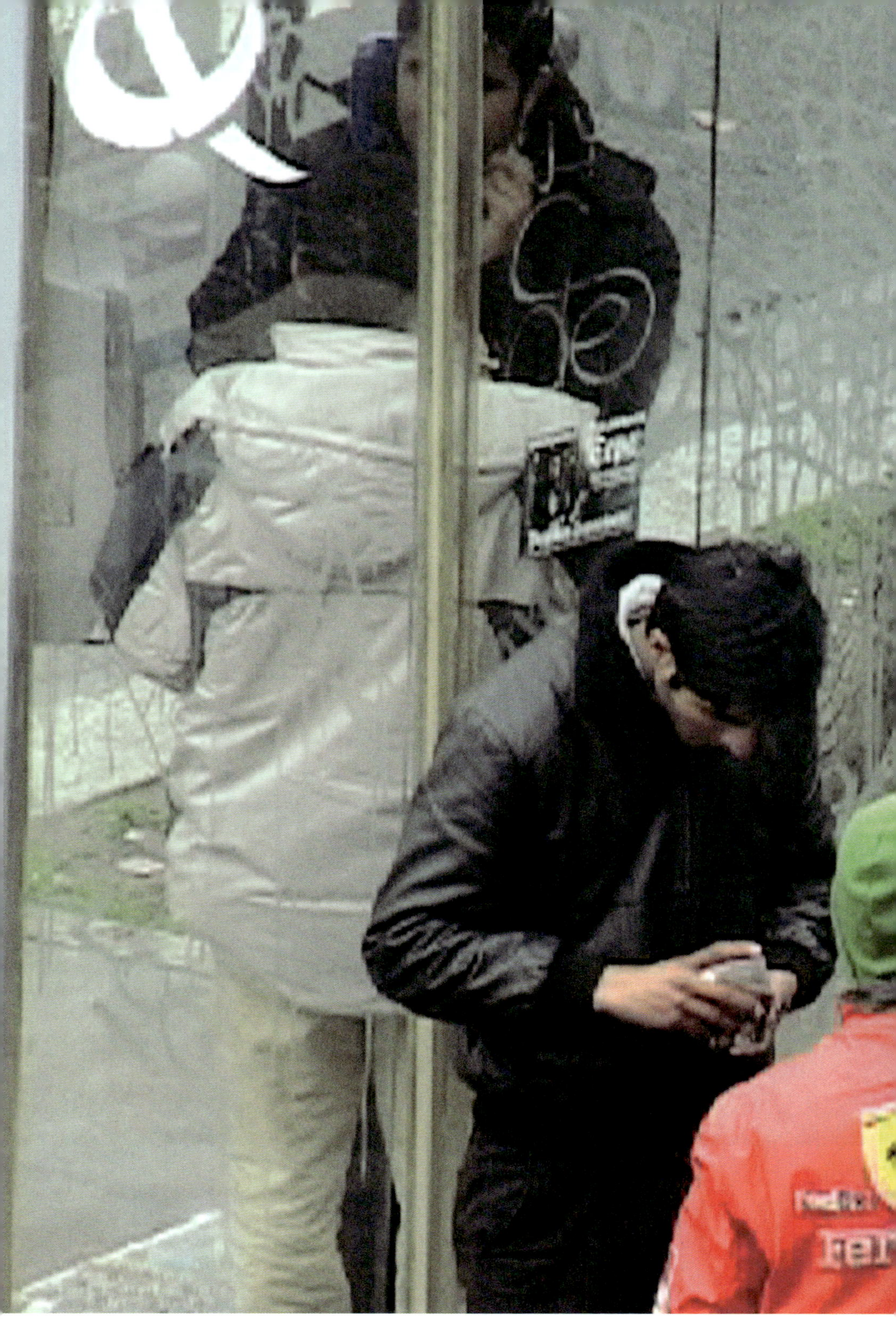

Gerilla – Notre corps est une arme / Gerilla – Our Body Is a Weapon, 2012
Video SD, couleur / color, 4:3, 19'

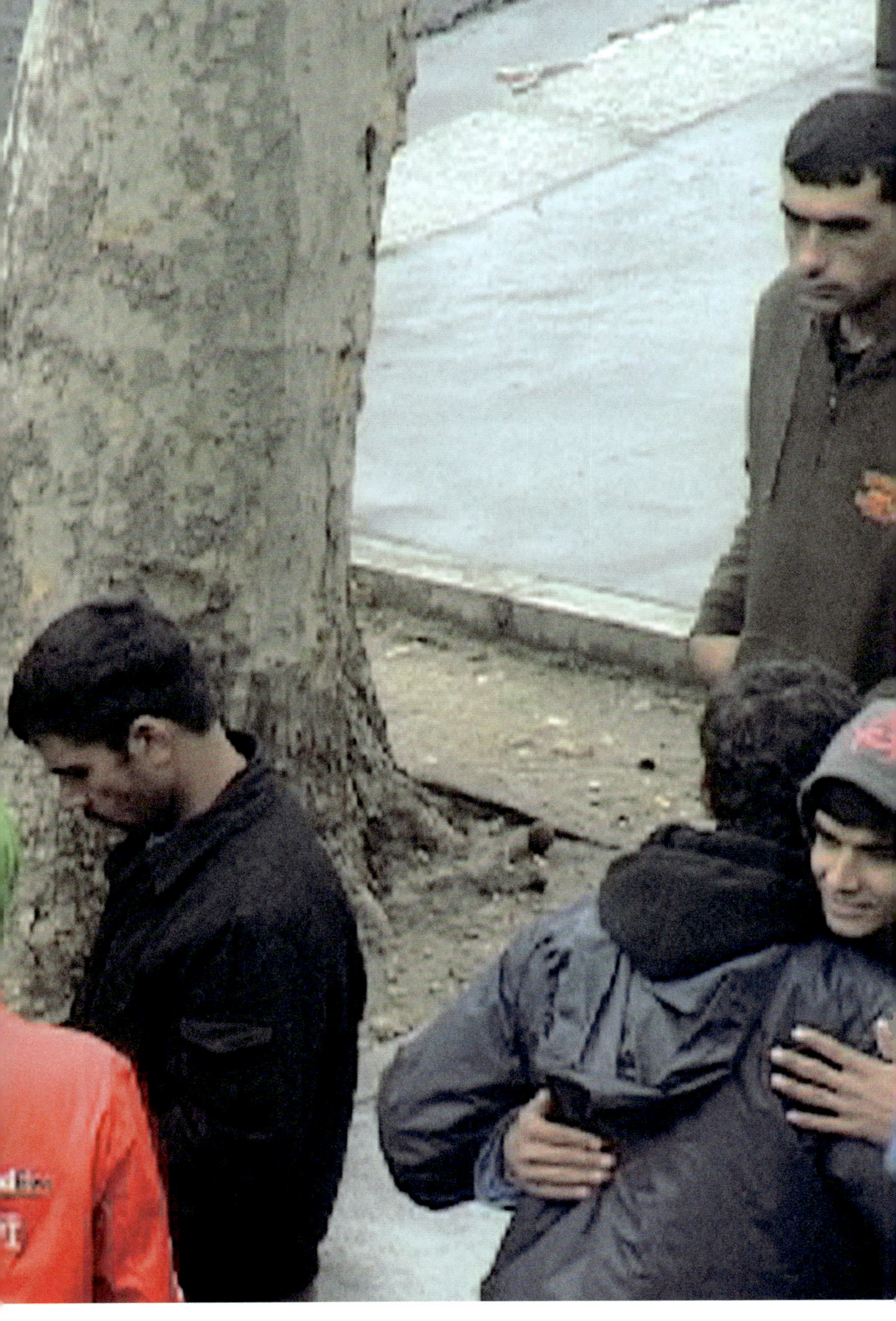

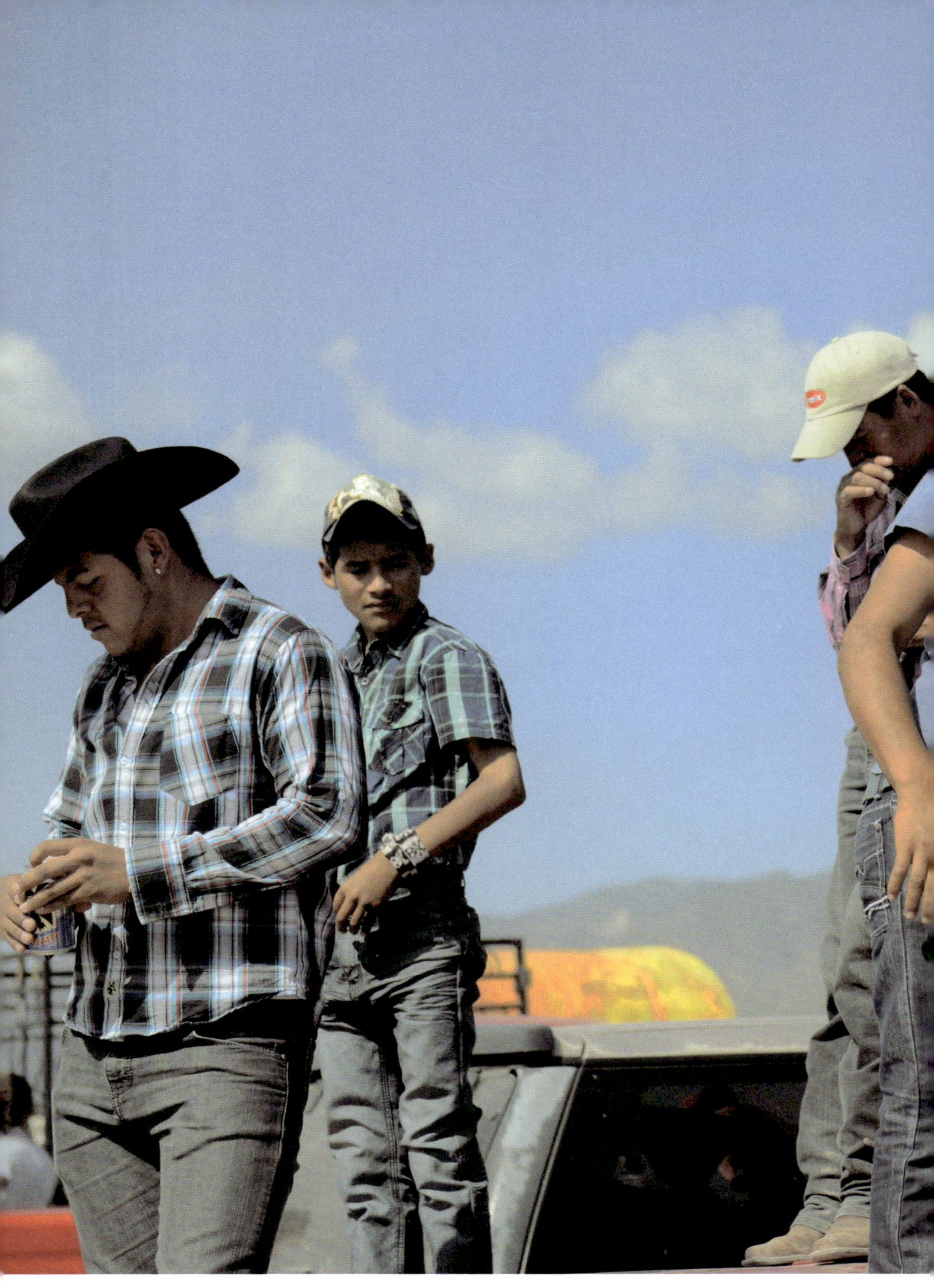

Boyzone Rancheros – Désert Wirikuta, Mexique /
Boyzone Rancheros – Wirikuta Desert, Mexico, 2015
Série de 3 tirages argentiques couleur contrecollés sur aluminium, 123 × 83 cm
Series of 3 color silver print mounted on aluminium, 48.4 × 32.6 inches

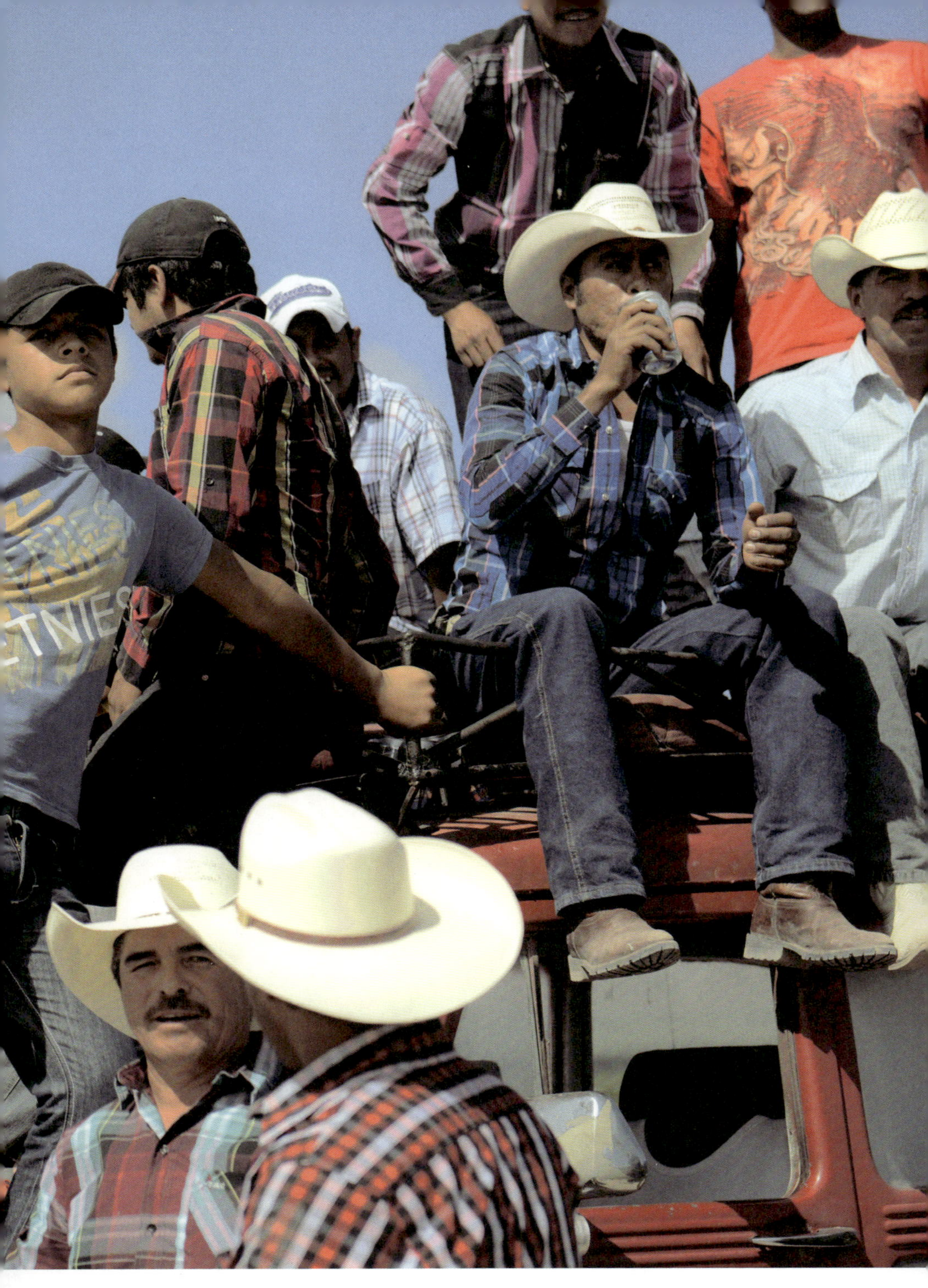

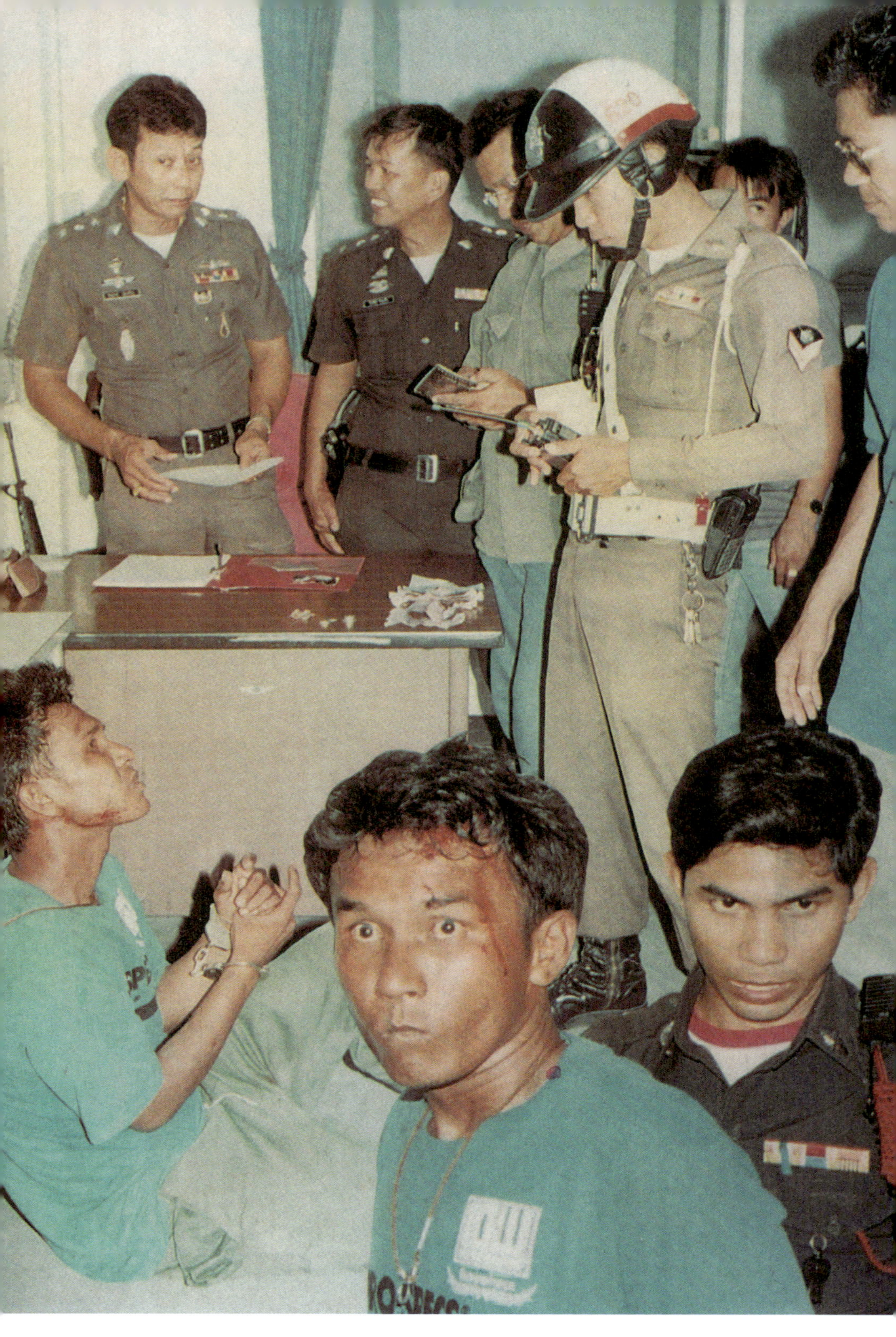

Icônes du ghetto – Boyzone Thaïlande / Ghetto Icons – Boyzone Thailand, 2015
Poster, 85 × 120 cm / 33.4 × 47.2 inches

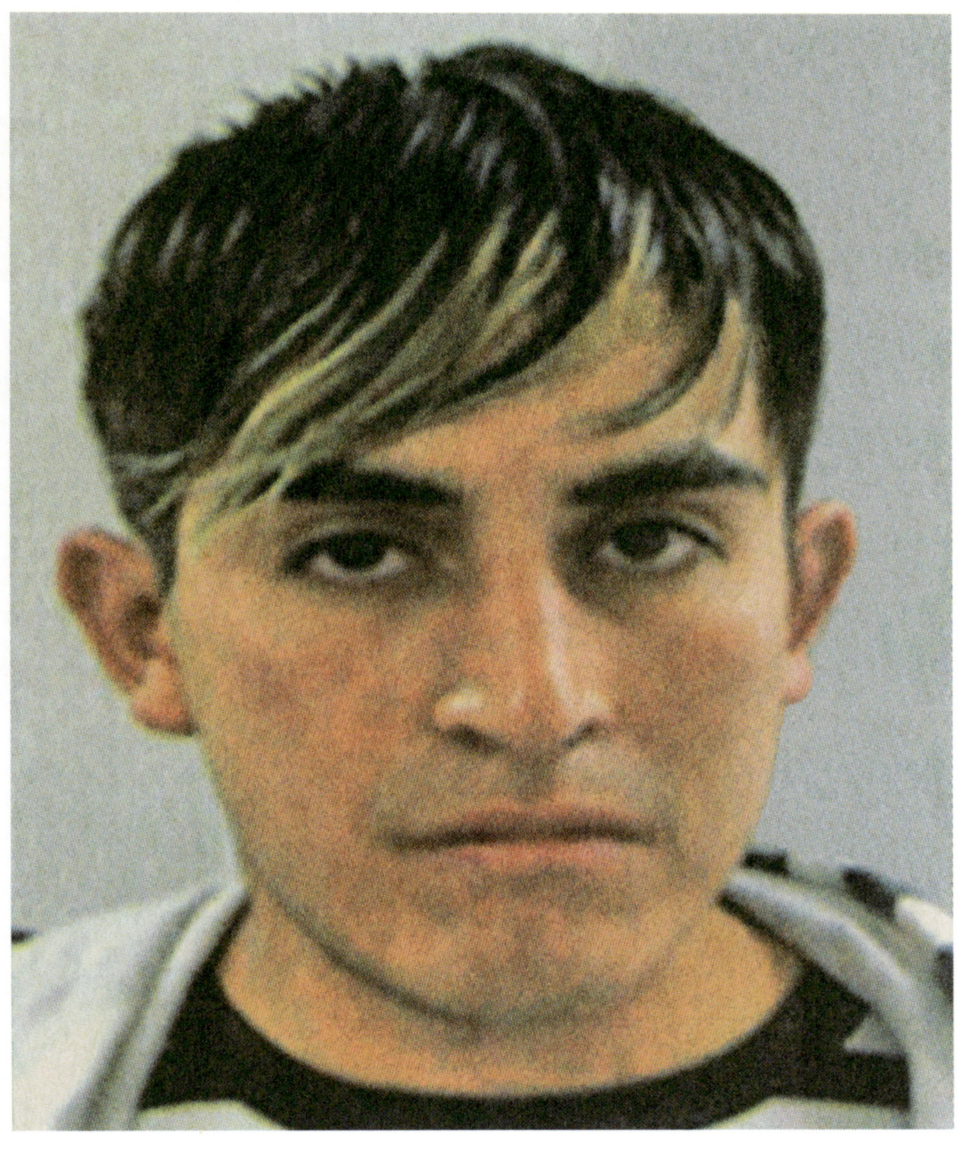

Icônes du ghetto – Boyzone Mexico / Ghetto Icons – Boyzone Mexico, 2011
Photographie couleur, 101,5 × 82 cm
Color photograph, 40.2 × 32.3 inches

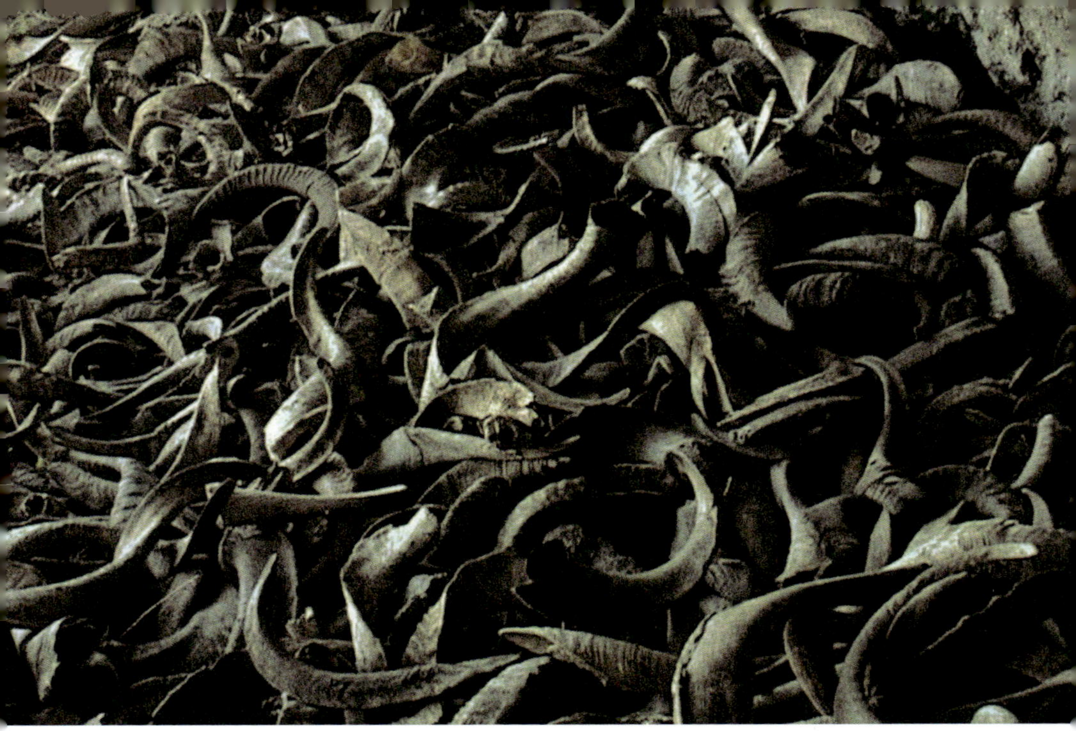

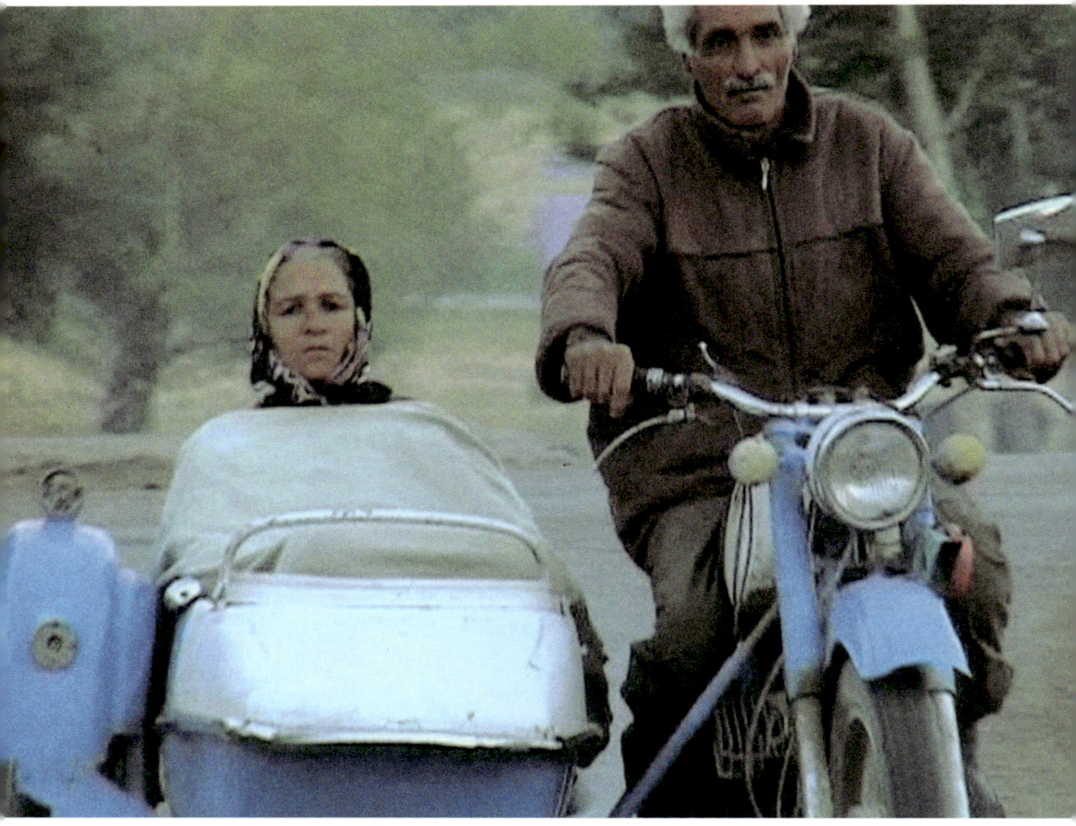

Kurdish Lover, 2010
Documentaire / Documentary, 95'

KURDISH LOVER (2010)
SENSITIVE TERRITORY

Florence Maillard

Behind the affable simplicity of its title, *Kurdish Lover* concentrates a field of dialectic forces which overlap, contradict one another, sometimes balance out, in an overflowing multiplicity which unrelentingly fathoms both the forms of everyday life under pressure, and those that can withstand it: the relationships of the group and the individual, of the trivial and the sacred, of the vehemently spoken word and the expressive body. The litany of complaints, grievances, insults, rebellions, is juxtaposed to affectionate care and abandonment into the sleep of the righteous. It isn't war that is depicted in the guise of an explosive comedy, it's the entire human soul, painful and proud, diffracted into as many portraits as there are individuals, in turn all gathered together into the portrait of a clan. We never exist alone. Nor does one ever film alone. Clarisse Hahn makes her always discernible position into one of the primary pivots of representation. From one sequence to the next, that position evolves, mutates, is transformed, and the film holds together a series of gestures that reject both the univocity of the overarching gaze and the cheap sympathy of remote observation, but keep documentary immersion truly alive, attentively going out to meet others.

FLORENCE MAILLARD: With *Kurdish Lover*, you go off to Kurdistan into the family of Oktay, your partner, and it seems to me that you find something there that you'd already approached from elsewhere and can go into in more depth: a way of being together in a difficult environment, a constricting promiscuity. You're also taking an interest in a family group, as you did in *Les Protestants* (The Protestants). How did the project for the film come about?

CLARISSE HAHN: I saw Kurds for the first time at a demonstration by the PKK in front of my home, in the 10th arrondissement of Paris. It was summer and they were all bare-chested: It's the first image in the film. I thought it was a Gay Pride march and I filmed it, in the context of the research I'm carrying out, *Boyzone*. Only afterwards did I realize that they were Kurds. I met Oktay who I now live with by chance, and he introduced me to various Kurdish associations in the district. In Paris I filmed a whole lot of stuff which I ultimately didn't edit, because it's really a different film. The opening sequence adopts an initial voyeuristic approach. I take a position that I completely lose when I go within the family: I'm different from them, and they often remind me of that, but I'm with them. When Oktay suggested I travel to Kurdistan to meet his family, I recognized all the problem areas that interested me. These people have been living for years in a devastated war zone. They're in that extreme situation on a day-to-day basis, and I'm interested in how they manage everyday life. There was also that way people had of speaking about themselves and expressing something for me, for the camera. That promiscuity obliges them to get everything off their chest, otherwise they explode.

FM   We do in fact hear a very surprising register of speech in the film: an unexpected verbal violence, unfiltered, and at the same time a distance, like a little theater of relationships. That gives *Kurdish Lover* a comic dimension which is perhaps not found so markedly elsewhere in your work.

CH   The title *Kurdish Lover* makes me think of "Turkish delight," it's quite light. And the whole attitude of the people in the film consists of taking serious things in a light-hearted way. Obviously it's my view, but it's in line with their way of not taking themselves seriously and inserting black humor into their lives. In my first film, *Hôpital* (Hospital), the nurses had a very typical form of humor in addressing the patients. Something in laughter breathes a vital force into places where there's death and desolation. I like the fact that the people in *Kurdish Lover* are fully aware of their cruelty, as when the grandmother says she'll never allow her daughter-in-law to leave. I present people who are ambiguous, as I am myself. It's that complexity of the human heart I want to depict.

FM   As well as the very first images, another sequence that stands apart is the one where you film soldiers, who again form a male group. You film them until their seeming self-assurance starts to crumble.

CH   Soldiers in uniform, demonstrating force, put themselves into a situation where the body is to some extent an object. That sudden predation in my gaze doesn't exist anywhere else in the film. In the village, a lot of people such as Oktay's grandmothers have been subjected to persecution and torture. The people lived in the mountains, and as they helped the guerilla movement, they were moved away. The army turns up, makes a show of its presence. The soldiers have their guns, and I have my camera.

I thought a lot about Andy Warhol's slightly cold and voyeuristic way of looking in *Chelsea Girls*, where the subjects are filmed until they lose countenance. It's very perverse and I wouldn't do it with Oktay's grandmother or aunts, but with a military man a relationship of force is established. In the end that young soldier talked to me, told me he wanted to be a primary school teacher. Something fell, I was face to face with a person. At the same time, someone went by and he stood erect again, with his submachine gun: He dived into a between state, between the individual and his role. That between state interests me. I try to show human beings who fluctuate between their internal feelings and something they put on show for other people. At a scene featuring a duel between two religious figures, we see them going into a

trance at a holy location, but it's a trance for the public. They call
one another usurpers, in a kind of competition. The trance is a
phenomenon that is both sincere and hysterical, theatrical—it's
almost as if a mechanism took over the bodies at that point, which
along with the speech is another element of comedy in the film.

FM In several forms, the question of your own position keeps recur-
ring. As a voyeur or predator of these groups of men, on your
arrival you're greeted by the grandmother who asks you for
money. Later on you film an altercation with Oucho, the older
brother who can't get himself married.

CH That scene with the grandmother took place at the very beginning, and I think it's invaluable to film what happens when you
arrive in a real situation and see it for the first time. After that
it didn't happen again, relationships changed. My position as a
foreigner, the presence of the camera, all that is important.
But so is the position that becomes established when you're with
people for a long enough time. Sometimes I annoy them, they can
no longer stand seeing me filming them, and there's also a point
where I have to put up with insults too. In the film, you don't see
the patriarchs: With the camera, they lost their position of power.
They're thought to embody a dominant, central, undisputed role,
and they felt undermined by the camera, which the women didn't.
Therefore the film deals more with the sons. Oktay, who for
his part doesn't want to take on that role of patriarch and has a
slightly ambiguous position in the village, he can remain with
the women and listen to their conversations. Whereas Oucho,
the eldest, is thought to have a powerful, dominant position—and
at the same time we really see that he's a bit lost. He gets angry
with me, with Oktay, I carried on filming. Oucho was expressing
his frustration towards girls, and also towards us, our relationship which he felt excluded from. And then things calm down:
everything's been expressed.

FM What method did you use to make the film when you didn't speak
the language?

CH The film was shot over more than a year, with several visits to
Turkey. I filmed on my own, doing the sound and the pictures
myself. What interested me was very much related to performance: getting involved in situations and seeing what happens.
It's a method of slow immersion, which means you always have
to have the camera on you. In the end I started to understand the
broad outlines of the conversations. It's true that I tend to trust
my eyes, and I also want something to happen in the picture,
I don't let myself be guided solely by what's said. As they're
people who've had dealings with the army, who've experienced
torture, whose children have died in the guerilla movement,

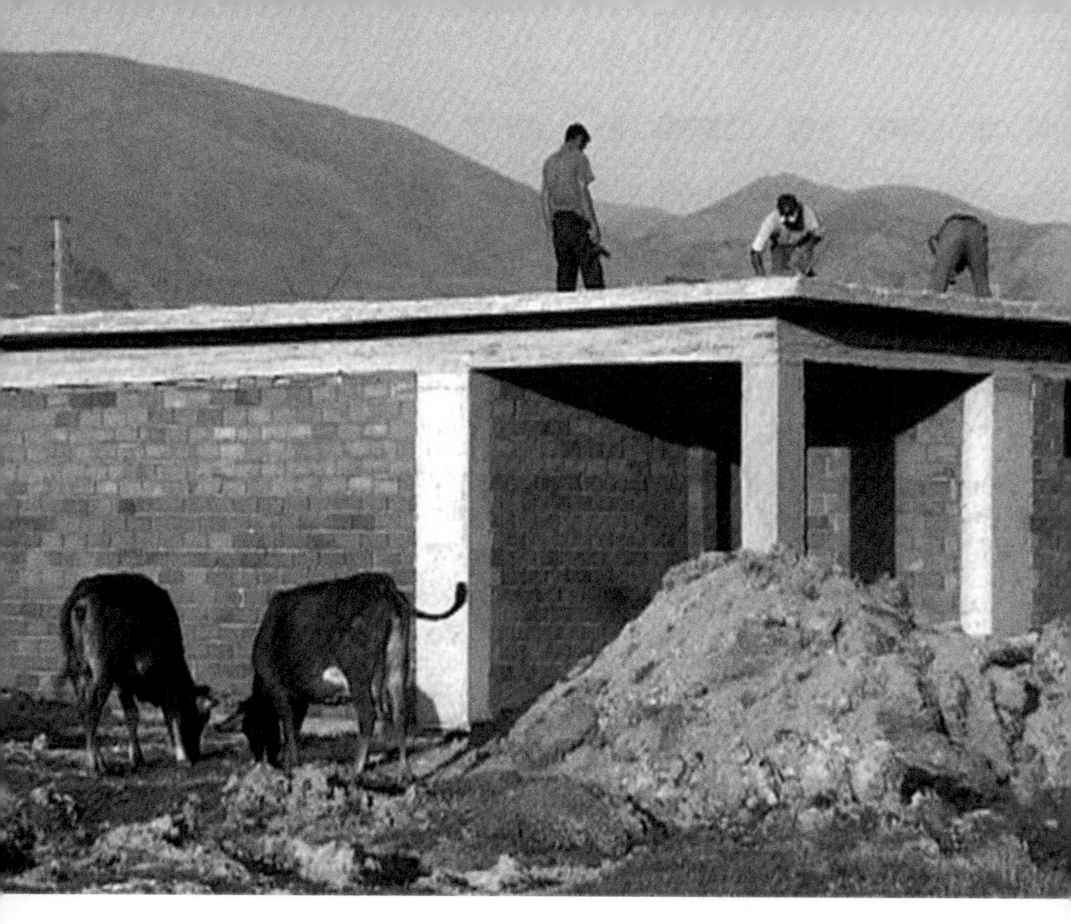

Kurdish Lover, 2010
Documentaire / Documentary, 95'

I had a lot of stories. Working with the film editor, we suddenly
saw that we were no longer in an action, in a present that speaks
of a situation through acts in the process of happening before
our eyes, but in a different register, that of evoking the past,
a register of storytelling. I wanted to talk about the war, but
through intimacy, the body, sensations. I let myself be guided
by what was perceptible.

FM   You pay attention to gestures, objects, rites, like the meat shared
out from hand to hand, and in this ritualized everyday life imbued
with religion, everything takes on a material dimension.
You observe the links between the sacred and the very trivial.

CH   Rituals run through everything I do. In this film, we really remain
in a private space, I didn't film major religious rituals. The meat
is typical of a form of communication through violence, perpe-
trated on an innocent creature that takes the sadism of society
upon itself. Thanks to its sacrifice and the dismembering of its
body, society will come together: It's the same principle as the
Eucharist. The Kurds imbue that flesh that is cut up with a much
more material relationship, and then it's an outing too, you really
do go towards your neighbors, that flesh that has just been killed
must be given out hand to hand. It's a crisis situation living in
a country at war, several generations coexisting under the same
roof, and the rituals, the codes make it possible to calm the
internal tensions or the insecurity that can exist in approaching
another person, as when asking for someone's hand in marriage.
Through the moments when things spill over—and in religion
too, through songs, dances, trances—you create moments of crisis
then of reassurance. In religious ritual among the Alevi Kurds,
it's perhaps possible to observe a rhythm that recurs in my film,
between crises and reassurance; the rituals and codes are there
too to calm the chaos of human emotions.

FM   One sequence opens up the horizon and projects us suddenly
into mythical landscapes. A mountain conjures up a head of hair.
That sequence is interesting: What is this country, Kurdistan,
with its problematic existence?

CH   The Kurds see what I don't know how to see. The fact that I have
a camera and go towards other people is decisive in their showing
me what I don't know how to see. It's very important in my way
of making films: learning to perceive. We're in Kurdistan and the
religion, Alevism, a pagan religion mixed up with Shiite Islam,
is very bound up with holy sites. At Düzgün Baba, an important
place in that region, a sacred mountain, everything has a meaning:
The slightest notch in rock is sacred, a hole left by the frost is the
imprint made by the horse of the Imam Ali, everything has a story.
The shepherds on the mountaintops live in this magic universe,

it's their everyday world. All their gestures assume a legendary dimension. Something of that order is at work in my documentary: the extent to which, when you're in the real world—because it's true that I'm attached to a concrete, down-to-earth dimension, I don't want to idealize the body or the relations between the people—things can nonetheless drift towards the marvelous, in spite of that, or with that, with that triviality or that violence, without mawkishness.

LÉGENDES (III)
GERILLA

Raouf Kaabi

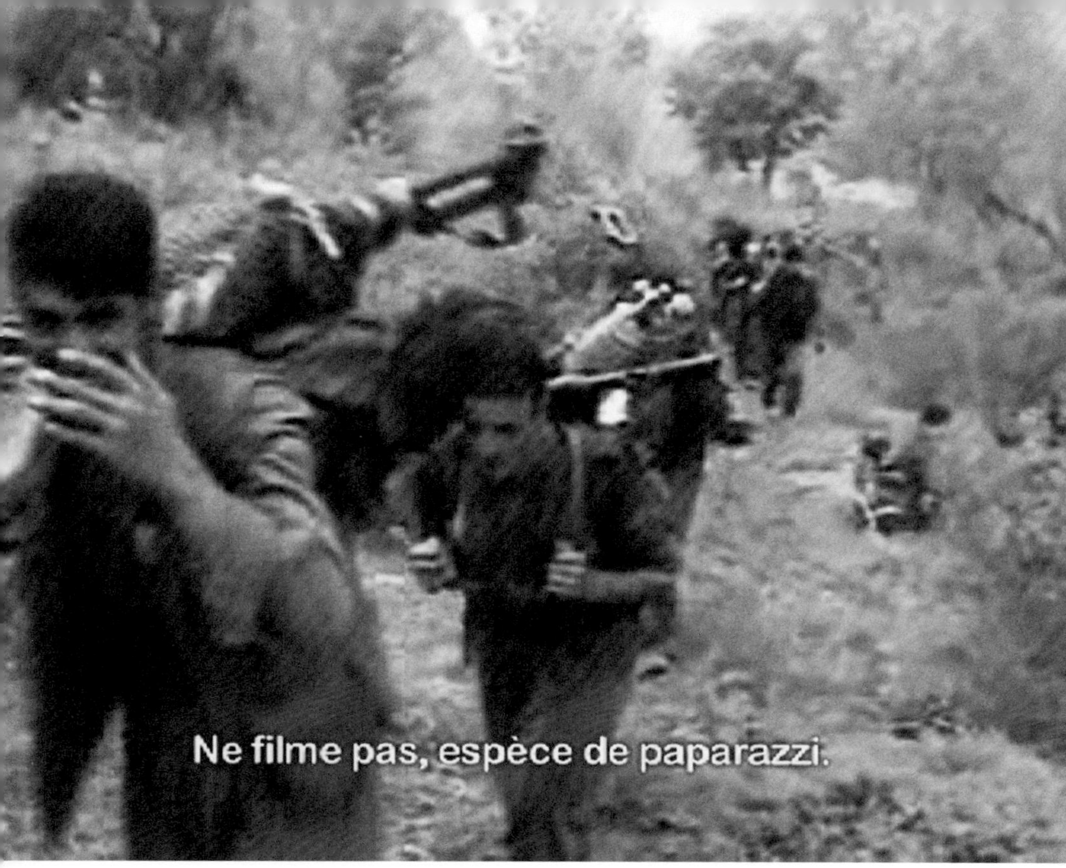

1.   « Au maquis, lorsque des étrangers soudain surviennent,
sur le moment, c'est inquiétant, mais *a posteriori*, cela fait plaisir.
L'image est aussi une reconnaissance de la lutte. »

Gerilla – Notre corps est une arme / Gerilla – Our Body Is a Weapon, 2012
Video, 18'

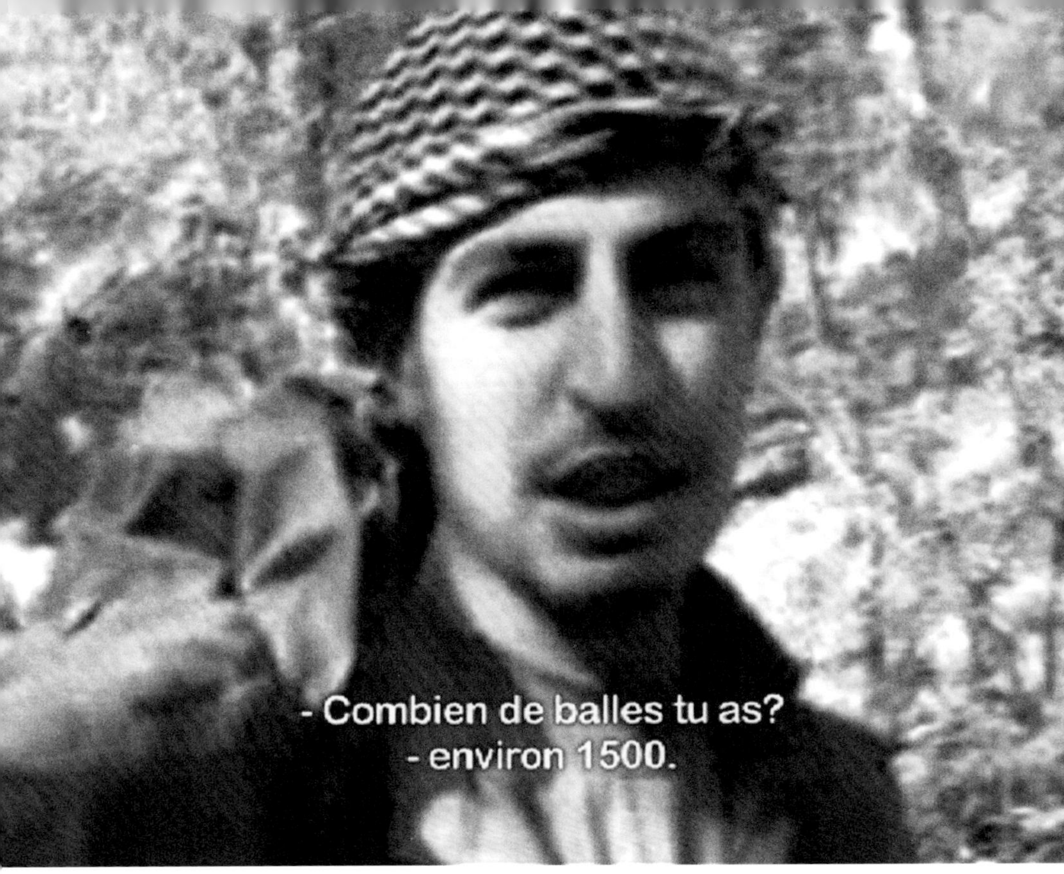

2. « Il est surpris par la question parce qu'on ne se la pose jamais. Les responsables de la logistique en discutent, mais pas les Peshmergas. À partir du moment où ils ont trois cartouchières, les munitions suffisent toujours. »

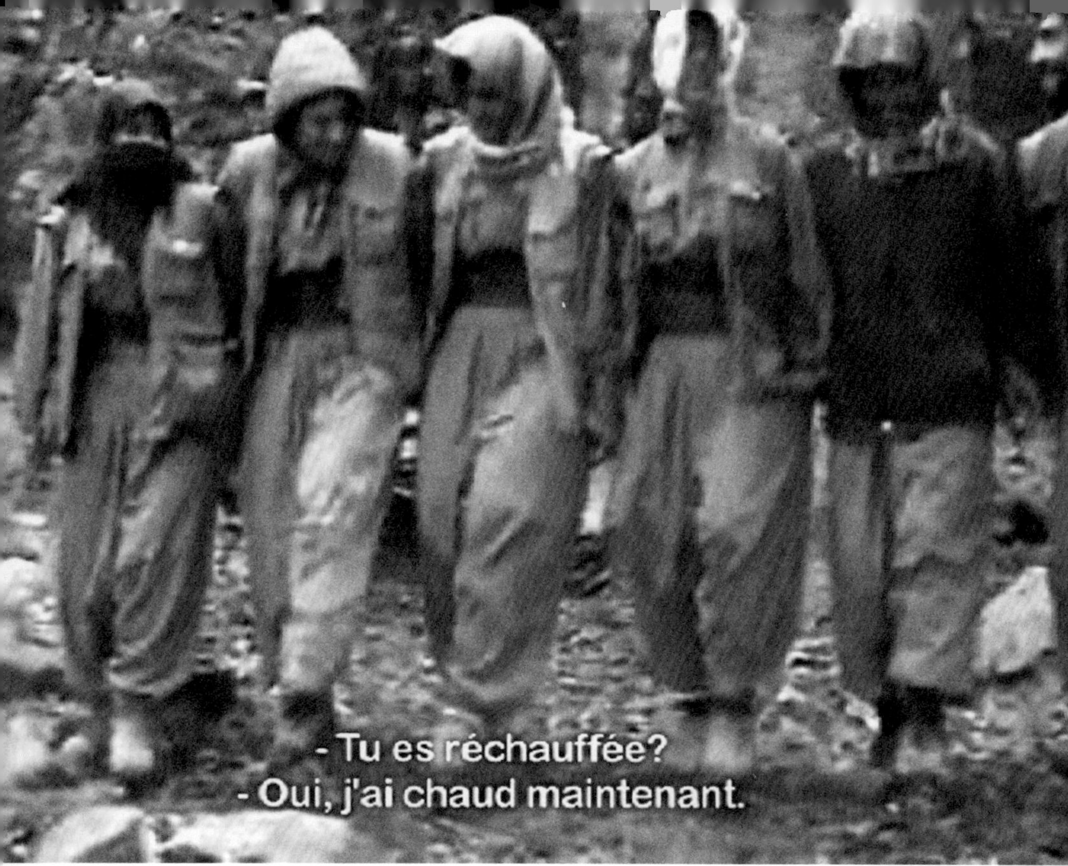

3. « Les danses ne représentent pas seulement une manifestation
    de joie, ni un sport, mais avant tout une manière d'être.
    Dans la danse, on est maître de soi. Ces scènes se répètent
    sans cesse dans les camps et même sur le champ de bataille
    lorsqu'on attend. Pour ces jeunes gens, ce sont des scènes
    très habituelles. Ici, ils ont gagné leur combat. »

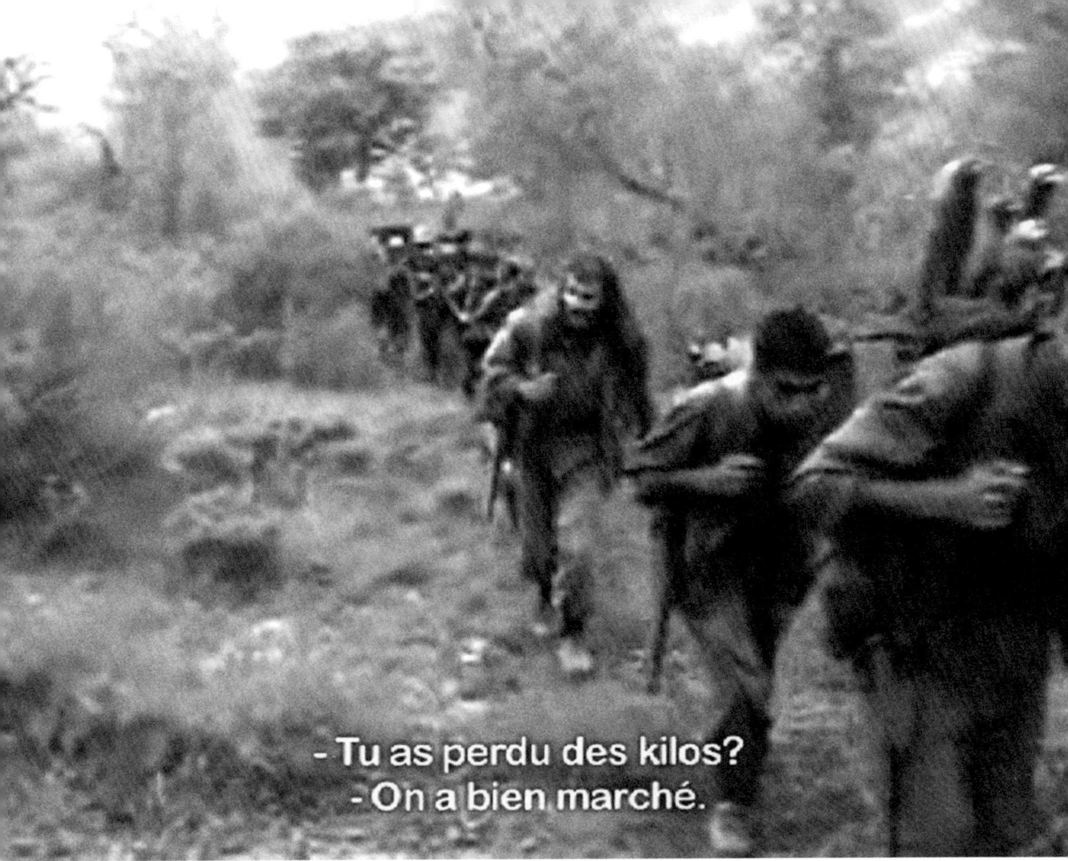

4.   « La guérilla est surtout de la marche, de la mobilité. Il faut toujours bouger, même pour tourner en rond. Souvent la nuit. Le jour, on se repose ou bien on se bat. Dans ma génération, on a fait le Kurdistan iranien à pied, certains même plusieurs fois. La philosophie de la guerre partisane est populaire, on est bien accueilli partout. Il n'existe pas de différences entre les combattants et la population, vous êtes leur fils, leur frère, leur protecteur. Nous n'avions pas de base logistique, nous n'avions rien hormis les armes. Tout venait des populations des villages, qui fournissaient le pain. Certains villages accueillaient des Peshmergas de tous les partis politiques, parfois 3 ou 4 par jour, sans jamais protester. Elles prêtaient leur bétail, leur tracteur. Pourquoi le Peshmerga était-il sacré et respecté ? Parce qu'il n'était pas un militaire, il fait partie de leur identité, face aux agressions qui durent depuis le XIVe siècle. »

Gerilla – Notre corps est une arme / Gerilla – Our Body Is a Weapon, 2012
Video, 18'

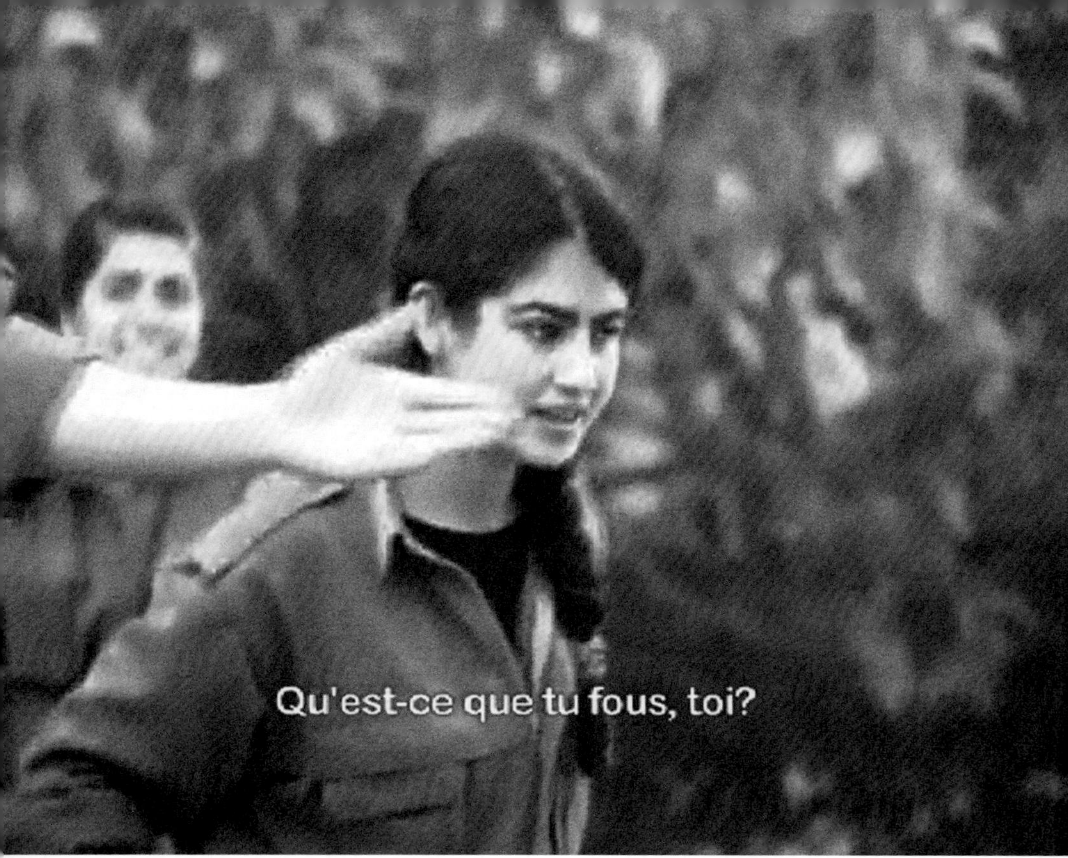

5. « Dans la culture kurde, les femmes sont libres, libertaires, travailleuses. Elles font tout du matin au soir. Idem dans les rangs des Peshmergas, où elles sont parfaitement intégrées malgré les différences entre les régions. Et l'intégration des femmes dans les combats fait accepter la guérilla mieux encore. Les deux organisations qui ont duré le plus longtemps omptaient le plus de femmes dans leurs rangs, c'étaient le PDKI, le Parti Démocratique du Kurdistan Iranien, et le Komala, le Comité des révolutionnaires du Kurdistan iranien, parti kurde d'origine marxiste-léniniste. »

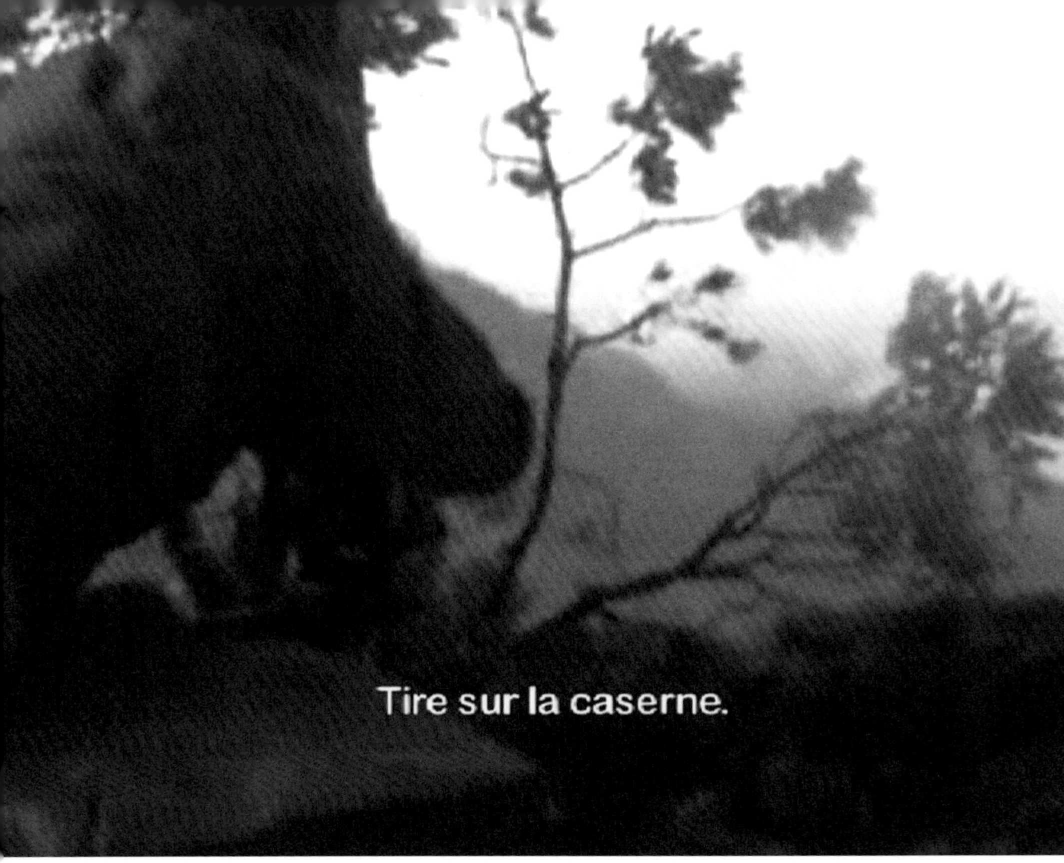

6.   « Le but, c'est de toujours avancer. En faisant attention aux autres,
      car rien n'est plus terrible que de voir tomber des camarades.
      La guérilla c'est la solidarité, on ne pense pas à sauver sa peau mais
      celle des autres. Cette séquence donne un reflet très exact de ce
      que l'on vit au cours d'un combat. Dans notre famille, nous étions
      5 frères, tous partis à la guérilla, 3 sont encore vivants. »

Gerilla – Notre corps est une arme / Gerilla – Our Body Is a Weapon, 2012
Video, 18'

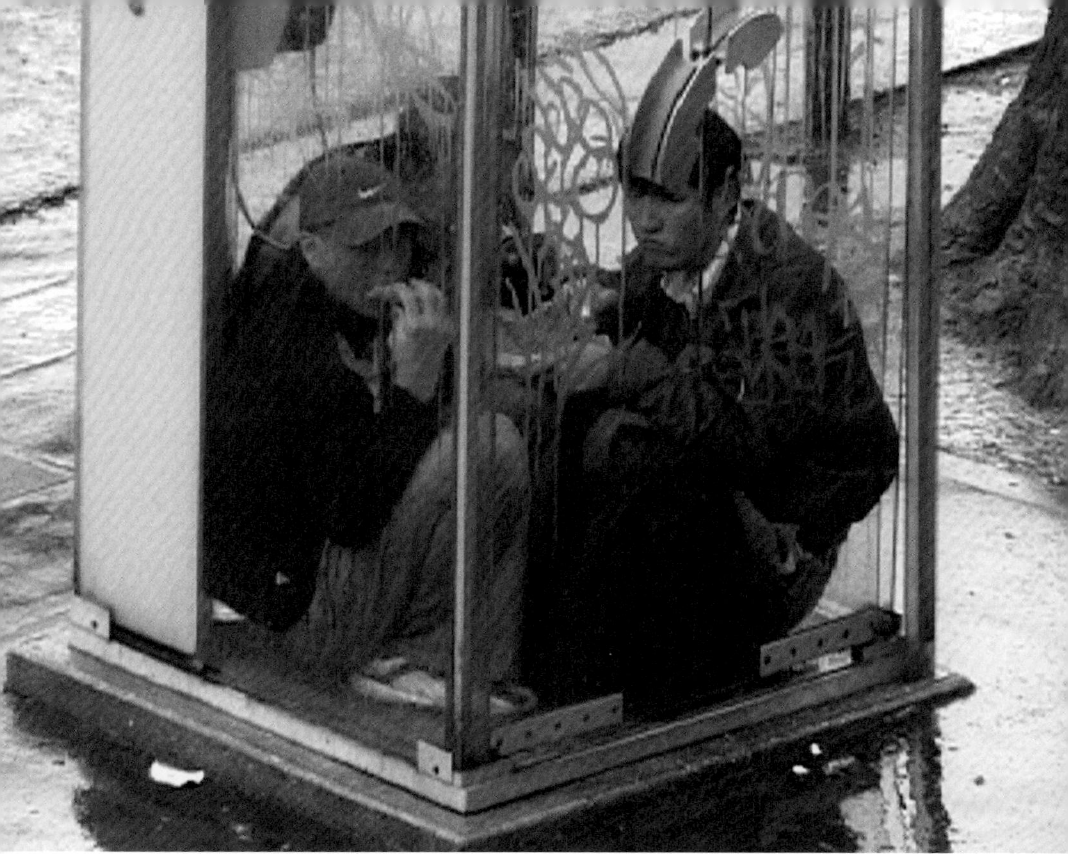

7. « Le contraste est effrayant, entre la liberté des montagnes,
    et l'humiliation, l'exil, la misère. »

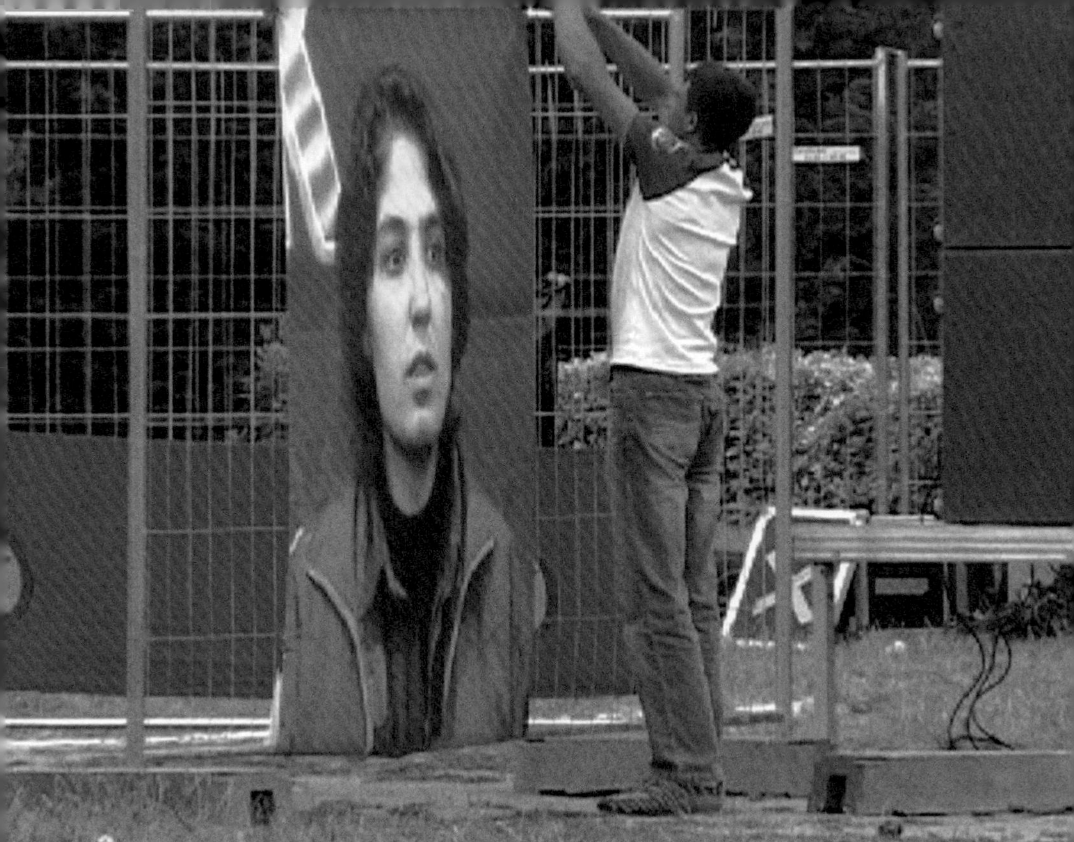

8. « C'est le symbole de la combattante kurde. Je suis content que ces jeunes soient impliqués, il ne faut pas interrompre la transmission, c'est un devoir, refuser que la mémoire soit confisquée dans un recoin de l'histoire. Les Kurdes sont très pacifistes, mais depuis des siècles on leur impose la guerre, alors ils résistent. Si vous aimez votre langue, votre culture, votre peuple, alors vous vous devez de résister. »

Gerilla – Notre corps est une arme / Gerilla – Our Body Is a Weapon, 2012
Video, 18'

1.	– Hey, the paparazzi, do not film me.
"In the bush, when outsiders suddenly turn up, on the spur of the moment, it's worrying,
but a posteriori, we're pleased. Pictures are also a recognition of our struggle."

2.	– How many bullets do you have?
	– About 1500.
"He's surprised by the question because it's one we never ask. The people in charge of
logistics talk about it, but not the Peshmerga. As long as they have three cartridge pouches,
there's always enough ammunition."

3.	– You are warmed?
	– I feel warmer now.
"Dances don't represent just a demonstration of joy, nor a sport, but first and foremost
a way of being. In dance, you're in control of yourself. These scenes are constantly repeated
in camps and even on the battlefield when you're waiting. For these youngsters, they're very
common scenes. Here, they've won their fight."

4.	– You lost kilos?
	– We walked well.
"Guerilla fighting is above all walking, mobility. You always have to keep on the move, even
if you're going round in circles. Often at night. During the day, you rest or else you fight.
In my generation, we've reached Iranian Kurdistan on foot, some even several times.
The philosophy of the partisan war is popular, we receive a good welcome everywhere.
There are no differences between the fighters and the local population, you're their son,
their brother, their protector. We didn't have a logistic base, we had nothing apart from
weapons. Everything came from the people living in the villages, who supplied us with bread.
Some villages welcomed Peshmerga from every political party, sometimes three or four
a day, without ever protesting. They lent their animals, their tractor. Why was the Peshmerga
fighter honored and respected? Because he wasn't a soldier, he's part of their identity,
in face of the aggressions that have been going on since the 14th century."

5.	– What the hell are you doing?
"In Kurdish culture, women are free, independent-minded, hard-working. They're hard at it
from dawn to dusk. It's the same in the ranks of the Peshmerga where they're perfectly integrated, despite the differences between the regions. And the integration of women into the
fighting causes the guerilla movement to be accepted even better. The two organizations
that have lasted the longest have had the highest number of women in their ranks, those
were the PDKI, the Democratic Party of Iranian Kurdistan, and the Komala, the Committee
of the Revolutionaries of Iranian Kurdistan, a Kurdish party with Marxist-Leninist roots."

6.	– Shoot on the barracks.
"The aim is to keep on advancing. Looking out for the others, for there's nothing more dreadful than seeing your comrades fall. The guerilla movement represents solidarity, you don't
think of saving your own skin, but of saving other people's. This sequence gives a very accu-
rate reflection of what life is like during a fight. In our family, there were five of us brothers,
all left to join the guerilla movement, three are still alive."

7.	"The contrast is scary, between the freedom of the mountains, and humiliation, exile, poverty."

8.	"It's the symbol of the female Kurdish fighter. I'm happy that these young people are involved,
there should be no break in passing on the baton, it's a duty, refusing to let memory be
confiscated and tucked away in a corner of history. The Kurds are very peace-loving, but for
centuries war has been imposed on them, then they fight back. If you love your language,
your culture, your people, then you owe it to yourself to fight back."

LÉGENDES (IV)
NOTRE CORPS EST UNE ARME

Clarisse Hahn

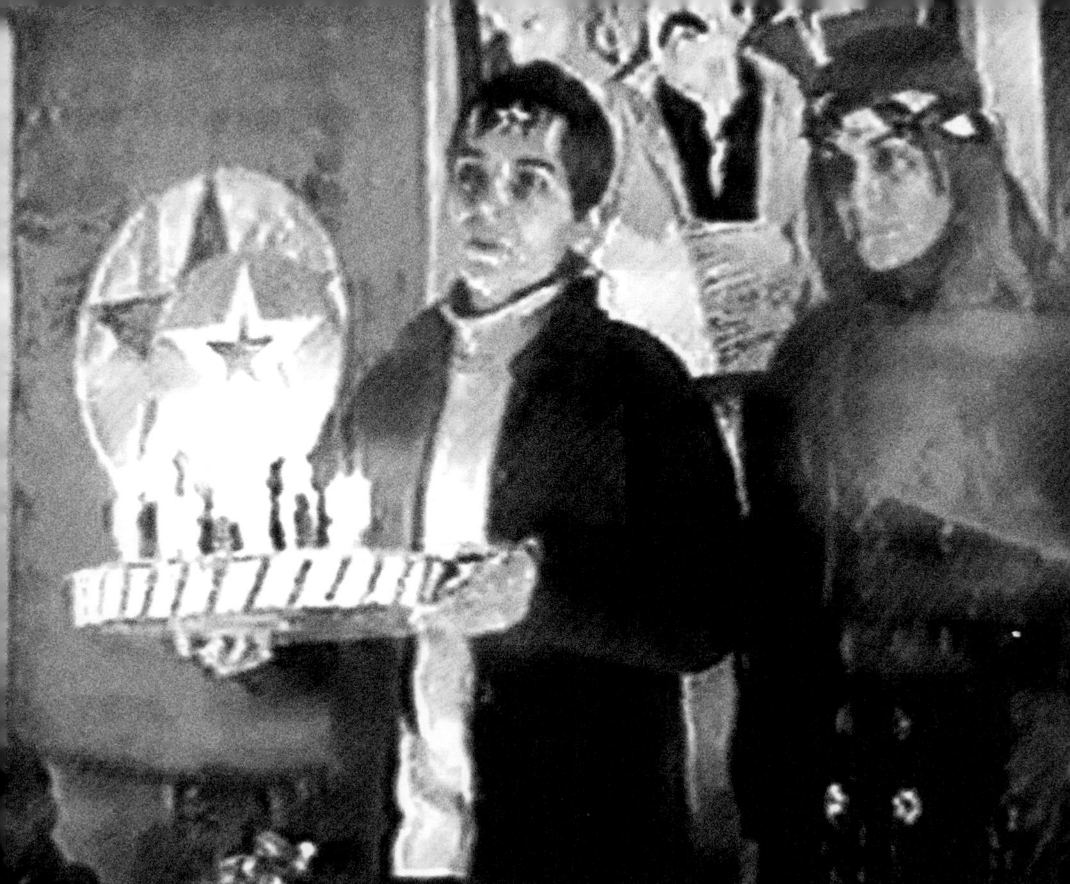

1. *PRISONS*

    Deux jeunes femmes, prisonnières politiques en Turquie, ont utilisé
    leur propre corps comme arme de guerre, en participant à une
    grève de la faim réprimée de manière sanglante par l'armée.
    Elles en sont sorties très affectées sur le plan physique et mental.
    Ce sont des survivantes, et leur condition est inscrite dans leur
    corps. Leur portrait se mêle à des images d'archives : images de
    propagande détournées, dont j'ai parfois coupé le son, afin de
    permettre au spectateur d'en dégager le véritable sens. La résistance
    et le sacrifice de l'individu face à la violence de l'État.

Prisons – Notre corps est une arme / Prisons – Our Body Is a Weapon, 2012
Video, 12'

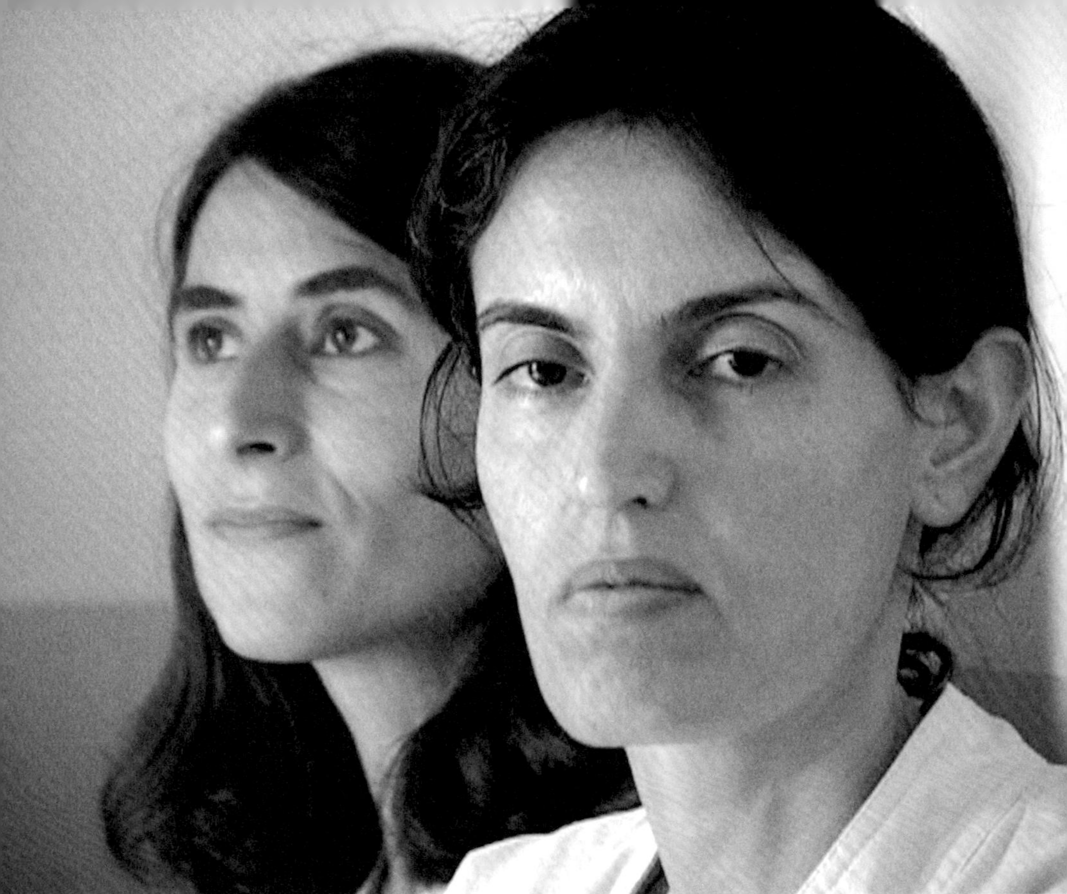

2. « Quand je n'ai plus été capable de quitter mon lit, je me suis dit que vivre l'instant était la chose la plus importante. Chaque moment me rapprochait de la mort, et ça me rendait heureuse. Notre corps est une arme, un fusil chargé qui fait feu pour la victoire. » (Fahriye, gréviste de la faim)

Prisons – Notre corps est une arme / Prisons – Our Body Is a Weapon, 2012
Video, 12'

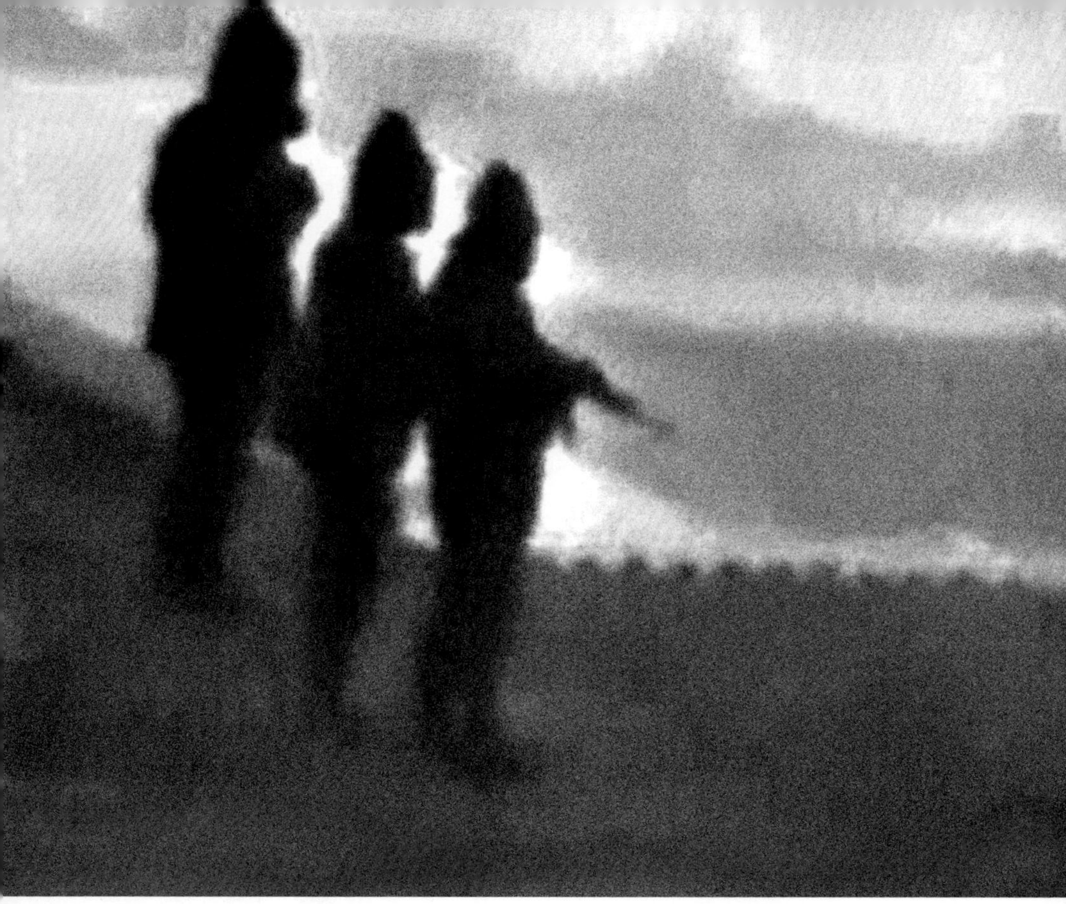

3.   « Face à une telle puissance militaire, comment peut-on résister
     si ce n'est avec notre corps? »
     (Ali, militant d'ACTIT)

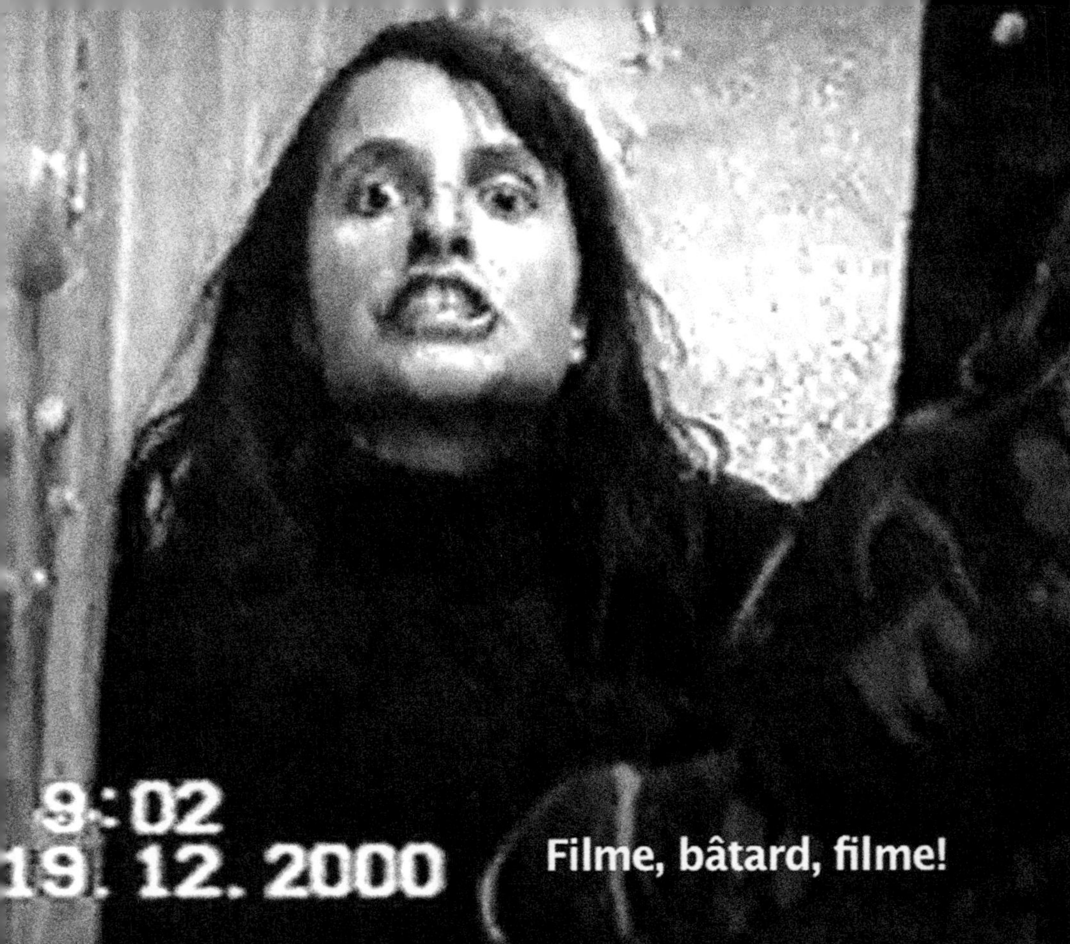

4.

Prisons – Notre corps est une arme / Prisons – Our Body Is a Weapon, 2012
Video, 12′

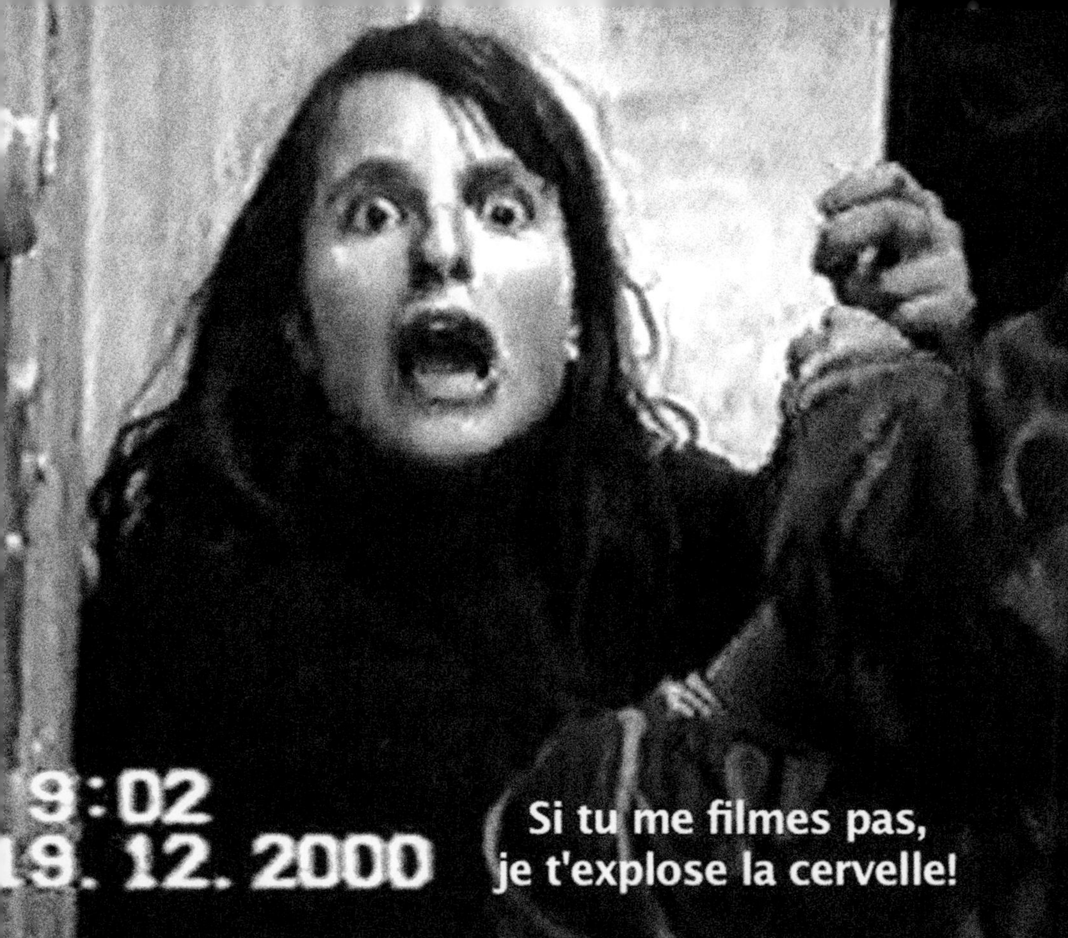

9:02
19. 12. 2000
Si tu me filmes pas,
je t'explose la cervelle!

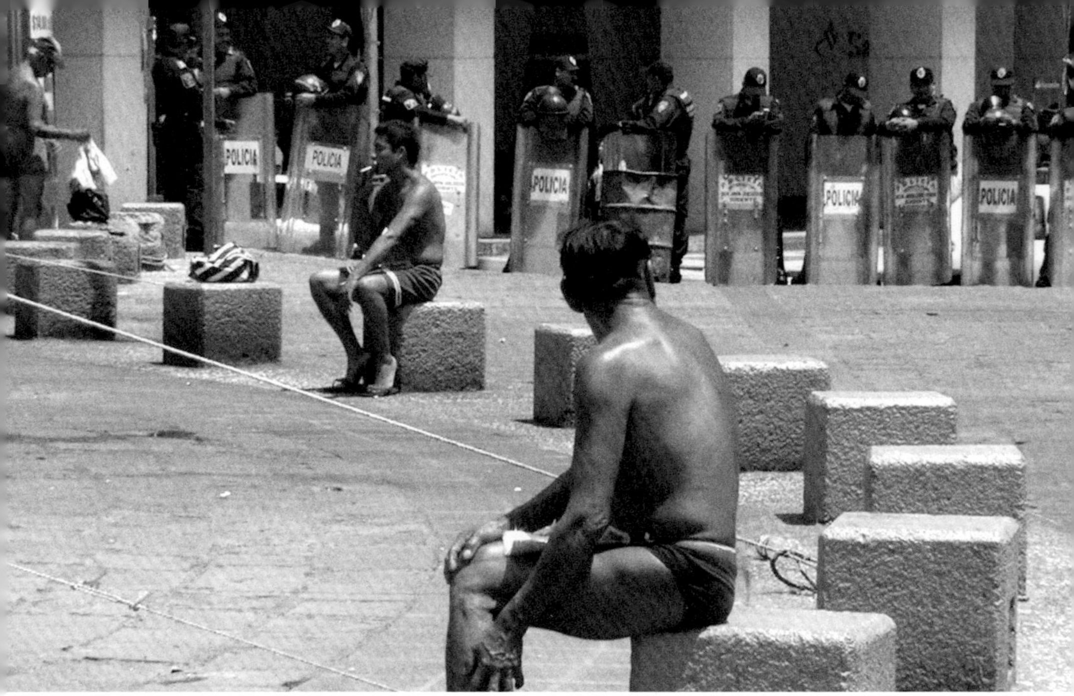

5. *LOS DESNUDOS*
    Ce sont des paysans de l'État du Veracruz au Mexique, qui
    ont vu leurs terres spoliées par le gouvernement. Ils ont inventé
    une nouvelle forme de lutte, en utilisant leur corps comme
    un instrument de résistance politique et sociale. Puisque le
    gouvernement ne veut pas reconnaître leur existence, ils
    manifesteront entièrement nus dans les rues de Mexico, deux
    fois par jour, pendant trois ans, jusqu'à obtenir gain de cause.

Los Desnudos – Notre corps est une arme / Los Desnudos – Our Body Is a Weapon, 2012
Video, 13'

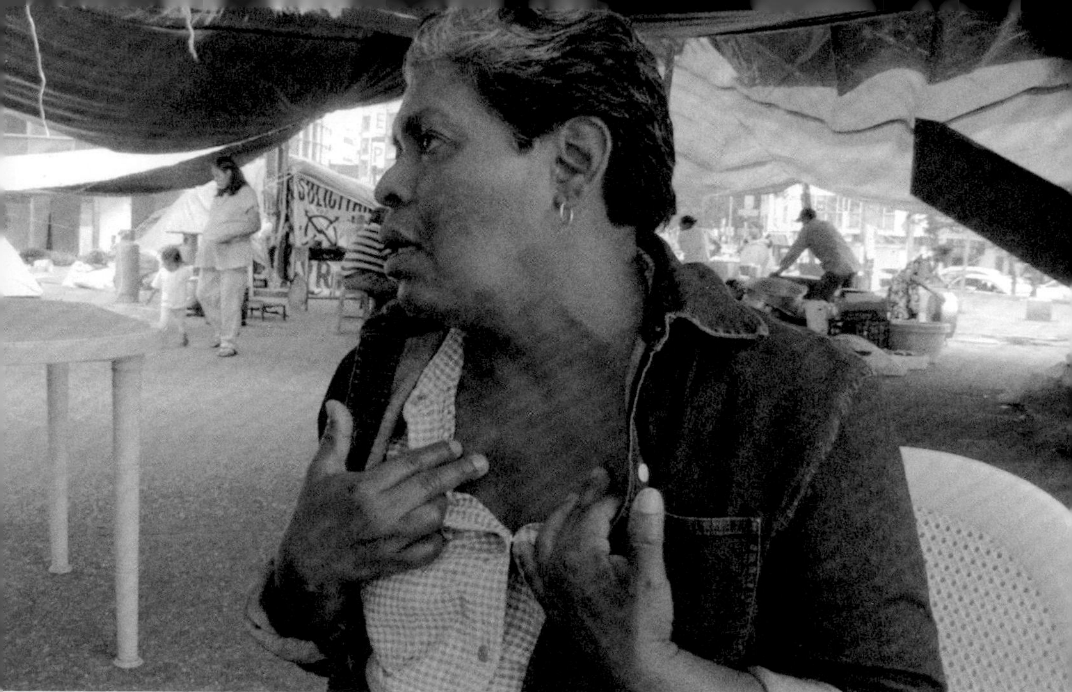

6.   « C'est moi, la première femme à s'être déshabillée. »
« Êtres nues, pour nous c'était comme pleurer. »
« Nos enfants nous voyaient, et ça risquait de les choquer.
Mais nous étions dans un processus de lutte : notre peau,
c'est la seule chose qu'ils ne pouvaient pas nous enlever. »
(La Chefa)

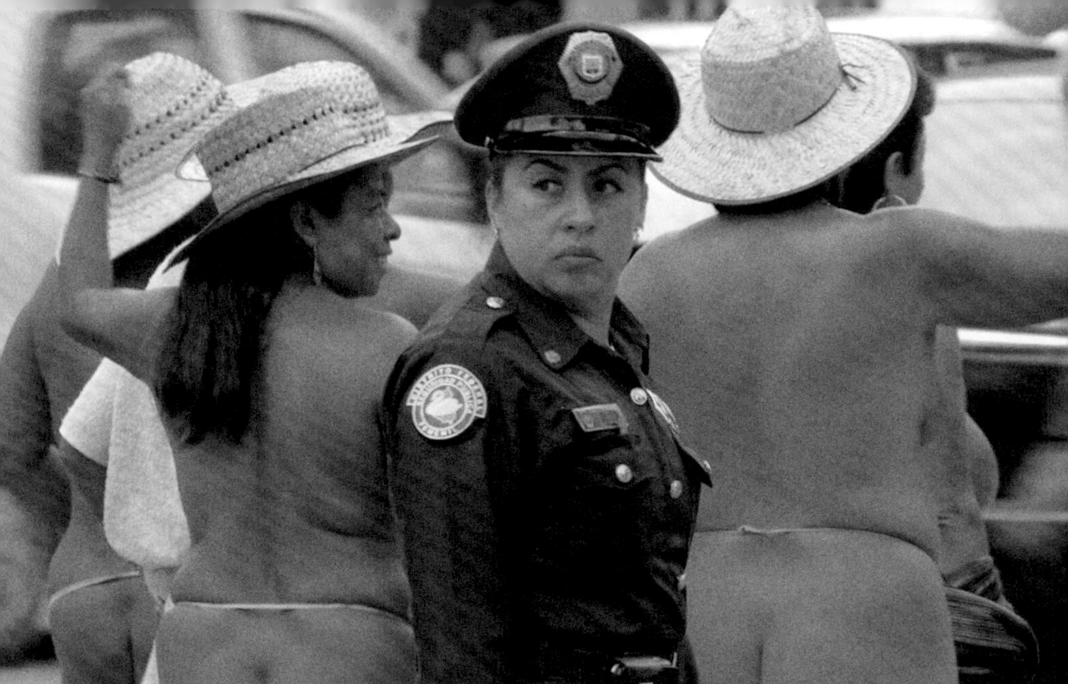

7. Les femmes sont en tête de la manifestation, moins nombreuses que les hommes, mais destinées à être vues en premier. Ici c'est un corps exhibé, dansant, festif, victorieux, bien nourri qui soutient la lutte. Ces femmes parviennent à détourner l'image du corps indigène comme un corps exposé, conçu comme objet d'étude et de conquête, ou bien comme un corps qui serait forcément victime du voyeurisme ethnographico-touristique. Rompant avec les vieux clichés coloniaux, les *desnudos* prennent possession de leur image, ils jouent du voyeurisme qu'ils provoquent, pour attirer l'attention de la presse internationale.

Los Desnudos – Notre corps est une arme / Los Desnudos – Our Body Is a Weapon, 2012
Video, 13′

1.   *PRISONS*
Two young women, political prisoners in Turkey, used their own body as a weapon of war,
participating in a hunger strike bloodily repressed by the army. They came out very affected
physically and mentally. They are survivors, and their condition is inscribed in their bodies.
Their portrait is mixed with archival images: diverted images of propaganda, in which I sometimes cut the sound, to allow the viewer to identify the true meaning. The resistance and
sacrifice of the individual in the face of state violence.

2.   "When I was no longer able to leave my bed, I thought that living the moment was the
most important thing. Every moment brought me closer to death, and it made me happy.
Our body is a weapon, a loaded rifle that fires for victory."
(Fahriye, hunger striker)

3.   "Faced with such a military power, how can we resist if not with our body?"
(Ali, militant of ACTIT)

4.   – Film, bastard, film!
         If you don't film me, I'll explode your brain!

5.   *LOS DESNUDOS*
They are peasants from the state of Veracruz in Mexico, who have seen their lands stolen
by the government. They invented a new form of struggle, using their bodies as an instrument
of political and social resistance. Since the government does not want to recognize their
existence, they will protest in the streets of Mexico City, twice a day, for three years, until
they win their case.

6.   "It's me, the first woman to undress." "Being naked, for us it was like crying."
"Our children saw us, and that might shock them. But we were in a process of struggle:
our skin is the only thing they could not take away."
(The Chefa)

7.   Women are leading the event, fewer than men, but intended to be seen first. Here it is an
exhibited, dancing, festive, victorious, well-nourished body that holds the fight. These women
manage to divert the image of the indigenous body as an exposed body, conceived as an
object for study and conquest, or as a body that would be inevitably victim of ethnographic-
tourist voyeurism. Breaking with the old colonial clichés, the *desnudos* reclaim their image,
they play the voyeurism they are causing, to attract the attention of the international press.

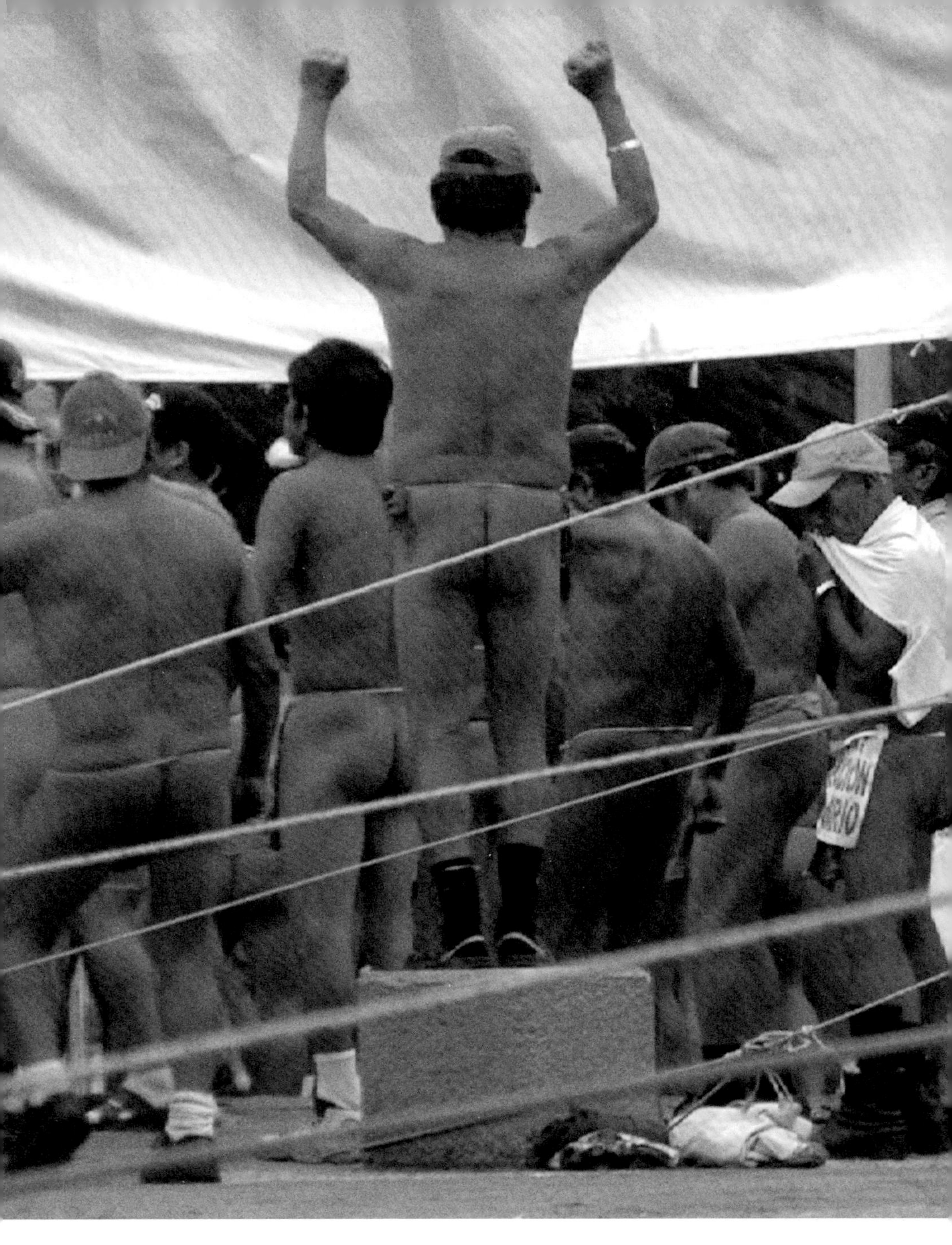

Los Desnudos – Notre corps est une arme / Los Desnudos – Our Body Is a Weapon, 2012
Video, 13′

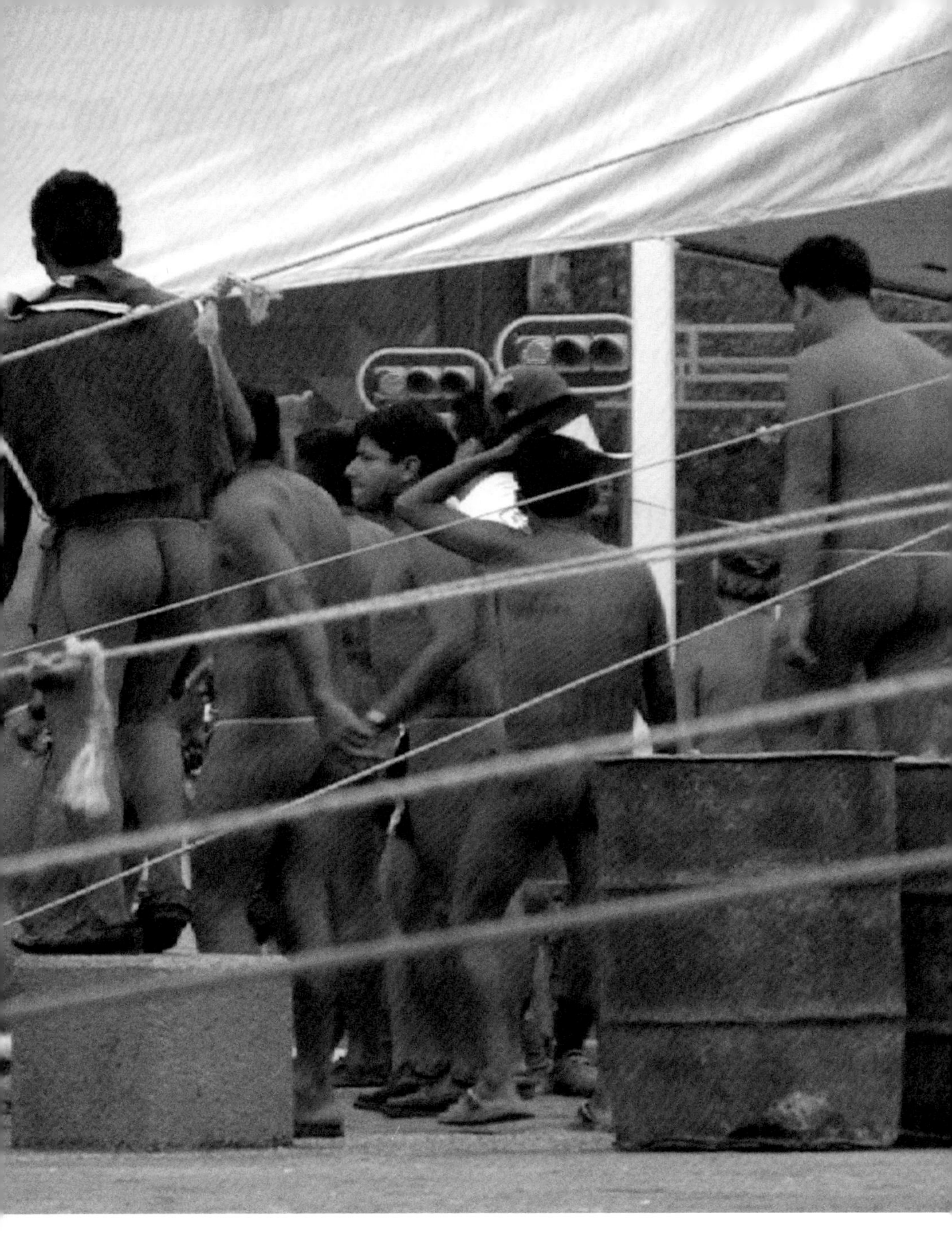

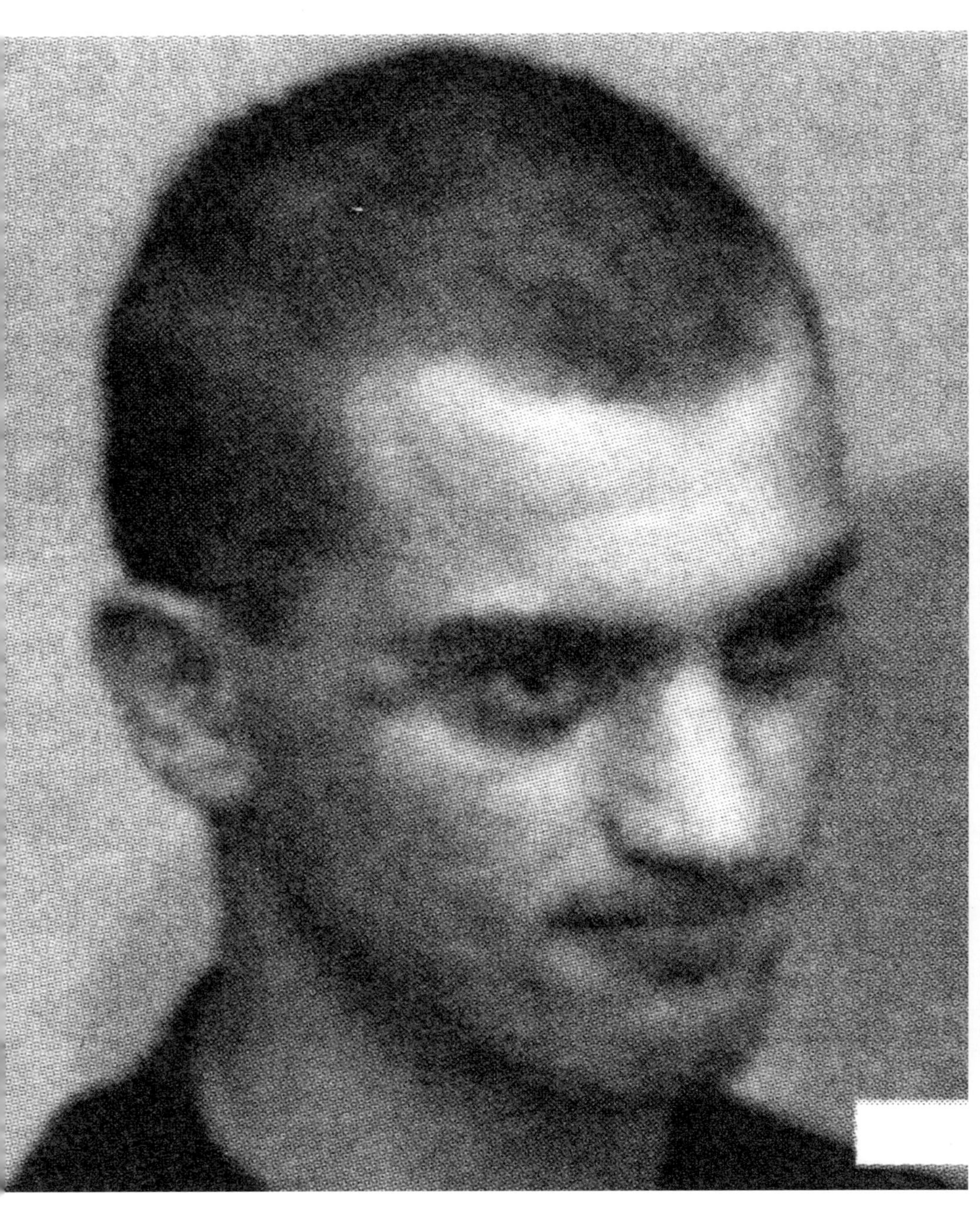

Boyzone Adolescence, 2006
Impression couleur sur papier photo, 80 × 100 cm
Printing on photo paper, 27.2 × 32.3 inches

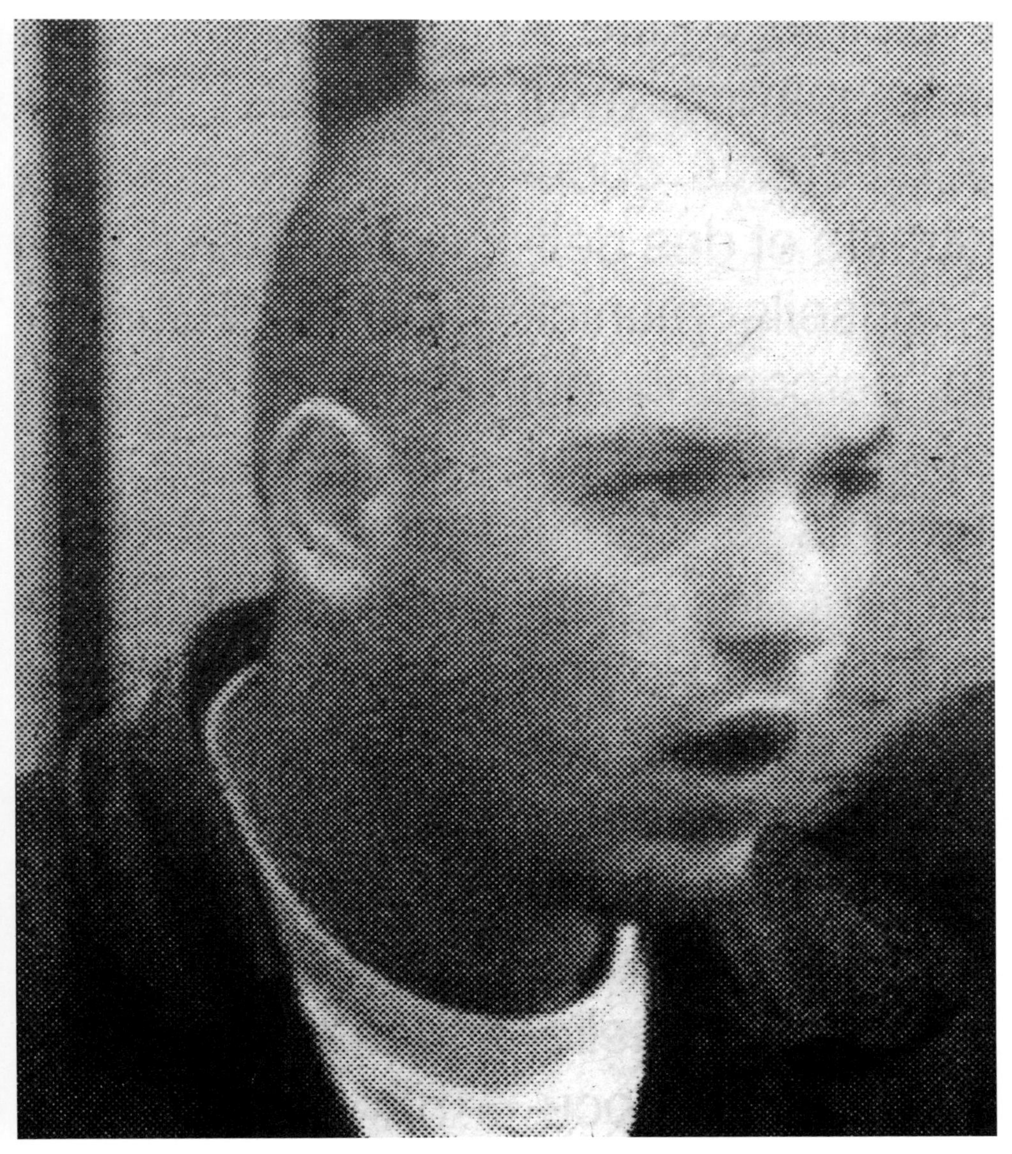

Boyzone Adolescence, 2006
Impression couleur sur papier photo, 80 × 100 cm
Printing on photo paper, 27.2 × 32.3 inches

ÉCHANGE SUR LA VIOLENCE, LA POLITIQUE ET L'HUMANITÉ*

Jocelyne Saab

* Paris, le 3 septembre 2015.

JOCELYNE SAAB : J'ai découvert ton œuvre avec *Kurdish Lover* qui m'a beaucoup touchée, parce que tu as su entrer dans ces sociétés patriarcales sans violence. Est-ce parce que ton compagnon Oktay est kurde que ta caméra caresse tout ce qu'elle voit avec tendresse, malgré ton regard critique ?

CLARISSE HAHN : Tendresse et violence vont de pair. Depuis presque cent ans, la guerre au Kurdistan plonge les gens dans une situation d'hostilité permanente. Ils restent dans ces zones rurales pauvres dont ils peuvent difficilement sortir. C'est vrai qu'il y a des rapports de force dans leurs familles et cela m'intéresse : comment cette guerre se reflète par de petites guerres au quotidien. Cette grand-mère qui soumet sa belle-fille et communique d'une manière violente avec ses filles est capable aussi de scènes empreintes de douceur. D'un autre côté, la mère de mon compagnon Oktay subit les cris et reproches d'Oucho, son fils aîné, et elle est fière qu'il prenne une place d'autorité : celle de l'homme qui crie. Elle n'a pas peur de perdre sa propre place, car elle maintient son pouvoir de domination maternelle en entretenant la dépendance du fils : elle qui s'occupe de ses chaussettes et de ses slips. C'est sa manière d'inverser les rapports de force, son pouvoir à elle sur l'homme machiste. L'homme, ici, c'est l'enfant. Les femmes deviennent chefs. La scène de la demande en mariage est très significative : les mères amènent Oucho et son cousin chez une jeune fille, espérant la marier à l'un ou l'autre de leurs fils. On voit les fils gênés, dans cette assemblée de femmes qui parlent entre elles, tandis que les hommes ne disent pas grand-chose. Alors ils se mettent à l'écart, fument une cigarette devant la maison et prétendent, « Nous, on veut rien, c'est les femmes qui ont tout arrangé ». Dans mon film, on voit surtout des mères et des fils. Des hommes façonnés par les femmes, mais aussi les hommes de guerre et les Guides religieux[1]. Quant à Oktay le Kurdish Lover, il ne veut pas prendre cette position masculine qu'adopte son frère, celle de crier et donner des ordres (même si on ne les écoute pas). Il est alors considéré comme un enfant et peut passer du temps avec les femmes.

JS   Certains de tes films, comme *Karima*, résonnent avec la situation actuelle où l'on voit renaître des marchés aux esclaves de femmes en Syrie, on l'où assiste à une dégradation des droits de la femme et de son image. Karima est-elle consciente de son rejet de la société très patriarcale de laquelle elle provient ? Je viens moi-même d'une société où les rapports, même déguisés sous des apparences de tolérance, sont très violents à l'égard des femmes.

CH Karima est une jeune femme de 21 ans, née en France et d'origine maghrébine. Elle participe par là-même aux discours qui traversent notre société postcoloniale. Mais elle passe au-dessus de

<hr>

1. Nous sommes chez les kurdes Alévis, une religion mêlant le Zoroastrisme, l'Animisme et l'Islam Chiite.

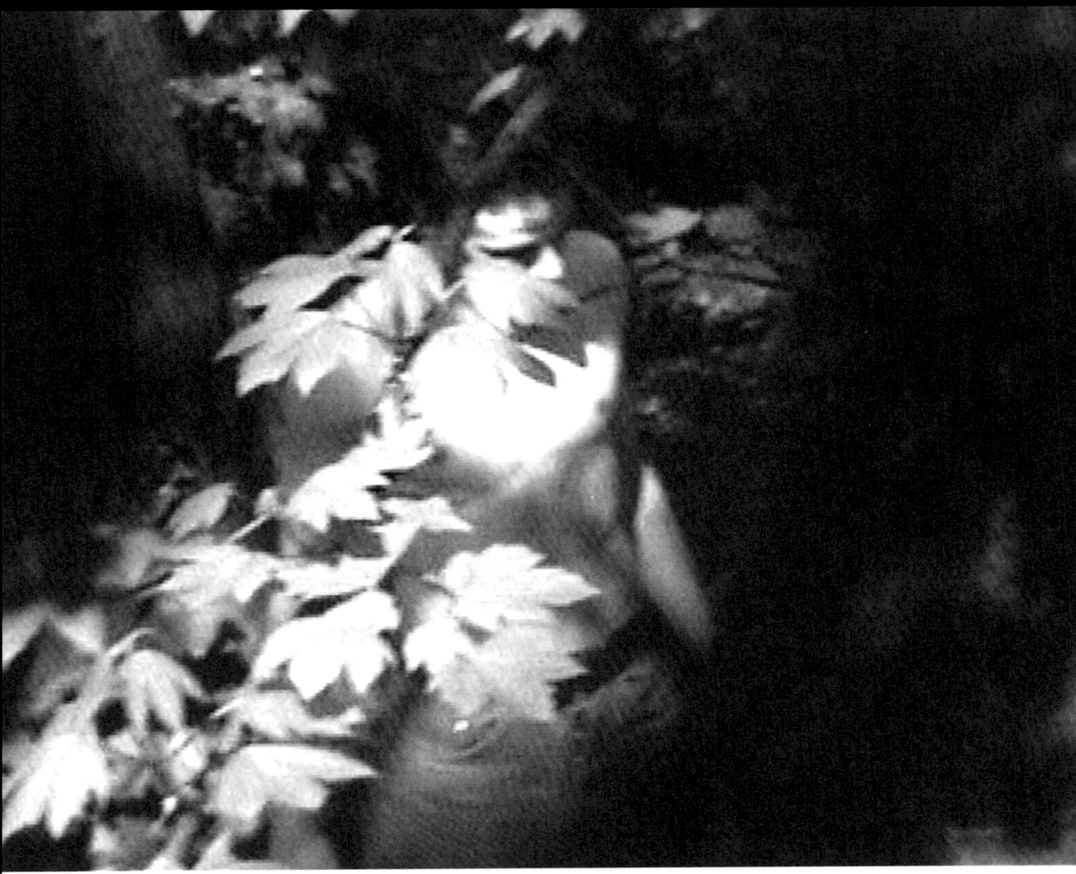

Boyzone 1, 1999
Video, 10′

ces questions avec inconscience et force. C'est l'une des choses qui m'ont immédiatement plu chez Karima. Elle se définit différemment et choisit de prendre dans chacune des cultures ce qu'il y a de mieux pour elle. Elle assume complètement ce qu'elle est et n'hésite pas à assumer des choses que les autres tairaient. Elle règle les problèmes de cette société patriarcale dont tu parles, dans les rapports sadomasochistes. Les hommes qui sont esclaves de Karima règlent aussi, d'une certaine manière, leur rapport à cette position dominante des hommes, très avantageuse dans certaines sociétés autocentrées, mais qui peut introduire aussi une énorme pression. Ils abandonnent cette position de contrôle et décident de laisser à Karima le pouvoir sur leur personne – bien que ce soit toujours le soumis qui décide, en fin de compte. Karima le dit elle-même : « Le plus grand soumis c'est le dominateur ». Dans la scène où Karima met au soumis cinq bougies dans le cul, puis les allume une à une, il lui demande : « mets-en moi une dans la bouche aussi, comme ça je ne pourrais plus rien dire ». On voit bien que le soumis aime que la dominatrice l'oblige à faire les choses qu'il veut bien faire. Ça n'est pas de la torture, c'est un échange. Karima et son soumis jouent d'une forme de manipulation, avec beaucoup d'humour et de complicité.

JS Cela relève de la performance de tourner des scènes aussi chargées de sens. Te sentais-tu comme un appât pour eux ?

CH Pas du tout, un appât, c'est un piège et je ne veux pas être dans ce rapport-là avec les gens que je filme. Je suis avec eux, avec ma caméra, et je veux comprendre les rapports qui se jouent entre les personnes. Je veux en prendre conscience pleinement, sans voyeurisme, sans les juger.

JS Considères-tu tes figures comme des acteurs ?

CH Dans le film *Karima*, oui, en quelque sorte, puisque dans le rapport SM, tout se joue sur un rapport symbolique, ce qui provoque une mise en scène de la sexualité. À ce moment, les protagonistes du film se trouvent dans un véritable oubli d'eux-mêmes. Le soumis m'explique qu'il s'est entraîné pour cela, il s'est entraîné à se laisser aller devant tout le monde. Il organise simultanément une perte et une prise de contrôle. J'ai capté cela, lorsqu'il est dans la baignoire, je l'ai filmé en train d'avoir un orgasme. Certains spectateurs m'ont dit que c'était un moment très gênant dans le film, car c'était insupportable de voir quelqu'un s'abandonner à ce point devant une caméra.

Après avoir filmé cette séquence et celle du fist-fucking, on a regardé les rushes en mangeant les pâtes que Karima avait cuisinées. Karima et son soumis me donnaient des explications, et discutaient entre eux de ce qu'ils venaient de faire, car la prise de conscience leur permet d'aller encore plus loin dans leur pratique. J'ai essayé de filmer les rapport SM que vit Karima comme quelque chose qui l'ancre dans son quotidien, de la même manière que les moments où elle se maquille, ceux où elle discute avec ses amis ou reste au sein de sa famille. J'ai capté des fragments de sa vie, sur une année. À cette période, Karima vivait plutôt entourée de femmes. Plusieurs amies se sont succédées à ses côtés pendant le tournage. Aujourd'hui, elle est mère de trois enfants et elle est devenue une figure incontournable du milieu fétish-SM à Paris. Les gens viennent de partout pour assister aux soirées qu'elle organise. La vie avance.

JS Nicole Brenez dit que le terrain d'élection de Godard et de Rohmer ce sont les jeunes femmes, et chacun les approche d'une manière très différente. Toi, dans *Boyzone* et *Kurdish Lover*, ton terrain d'élection, c'est les hommes. C'est rare chez les cinéastes femmes. Tu essaies de les comprendre, de filmer cette douceur qui se glisse entre eux lorsqu'ils sont entre hommes, ces corps qui se laissent aller, et que j'ai saisi moi aussi à l'image lorsque j'ai filmé les Sahraouis dans le désert qui menaient leur combat[2].

CH Cela me fascine d'observer la façon dont, à l'intérieur d'un même genre, les êtres se touchent et manifestent une sensualité qui ne s'exprime pas comme en Occident. Par exemple, dans ton film, cette manière dont les hommes au Sahara s'allongent les uns sur les autres de manière très sensuelle et détendue : ça ne se fait pas dans la société occidentale, où la frontière entre hétérosexualité et homosexualité peut être plus marquée, en tout cas, elle se situe à un autre endroit. C'est l'ambiguïté de l'Orient. Les séparations des rapports entre hommes et femmes agissent de telle sorte que les hommes et les femmes sont beaucoup plus à l'aise à l'intérieur d'un même genre.

JS Tu définirais ce rapport comme homosexuel ?

CH Je ne pense pas que ce rapport ne soit pas sexualisé. C'est juste toléré et habituel.

JS Filmes-tu ces moments parce que tu t'intéresses au genre, ou pour explorer une limite de toi-même ? Dans *Boyzone*, tu érotises le regard que tu portes sur les hommes. Comment es-tu entrée dans ces interstices ?

CH Les manifestations des hommes torses nus dans *Boyzone* 1 ou, pour revenir encore à *Kurdish Lover,* les rapports de force qui se jouent avec le langage du corps, dessinent une sorte de chorégraphie à la fois spontanée et très codifiée, cadrée par les rapports sociaux qui expriment l'appartenance du genre à un groupe social. Avec ma caméra, je me mets à distance pour rendre plus évident ce langage corporel.

JS Tu m'as dit qu'au principe de ta caméra quasiment cachée, travaillait un regard désirant.

 2. Cf Jocelyne Saab, *Le Sahara n'est pas à vendre*, 1977. [NdE]

CH   Je filme des hommes qui stationnent dans un espace public où ne se trouvent pas de femmes. Les femmes ne font qu'y passer, car elles se sentiraient mal à l'aise de stagner dans un lieu public sans rien faire. Les hommes, au contraire, s'y sentent à l'aise et vont créer une structure, une sorte de diagramme, pour assumer que leur corps soit mis en jeu d'une manière publique. Dans le poème de Baudelaire, À *une passante*, le narrateur voit une femme passer en grand deuil, toute en noir, il voit sa jambe moulée par sa jupe ; il se tient dans cette position confortable de l'homme qui regarde et peut la dévisager, elle ne fait que passer, et elle feint d'ignorer ce regard, bien qu'elle le remarque évidemment. Moi j'inverse la direction des regards, c'est moi qui suis le regard désirant, caché.

JS   Tu sais tellement bien filmer, dessiner le corps en guerre mais sans armes. Ton cadrage est implacable.

CH   Les hommes que je filme ne sont pas toujours à l'aise dans l'espace public. Dans *Gerilla*, je filme les Kurdes rejetés hors de leurs frontières par la guerre qui fait rage dans leur pays. Ils sont sans travail, sans logement, ils ne peuvent qu'occuper l'espace urbain, seul lieu auquel ils aient accès. Trois jeunes hommes recréent leur espace privé sur un coin de trottoir, en se réfugiant sous une couverture, ou en mangeant un sandwich dans la cage vitrée d'une cabine téléphonique, alors que la chaussée est aspergée par une pluie diluvienne.

JS   Dans tes films, tu as toujours besoin de mettre en rapport. C'est comme un système pour réconcilier les extrêmes, pour montrer que l'on n'est pas univoque. Être humain est être double.

CH   Oui, mon désir vise la compréhension de l'Autre. La grand-mère d'Oktay est cruelle, mais aussi extrêmement généreuse ; elle montre son côté négatif mais donne aussi beaucoup d'affection. Karima manifeste une façon très maternelle de dominer, elle frappe son soumis puis le serre dans ses bras, elle le sodomise puis lui essuie les fesses comme à un enfant. Les personnages de *Karima* ont conscience de ce qu'en eux-mêmes travaillent des pulsions de vie et de mort, des pulsions de destruction de l'autre et de soi-même. Et le fait qu'ils soient capable de jouer avec ces notions, et d'y travailler de façon symbolique, m'amène à penser qu'en cas de guerre, ce ne sont pas ces gens-là qui deviendront tortionnaires, bien au contraire.

JS   Dans la fiction que tu prépares, utiliseras-tu la chorégraphie de groupe qui tient une grande place dans tes documentaires ?

CH   Oui. Par exemple, lorsque les Kurdes organisent une manifestation en Europe, ils arrivent avec des barbecues, des tapis, des tentes et tout à coup, un campement va se former. Les Kurdes ont la capacité de construire un mini-Kurdistan partout où ils vont. Je suis attirée par cette manière dont ils prennent place et

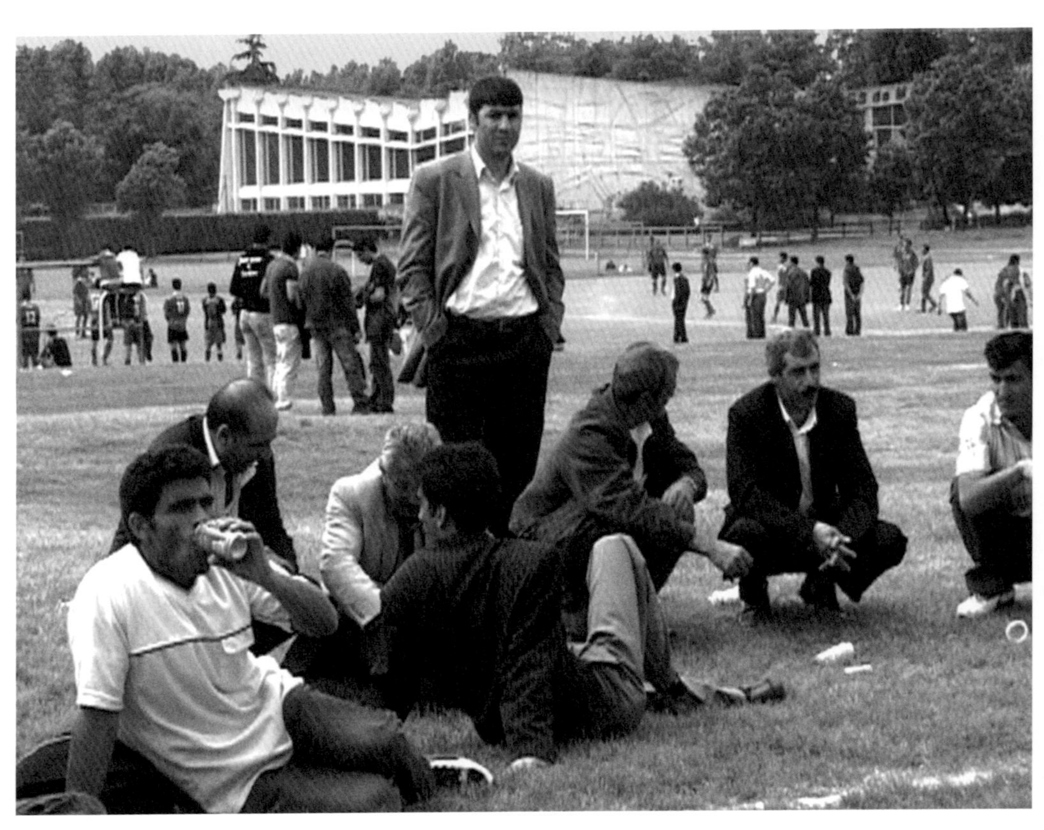

Boyzone Foot, 2007
Video, 12′

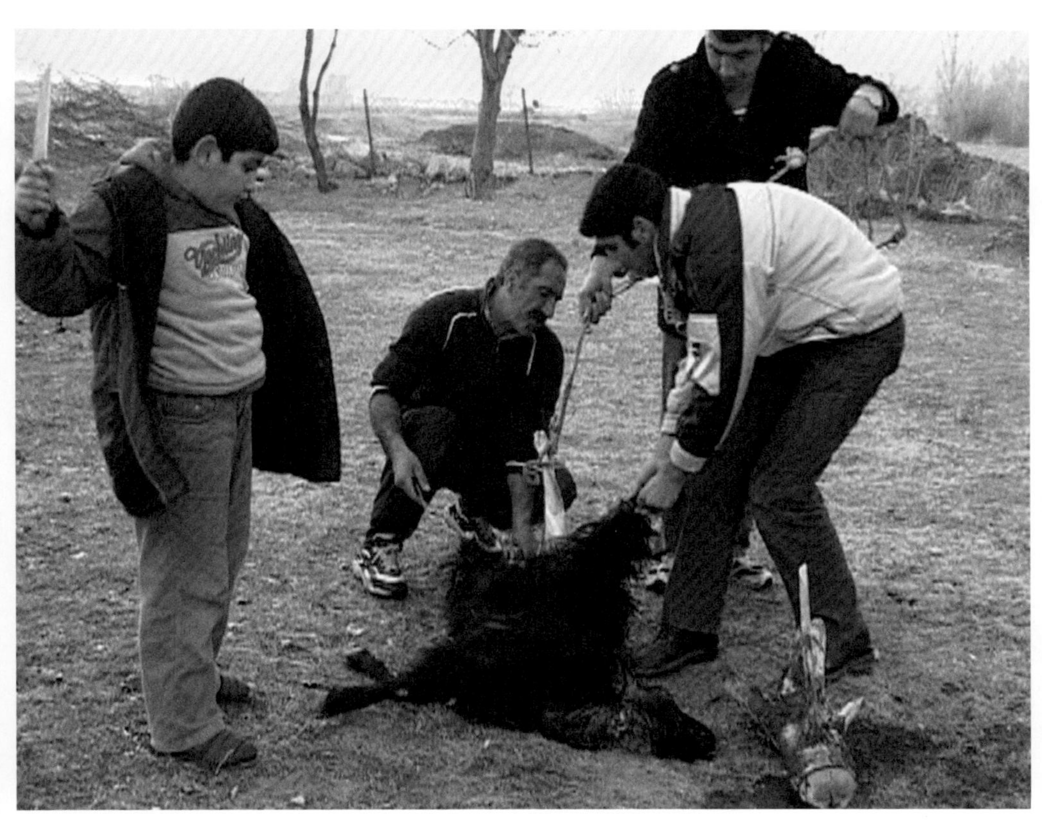

Boyzone Sacrifice, 2007
Video, 7'

dessinent une culture. Ce sera une mise en scène de rites sociaux, une fiction entre France et Kurdistan, filmée à partir d'événements historiques réels. Le corps de mes comédiens se mettra en rapport naturellement avec ces événements.

JS L'un de tes grands sujets, c'est la religion. Tu as choisi de la raconter à travers les corps.

CH Dans *Les Protestants*, c'est un autre type de langage du corps, beaucoup plus raide, qui est mis en scène. Les protestants possèdent un contrôle de soi extrêmement fort. Dans leur manière de se rassembler, ils sont comme des corps pétrifiés, comme des portraits, et la religion coule comme un ciment culturel entre eux.

JS Aujourd'hui, les extrémistes religieux donnent une violente image d'eux-mêmes en annulant l'existence du corps de la femme, en la violant... Qu'en penses-tu ?

CH Le corps des femmes, son exposition, son intimité, a toujours été politique. Tu parles des viols pendant les guerres : la colonisation du corps de l'ennemi par ton propre corps est ce qu'il y a de plus violent. Tu entres dans le corps de l'autre. Parfois des enfants naissent de ces viols. Les rapports de guerre sont des rapports de haine, de violence, mais donc également de violent désir de l'autre.

[Un temps]

J'ai des contractions[3].

JS Respire, respirons.

[Silence]

   3. Clarisse Hahn est alors enceinte de 8 mois et demi.

TALKING ABOUT VIOLENCE, POLITICS, AND HUMAN NATURE[*]

Jocelyne Saab

JOCELYNE SAAB: I first came across your work with *Kurdish Lover* which moved me greatly, because you've been able to enter these patriarchal societies in a non-violent way. Is it because your partner Oktay is Kurdish that your camera caresses all that it sees with tenderness, in spite of your critical gaze?

CLARISSE HAHN: Tenderness and violence go hand in hand. For almost 100 years, war in Kurdistan has plunged the people into a situation of permanent hostility. They remain in these poor rural areas, and it's hard for them to get out. It's true that there are relationships based on force in their families and that interests me: how that war is reflected by little wars in everyday life. That grandmother who keeps her daughter-in-law in submission and communicates violently with her daughters is also capable of scenes imbued with gentleness. And then the mother of my partner Oktay puts up with the shouting and reproaches of Oucho, her elder son, and she's proud that he assumes a place of authority: that of the man who shouts. She isn't frightened of losing her own place, for she keeps her power of maternal domination by maintaining her son's dependency: it's her who takes care of his socks and underpants. It's her way of reversing the relationships based on force, her personal power over the macho man. The man, here, is the child. The women become the bosses. The scene involving that marriage proposal is very significant: The mothers take Oucho and his cousin to the house of a young girl, hoping to marry her to one or other of their sons. We see the sons looking awkward, in this gathering of women talking among themselves, while the men don't say much. Then they go to one side, smoke a cigarette in front of the house, and claim, "We're not after anything, it's the women who've arranged it all."

In my film, we see mainly mothers and sons. Men shaped by women, but also by fighters and religious Guides.[1] As for Oktay, the Kurdish Lover, he doesn't want to take on that male position his brother adopts, the role of shouting and giving orders (even if they're not listened to). So he's thought of as a child and can spend time with the women.

JS   Some of your films, like *Karima*, resonate with the current situation where we're seeing the re-emergence of slave markets for women in Syria, where we're witnessing a downgrading of the rights of women and their image. Is Karima conscious of her rejection of the very patriarchal society she comes from? I myself come from a society where relationships, even though diguised under a semblance of tolerance, are very violent where women are concerned.

CH   Karima is a young twenty-one-year-old woman, born in France and of North African origin. Through what she is she participates

1.   We are among the Alevi Kurds, a religion that is a mixture of Zoroastrism, Animism and Shiite Islam.

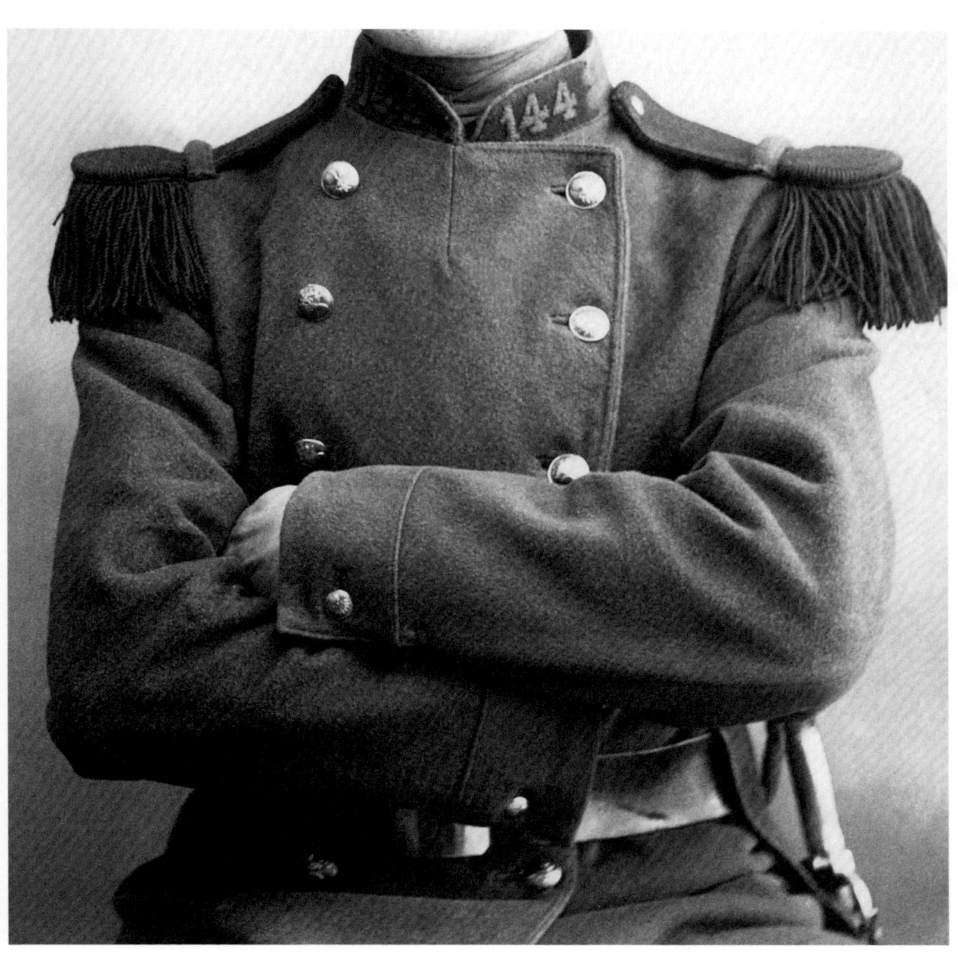

Les protestants / The Protestants, 2005
Photographie noir et blanc, 85 × 85 cm
Black and white photograph, 33.5 × 33.5 inches

in the debates that run through our postcolonial society. But she skims over these questions with disregard and strength. It's one of the things I immediately liked about Karima. She defines herself in a different way and chooses to take from each of the cultures what's best for her. She's completely at ease with what she is and doesn't scruple to admit to things other people would keep quiet about. She comes to terms with the problems of that patriarchal society you talk about in sadomasochistic relationships. The men who're Karima's slaves also in a way come to terms with their relationship to that dominant position of men, very beneficial in some self-centered societies, but capable too of introducing tremendous pressure. They abandon that position of control and decide to hand Karima power over their person—although it's always the submitter who decides, when it comes down to it. Karima says so herself: "The greatest submitter is the dominator." In the scene where Karima puts five candles into the submitter's ass, then lights them one by one, he asks her: "Put one in my mouth too, that way I couldn't say anything any more." We really see that the person in the submissive role likes the dominatrix to make him do things that he really wants to do. That's not torture, it's an exchange. Karima and the man submitting to her play on a form of manipulation, with a lot of humor and complicity.

JS   It's verging on performance to film scenes so laden with meaning. Did you feel as if you were like a bait, egging them on?

CH   Not at all, a bait is a trap, and I don't want to be in that kind of relationship with the people I'm filming. I'm with them, with my camera, and I want to understand the relations being played out between the individuals. I want to be fully aware of what's going on, without voyeurism, without judging them.

JS   Do you regard your figures as players?

CH   In the film *Karima*, yes, in a way, since in the S&M relationship everything plays on a symbolic relationship, which gives rise to a staging of sexuality. At that moment, the protagonists in the film are in real state of self-oblivion. The man in the submissive role explains to me that he's trained himself for that, he's trained himself to let go in front of everyone. He's simultaneously organizing a loss of control and a taking of control. I captured that when he's in the bath, I filmed him as he was having an orgasm. Some viewers have told me that it was a very embarrassing moment in the film, because it was unbearable to see someone letting himself go to that extent in front of a camera. After filming that sequence and the fist-fucking one, we looked at the rushes while eating the pasta Karima had cooked for us. Karima and the man submitting to her gave me explanations, and talked with one another about what they'd just done, because full awareness allows them to go still further in what they do. I tried to film the S&M relationships Karima has as something that anchors her in her everyday life, in the same way as the times when she puts on make-up, when she chats with her friends, or stays within her family. I captured fragments of her life, over a one-year period. At that time, Karima tended to be more surrounded by women. Several female friends followed one another at her side during filming. Today she's the mother of three children and she's become a leading figure in the fetishist-S&M milieu in Paris. People come from all over the place to attend the soirées she organizes. Life moves on.

JS   Nicole Brenez says that the preferred field of Godard and Rohmer is young women, and each of them approaches it in a very different way. Your preferred field in *Boyzone* and *Kurdish Lover* is men. That's unusual among women filmmakers.
You try to understand them, to film that gentleness which operates between them when they're among men, those bodies that let themselves go, which I too captured in my images when I filmed the Sahrawis in the desert conducting their fight.[2]

CH I find it fascinating to observe the way that, within the same gender, people touch one another and demonstrate a sensuality that isn't expressed the same way as it is in the West.
For example, in your film, the way the men in the Sahara stretch out one on top of another in a very sensual and relaxed way: That isn't done in western society, where the frontier between heterosexuality and homosexuality can be more distinct, in any case, it's located in a different place. It's the ambiguity of the Orient. The separations of the relationships between men and women operate in such a way that the men and the women are much more at ease within the same gender.

JS   Would you define that relationship as homosexual?

CH I don't think the relationship is sexualized. It's simply tolerated and normal.

JS   Do you film those moments because you're interested in gender, or to explore a boundary of yourself? In *Boyzone*, you eroticize the gaze you direct at the men. How did you get into these chinks?

CH The demonstrations by the bare-chested men in *Boyzone 1* or, coming back again to *Kurdish Lover*, the relationships of force that come into play with the language of the body, draw a kind of choreography that is both spontaneous and very codified, framed by the social relationships that express the way that gender belongs to a social group. With my camera, I stay at a distance to make that corporeal language more obvious.

JS   You told me that a desiring gaze was at work on the principle of your virtually concealed camera.

CH I film men who stop in a public space where there aren't any
women. Women only pass by, because they'd feel uncomfortable
hanging around in a public place doing nothing. Men, on the
other hand, feel relaxed there and will create a structure, a sort
of diagram, to take on board the fact that their body is on public
display. In Baudelaire's poem, "À une passante," the narrator sees
a woman walking past in deep mourning, dressed all in black,
and he sees her leg molded by her skirt; he's in that comfortable
position of being the man watching, he can look her up and
down, she's just walking past, and she pretends to be unaware
of his gaze, though of course she does notice it. I'm reversing
the direction of the gazes, and I'm the desirous, hidden gaze.

JS You're so good at filming, outlining the body at war, but without
weapons. Your framing is implacable.

CH The men I film aren't always comfortable in public space.
In *Gerilla*, I film the Kurds driven beyond their frontiers by the
war that is raging in their country. They have no work, no lodg-
ings, they have no alternative other than to occupy urban space,
the only place they have access to. Three young men recreate
their private space on the corner of a pavement, taking refuge
under a blanket, or eating a sandwich in the glazed cage of a
telephone booth, while the road is pelted by a flood of rain.

JS In your films, you always need to relate things to one another.
It's like a system to reconcile extremes, to show that people
are not univocal. Being human is being double.

CH Yes, I set out to understand the Other. Oktay's grandmother is
cruel, but also extremely generous; she shows her negative side,
but also offers a lot of affection. Karima demonstrates a very
maternal way of dominating, she hits her submitter, than clasps
him in her arms, she sodomizes him, then wipes his bottom as
if he were a child. The individuals in *Karima* are conscious of
the fact that impulses of life and death are at work within them,
impulses to destroy the Other and oneself. And the fact that
they're capable of playing with these ideas, and working on
them symbolically, leads me to think that in the event of war it
is not those people who'd become torturers, quite the opposite.

JS In the fiction film you're working on, will you use the group choreography that occupies a large place in your documentaries?

CH Yes. For example, when the Kurds organize a demonstration
in Europe, they arrive with barbecues, rugs, tents, and all of
a sudden an encampment will take shape. The Kurds have the
ability to construct a mini-Kurdistan wherever they go. I'm
attracted by the way in which they settle in and design a culture.
It will be a staging of social rituals, a fiction between France
and Kurdistan, filmed on the basis of actual historical events.

The bodies of my actors will of course relate to those events.

JS   One of your major topics is religion. You've chosen to tell its story through bodies.

CH   In *Les Protestants* (The Protestants), it's a different kind of body language that is featured, much stiffer. Protestants have extremely strong self-control. In their way of foregathering, they're like bodies turned to stone, like portraits, and religion flows like a cultural cement between them.

JS   Today, religious extremists give a violent image of themselves by cancelling the existence of the woman's body, by violating it... What do you make of that?

CH   Women's bodies, exhibiting them, their privacy, have always been political. You speak of rapes during wars: The colonization of the enemy's body by your own body is the most violent act there is. You enter into the body of the Other. Sometime children are born from these rapes. The relationships of war are relationships of hate, violence, but therefore also of a violent desire for the Other.

[A pause]

I'm having contractions.[3]

JS   Take a deep breath, let's breathe together.

[Silence]

NATUR

Série de photographies, couleur, 2017

La Bible des témoins de Jéovah en langue Tzotzil (Chiapas, Mexique).
La méthode Hébert, éducation physique, virile et morale en 1936.
Un livre de gymnastique nazi.
Le Tarzan des années 50, le Rahan des années 70.
L'ethnie Tasaday aux Philippines, qui n'a jamais existé que pour mettre
en scène un reflet biaisé des fantasmes communautaires occidentaux.
Ce sont des fictions idéologiques de la nature qui se confrontent
pour mieux révéler la valeur relative des notions de pureté et de beauté
idéale du corps.

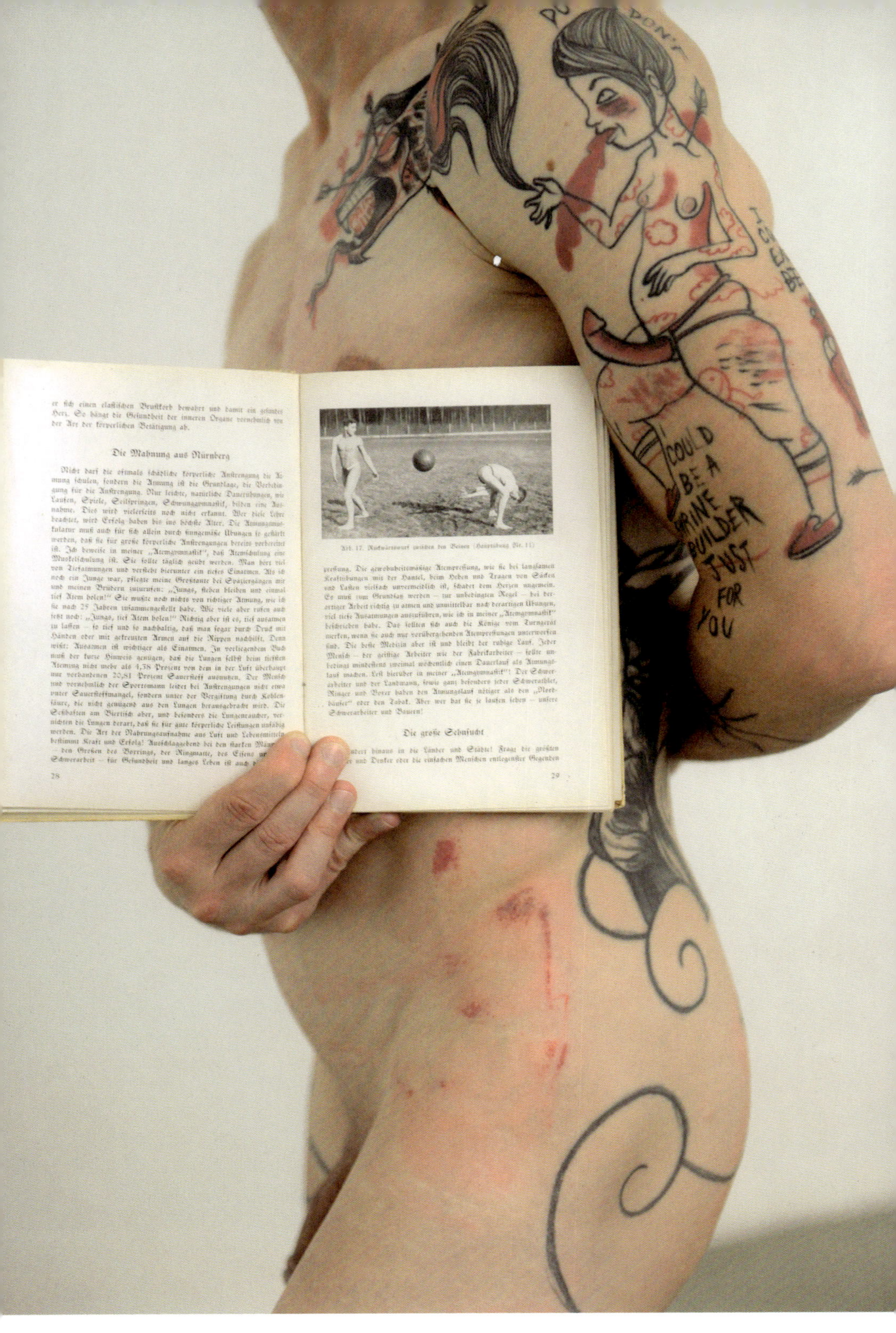

Invented Edens. Je pourrais bâtir un sanctuaire juste pour toi /
Invented Edens. I Could Be a Shrine Builder Just for You, 2017
Photographie couleur, 80 × 120 cm / Color photograph, 31.4 × 47.2 inches

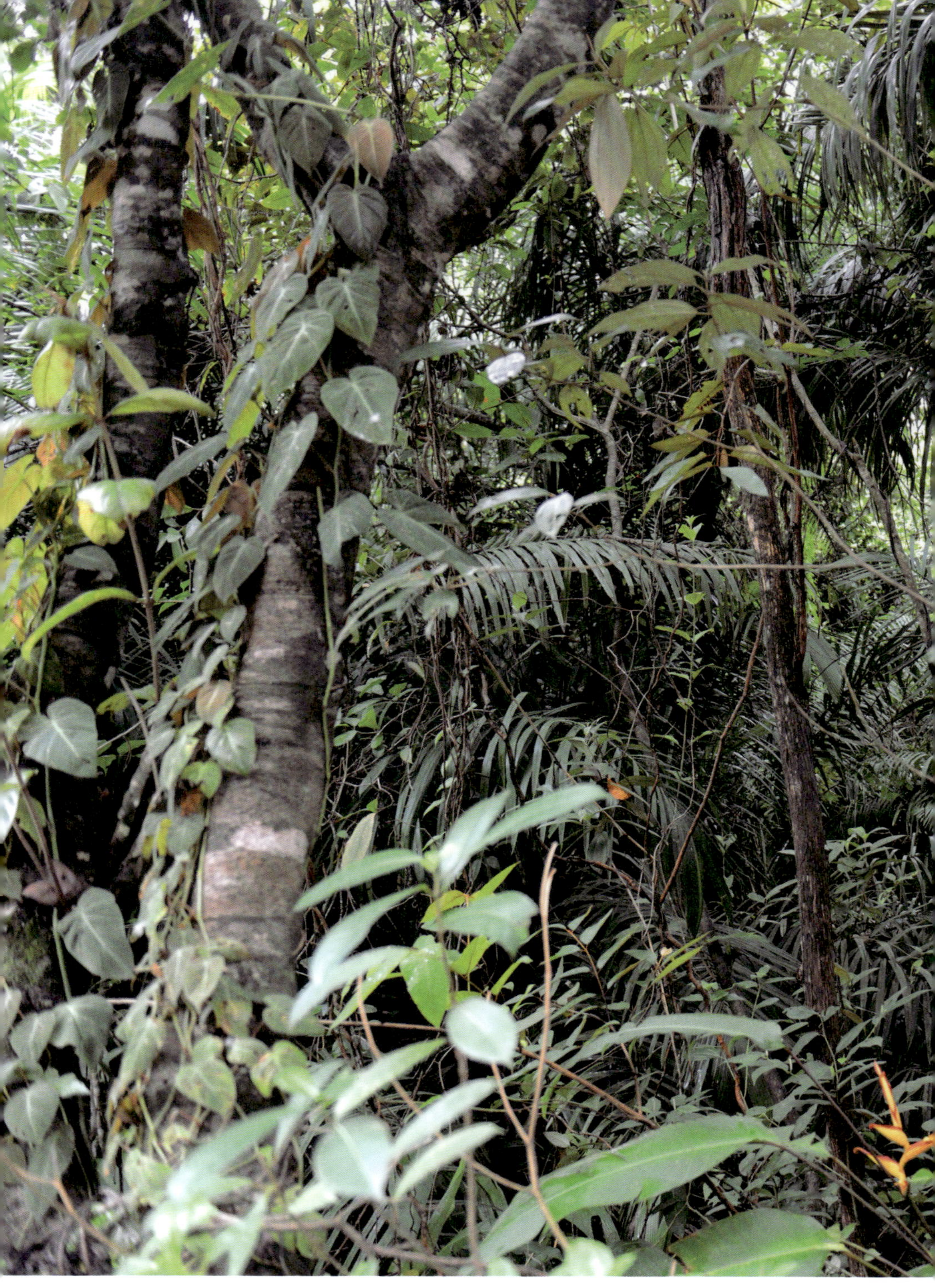

Invented Edens. Jungle I, 2017
Photographie couleur, 120 × 80 cm / Color photograph, 47.2 × 31.4 inches

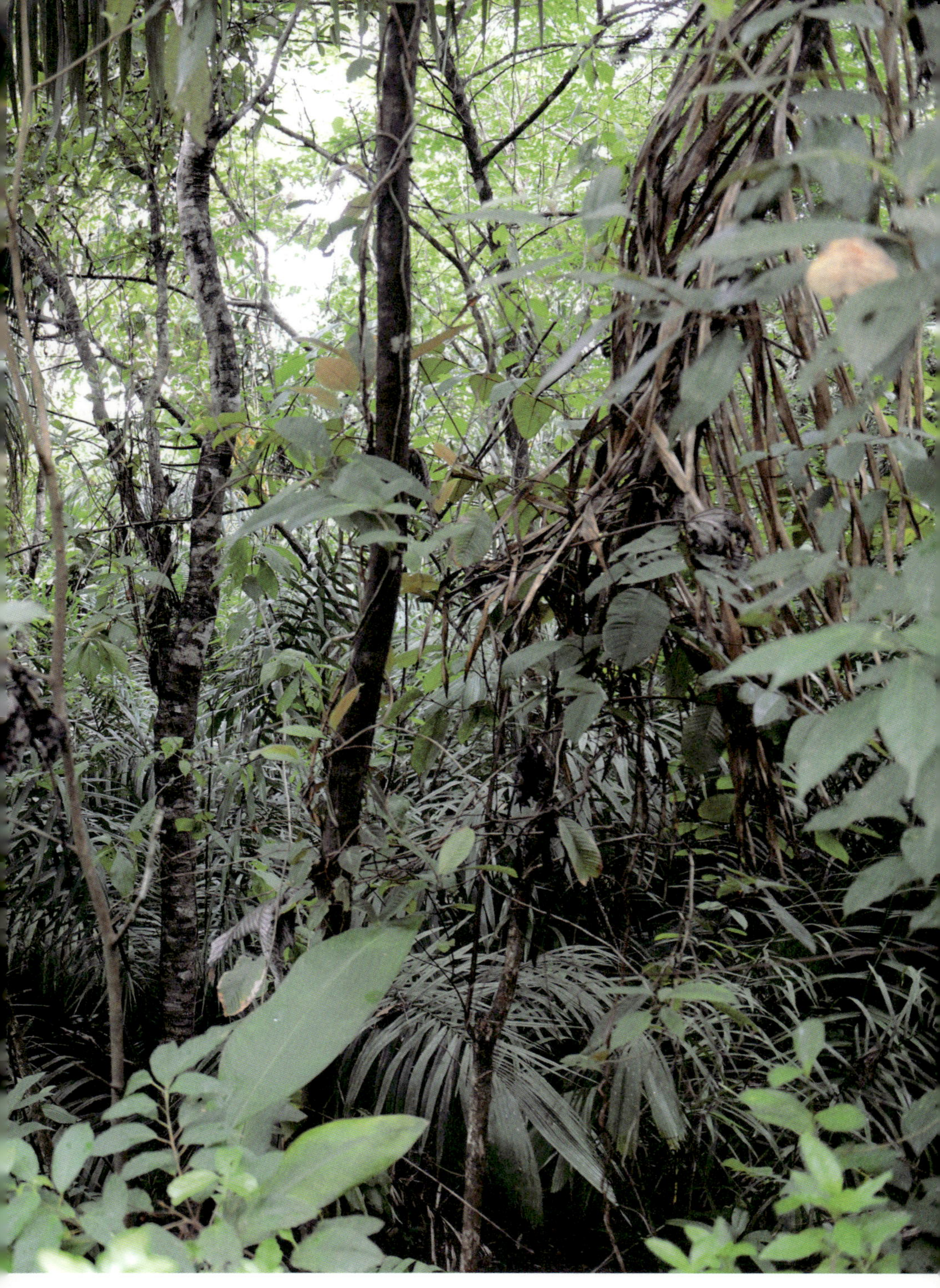

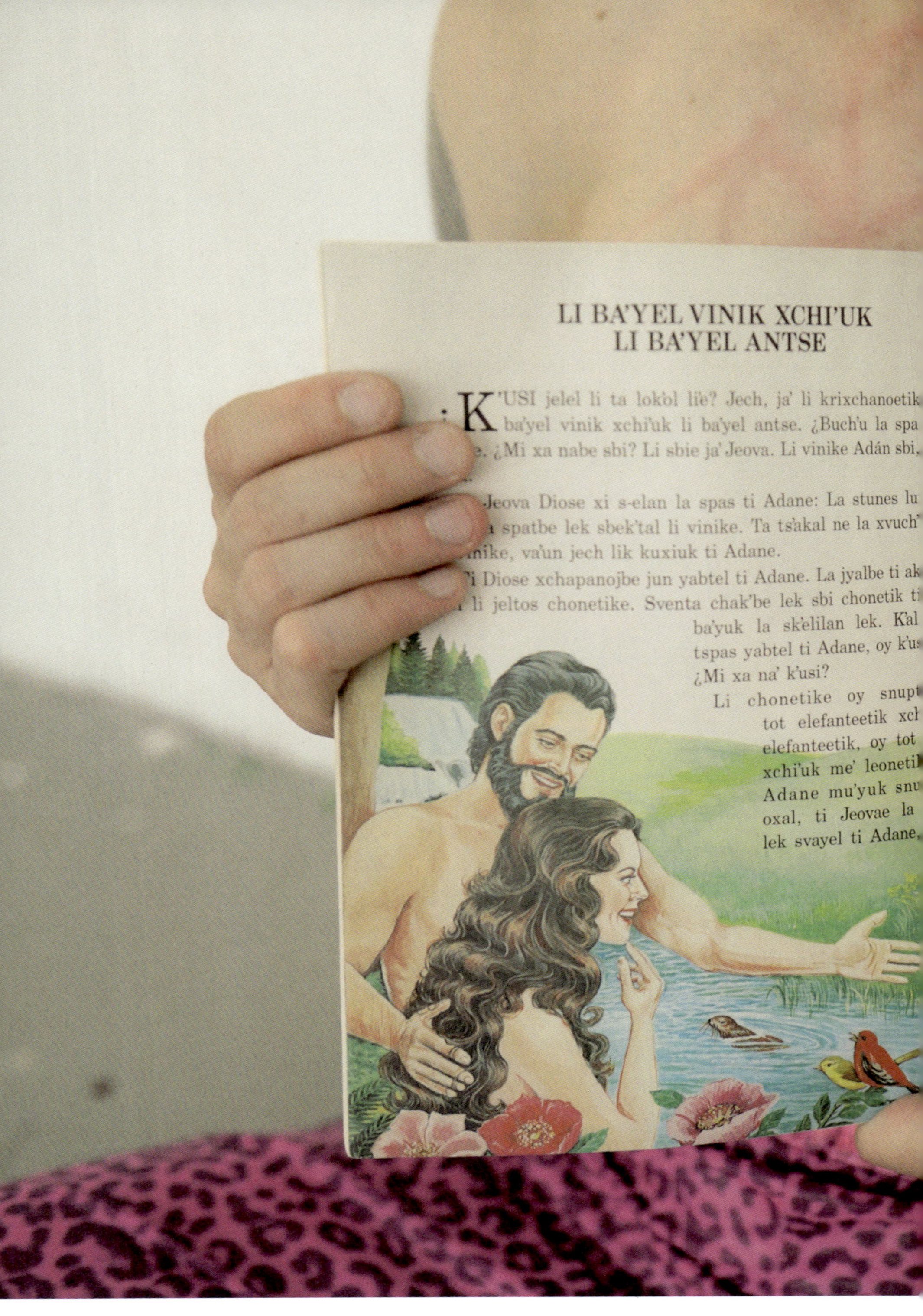

Invented Edens. Paradis / Invented Edens. Paradise, 2017
Photographie couleur, 120 × 80 cm / Color photograph, 47.2 × 31.4 inches

slok'esbe jun xch'ilte' ta jot xokon. Li ta xch'ilte' Adane, Jeova la spasbe jun ants sventa chk'ot ta yajnil.

¡Xmuyubaj xa yo'onton Adán ti k'alal oy xa snupe! Jech xtok, ¡k'alal te xa'ox oy ta nichimaltik sventa chnaki ti Evae, ta melel xmuyubaj xa van tajek yo'onton ek! Va'un xu' xa xil yalab xnich'nabik xchi'uk jun xa no'ox yo'onton tsk'upin xkuxlejalik.

Jeova oy ox ta yo'onton ti ak'o xkuxiik sbatel osil ti Adán xchi'uk Evae. Tsk'an ox ti ta sp'ejeluk Balumile ak'o spasik ta jun alak' sba nichimaltik jech k'ucha'al li nichimaltik Edene. ¡Li Adán xchi'uk Evae xmuyubajik van tajek ta snopel no'ox li ta yabtelik taje! Ati teuk la naki eke, ¿mi mu lajuk van ak'upin ta spasel ta jun nichimaltik sp'ejel li Balumile? Pe li smuyubajel Adán xchi'uk Evae mu'yuk bu jalij. Jk'eltikik k'u yu'un.

Éxodo 3:14, *XCh'ul C'op ti jTotic Diose*, ta bats'i k'op yu'un Chamula. K'elo li tc'ib ta yok vune; Génesis 1:26-31; 2:7-25.

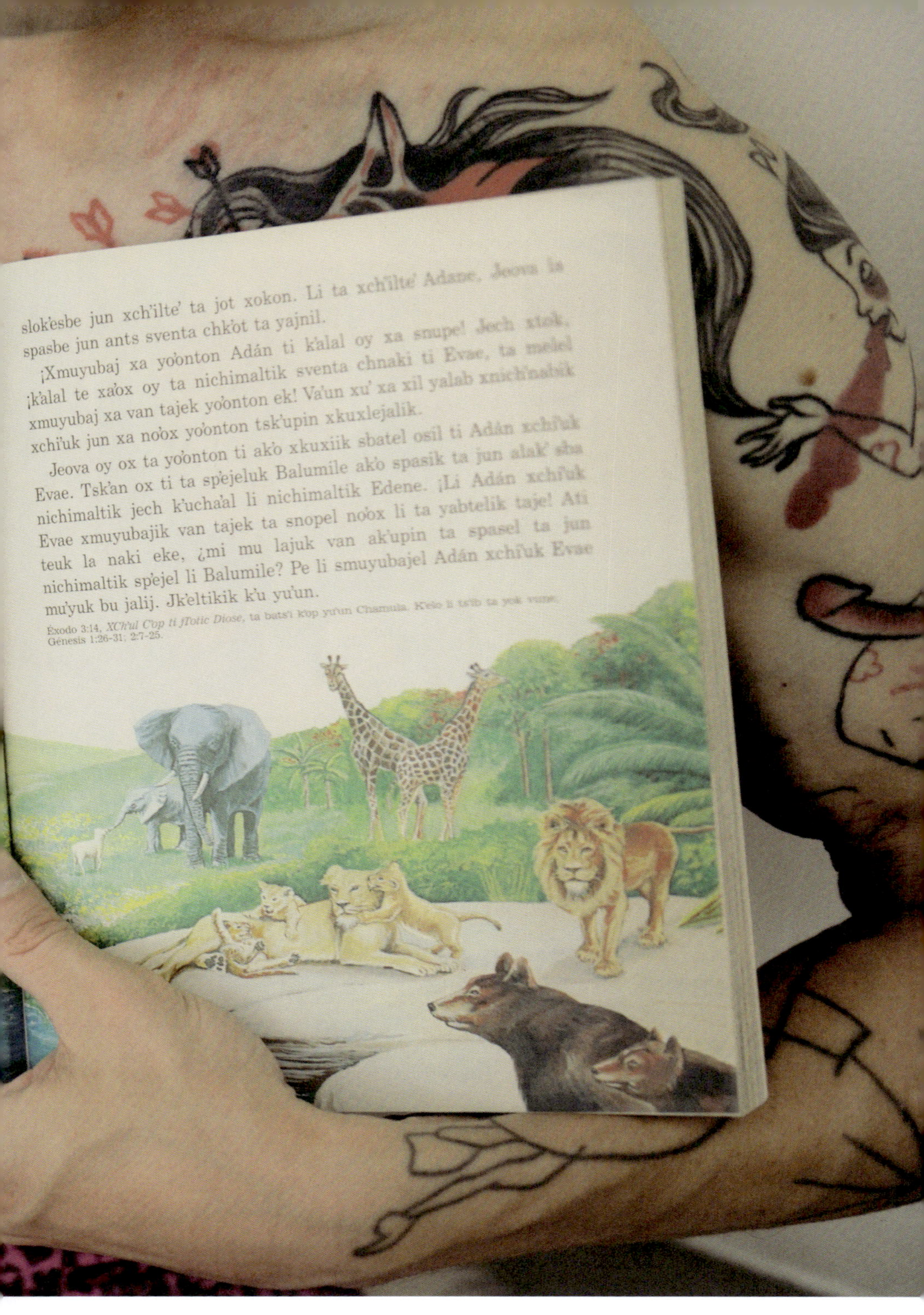

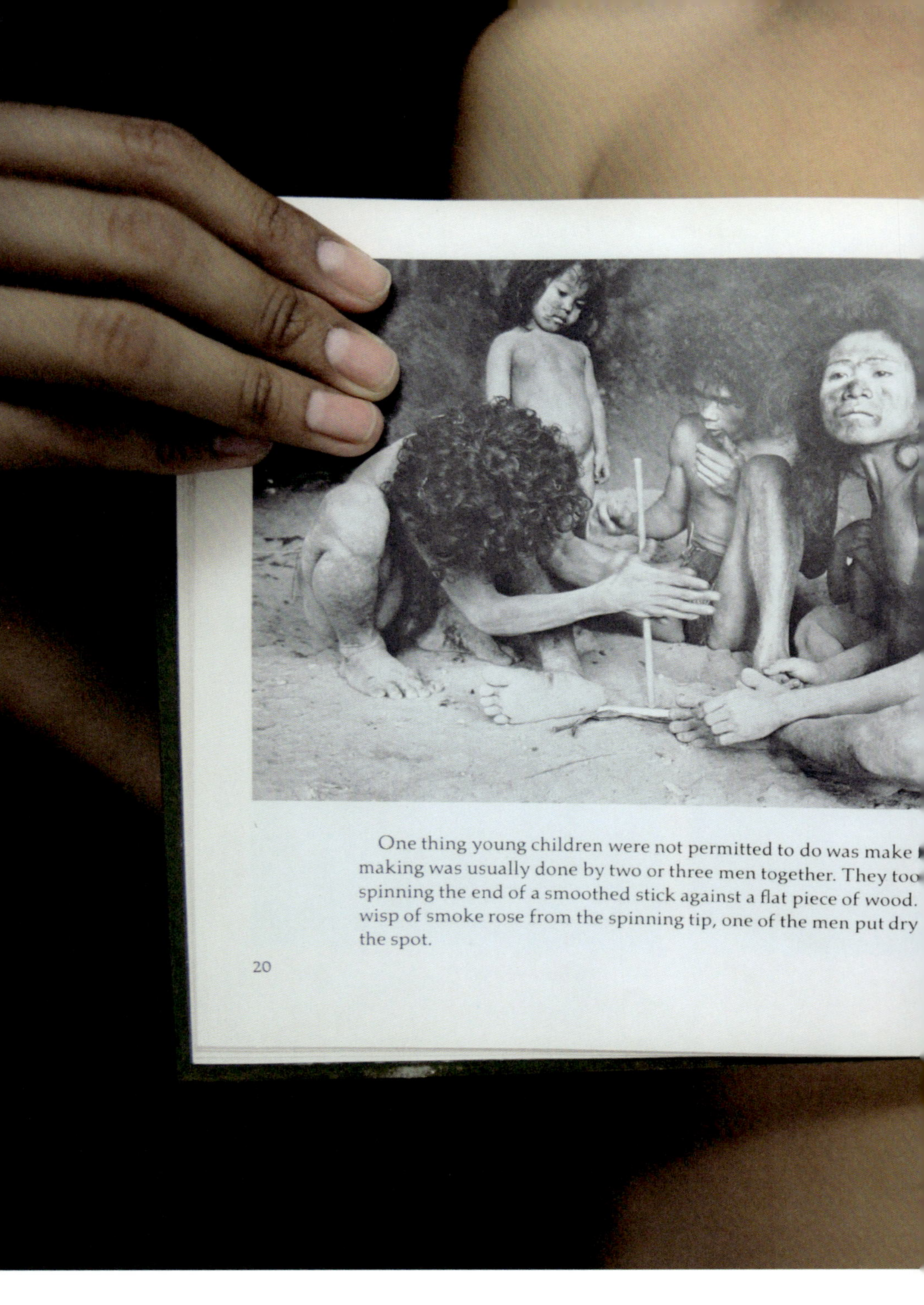

Invented Edens. Tasadays – Feu / Invented Edens. Tasadays – Fire, 2017
Photographie couleur, 120 × 80 cm / Color photograph, 47.2 × 31.4 inches

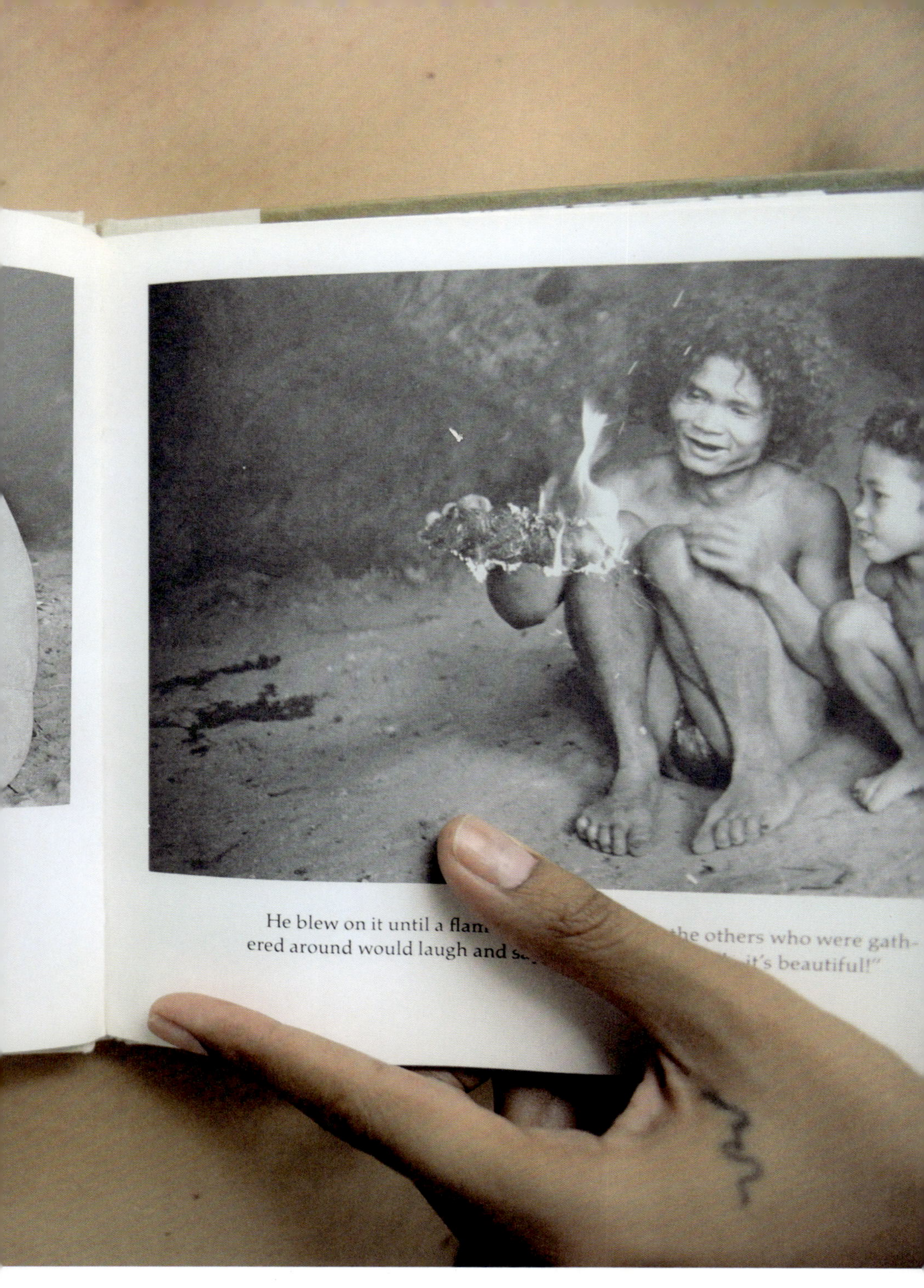

He blew on it until a flame   the others who were gathered around would laugh and s   it's beautiful!"

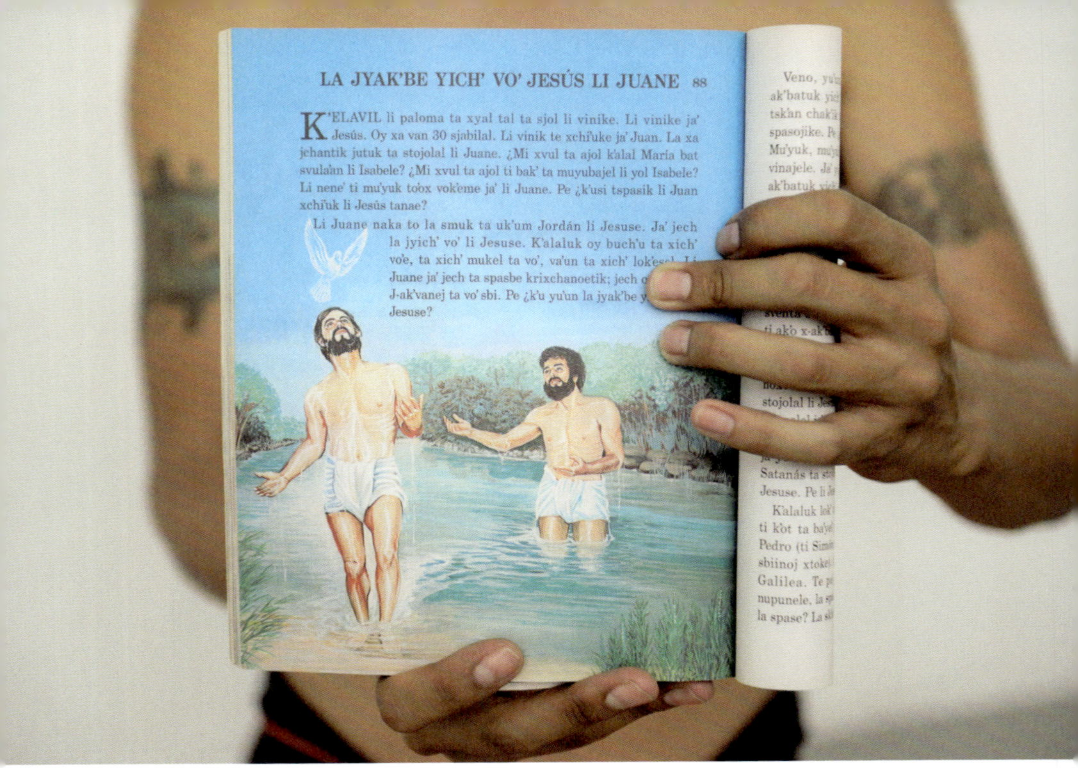

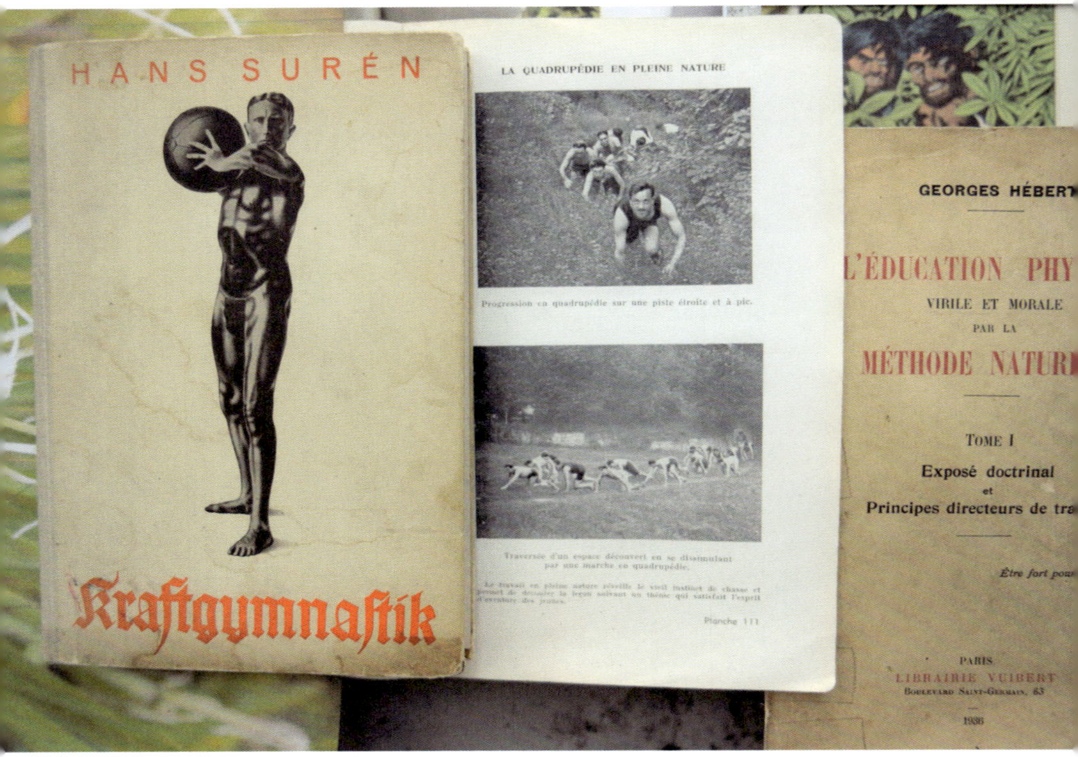

Invented Edens. L'eau du Jourdain / Invented Edens. Jordan Water, 2017
Photographie couleur, 120 × 80 cm / Color photograph, 47.2 × 31.4 inches

Invented Edens. La quadrupédie / Invented Edens. On Hands and Feet, 2017
Photographie couleur, 80 × 50 cm / Color photograph, 31.4 × 19.6 inches

The Jehovah's Witnesses' Bible in the Tzotzil language (Chiapas, Mexico).
The Hébert method, physical, manly, and moral education in 1936.
A Nazi book of gymnastics.
The Tasaday tribe in the Philippines, which never existed other than
to highlight a biased reflection of Western community phantasms.
Tarzan in the 1950s, Rahan in the 1970s.
These are ideological fictions about nature that confront one another
all the better to reveal the relative value of the notions of the purity
and ideal beauty of the body.

NICOLE BRENEZ

Nicole Brenez est Professeur à l'Université Paris 3 et dirige le département Analyse & Culture à la Femis. Parmi ses publications : *De la Figure en général et du Corps en particulier. L'invention figurative au cinéma* (1998), *Traitement du Lumpenproletariat par le cinéma d'avant-garde* (2007), *Cinéma d'avant-garde Mode d'emploi* (2012). Elle programme les séances d'avant-garde de la Cinémathèque française (depuis 1996) ainsi que la section expérimentale du festival du Cinéma du Réel à Paris (depuis 2009). Depuis 2010, avec Philippe Grandrieux, elle coproduit la série *Il se peut que la beauté ait renforcé notre résolution*, collection de portraits des cinéastes révolutionnaires négligés par les histoires du cinéma. Elle a travaillé avec Chantal Akerman, Jean-Luc Godard, Jacques Kebadian, Jean-Gabriel Périot.

KARIMA CHÉRIF

Née le 28 juin 1980, Karima, protagoniste du film éponyme de Clarisse Hahn, est Dominatrice, organisatrice de la FetNight et de la Nuit des K, consacrées à la domination féminine et à la Gynocratie.

RAOUF KAABI

Raouf Kaabi est né à Saghez (Kurdistan iranien) en 1957 d'un père médecin et d'une mère de sept enfants. Il s'engage très jeune avec ses quatre frères Peshmergas contre la dictature du Chah puis contre la République Islamique. L'un mourra au combat. En 1980, ses deux sœurs Shahla et Nasrine, infirmières, sont exécutées sous l'ordre de l'Ayatollah Khalkhali (bras droit de Khomeini) «pour avoir prodigué des soins aux insurgés». Ses parents seront, eux, déportés dans une ville du centre du pays en 1982. Il co-dirige par la suite le parti politique des Fedayin du peuple au Kurdistan jusqu'en 1984. Il vit désormais à Paris avec sa famille.

NOÉMIE LUCIANI

Noémie Luciani est née en Corse en 1986. Après avoir étudié la littérature populaire et l'histoire de la presse à l'Université Paris IV, elle consacre un premier mémoire à Ponson du Terrail et un second à Jules Verne pour son Master. Elle est journaliste cinéma pour le journal *Le Monde*. En 2013, elle remporte le prix de la jeune critique décerné par l'UJC (Union des Journalistes de Cinéma).

FLORENCE MAILLARD

Florence Maillard, critique de cinéma, écrit aux *Cahiers du Cinéma* et programme le festival Silhouette.

CATHERINE MILLET

Catherine Millet, née le 1er avril 1948 à Bois-Colombes, est critique d'art, commissaire d'exposition et écrivain français. Elle dirige la revue *artpress*. Elle est auteur de romans comme *La vie sexuelle de Catherine M* , et de plusieurs ouvrages sur l'art contemporain, ainsi que d'essais critiques consacrés aux artistes Yves Klein ou Salvador Dalí.

JOCELYNE SAAB

Reporter, photographe, scénariste, productrice, metteur en scène, plasticienne, Jocelyne Saab est née et a grandi à Beyrouth dans les années 1950. En 1973, après avoir travaillé à la télévision libanaise, elle devient reporter de guerre au Moyen-Orient, en couvrant la guerre d'Octobre pour le magazine "52" sur la 3ème chaîne française. En 1975, Jocelyne Saab produit et dirige son premier long-métrage documentaire, *Le Liban dans la tourmente*. Après avoir réalisé de nombreux documentaires et reportages en Égypte, au Sahara Occidental, au Kurdistan irakien, en Iran, en Syrie, au Vietnam... et avoir couvert la guerre dans son pays au jour le jour pendant quinze ans, elle réalise *Beyrouth ma ville* en 1982. Assistante de réalisation pour Volker Schlöndorff sur *Le Faussaire* en 1981, elle co-produit et réalise son premier long-métrage de fiction, *L'Adolescente sucre d'amour / Une vie suspendue*, avec Juliet Berto et Jacques Weber (1985), puis *Il était une fois... Beyrouth. Histoire d'une star,* fable cinéphilique sur la mémoire visuelle d'une ville en ruines (1994). En 2005, elle tourne *Dunia* en Égypte, film sur l'excision qui lui vaut censure et menaces de mort. En 2007 elle réalise sa première installation, *Strange Games and Bridges*, sur 22 écrans, avec pour matériau son travail sur la guerre, pour le National Museum de Singapour. La même année, elle expose ses photographies à la Dubai Art Fair. En 2009, elle termine un nouveau long métrage, *What's going on ?*, tourné dans sa ville natale. Depuis 2013, elle organise le festival de films « Cultural Resistance », d'abord à Beyrouth et Tripoli, en 2014, simultanément dans cinq villes du Liban.

OKTAY ŞENGÜL

Né en France en 1977, Il est monteur. C'est le compagnon de Clarisse Hahn. Ses parents sont des Kurdes du Dersim, en Turquie. Il a grandi avec les réfugiés que ses parents hébergeaient régulièrement : guérilleros, journalistes, opposants politiques. Il a participé à plusieurs revues révolutionnaires : *Front social, L'étincelle, Résistance offensive, Manifeste.* Il a étudié l'ethnologie à Paris VIII et la kurdologie à l'INALCO. Il participe à l'organisation du festival des cinémas de Turquie à Paris.

KATHRYN WEIR

De nationalité britannique et australienne, Kathryn Weir a dirigé la Queensland Art Gallery & Gallery of Modern Art de Brisbane et l'Australian Cinémathèque at GOMA. Elle fut aussi productrice et curatrice à la National Gallery de Canberra. Elle dirige le département du développement culturel du Centre national d'art et de culture Georges Pompidou, Paris. Parmi ses articles et ouvrages : *Ho Tzu Nyen: Now and Forever*, Contemporary Art Centre of South Australia, 2010), *View From Elsewhere* (Sherman Contemporary Art Foundation, 2009), *Gorilla* (avec Ted Gott, Reaktion Books, 2013). Parmi ses expositions récentes : *Cosmopolis #1: Collective Intelligence* (Paris, 2017), Tracey Moffatt: Spirited (Bisbane, 2015).

NICOLE BRENEZ

Nicole Brenez is a professor at Paris 3 University and runs the Analysis & Culture Department at the Fémis (Fondation Européenne pour les Métiers de l'Image et du Son). Her publications include: *De la Figure en général et du Corps en particulier. L'invention figurative au cinéma* (1998), *Traitement du Lumpenproletariat par le cinéma d'avant-garde* (2007), *Cinéma d'avant-garde Mode d'emploi* (2012). She has been programming the avant-garde sessions of the Cinémathèque française (since 1996) as well as the experimental section of the Cinéma du Réel festival in Paris (since 2009). Since 2010 she has been co-producing the series *Il se peut que la beauté ait renforcé notre résolution* with Philippe Grandrieux, a collection of portraits of the revolutionary filmmakers neglected by histories of the cinema. She has worked with Chantal Akerman, Jean-Luc Godard, Jacques Kebadian, and Jean-Gabriel Périot.

KARIMA CHÉRIF

Born on June 28, 1980, Karima, a protagonist in Clarisse Hahn's eponymous film, is a dominatrix, and the organizer of the FetNight and the Nuit des K, devoted to female domination and gynæcocracy.

RAOUF KAABI

Raouf Kaabi was born in Saghez (Iranian Kurdistan) in 1957 to a father who was a doctor and a mother who bore seven children. At a very young age he committed himself along with his four Peshmerga brothers to opposing the dictatorship of the Shah, and then the Islamic Republic. One brother would die in combat. In 1980, his two sisters Shahla and Nasrine who were nurses were executed on the orders of Ayatollah Khalkhali (Khomeini's right-hand man) "for having lavished care on the insurgents," while his parents were deported to a town in the center of the country in 1982. He was subsequently in joint charge of the people's political party of the Fedayeen in Kurdistan until 1984. He now lives in Paris with his family.

NOÉMIE LUCIANI

Noémie Luciani was born in Corsica in 1986. After studying popular literature and the history of the press at Paris IV University, she devoted a first dissertation to Ponson du Terrail and a second to Jules Verne, for her master's degree. She is a journalist writing about cinema for *Le Monde* newspaper. In 2013, she won the prize for young criticism awarded by the UJC (Union des Journalistes de Cinéma).

FLORENCE MAILLARD

Florence Maillard, a film critic, writes for *Cahiers du Cinéma* and programs the Silhouette festival.

CATHERINE MILLET

Catherine Millet, born on April 1, 1948 at Bois-
Colombes, is an art critic, an exhibition curator,
and a writer. She runs the *artpress* journal.
She is the author of novels such as *La vie sexuelle
de Catherine M* (*The Sexual Life Of Catherine M*),
and several books on contemporary art, as well
as critical essays devoted to the artists Yves Klein
and Salvador Dali.

JOCELYNE SAAB

A reporter, photographer, scriptwriter, producer,
theater director and visual artist, Jocelyne Saab
was born and grew up in Beirut in the 1950s.
In 1973, after working on Lebanese television, she
became a Middle East war reporter, covering the
October War for the magazine *52* on the French
3rd channel. In 1975, Jocelyne Saab produced and
directed her first feature-length documentary film,
Le Liban dans la tourmente. After making many documentaries and reportages in Egypt, the Western
Sahara, Iraqi Kurdistan, Iran, Syria, Vietnam and
covering the war in her country day by day for
fifteen years, she made *Beyrouth ma ville* in 1982.
She was assistant director to Volker Schlöndorff
for *Le Faussaire* in 1981, then co-produced
and directed her first feature-length fiction film,
L'Adolescente sucre d'amour / Une vie suspendue,
with Juliet Berto and Jacques Weber (1985), followed by *Il était une fois... Beyrouth. Histoire d'une
star,* a cinema-lover's fable about the visual memory
of a city in ruins (1994). In 2005, she filmed *Dunia*
in Egypt, a film on excision which brought her con-
demnation and death threats. In 2007 she made
her first installation, *Strange Games and Bridges*,
on twenty-two screens, using her work on war
as the raw material, for the National Museum of
Singapore. That same year she exhibited her photographs at the Dubai Art Fair. In 2009, she com-
pleted a new feature- length film, *What's going on?*,
shot in her native city. Since 2013 she has been
organizing the Cultural Resistance film festival, ini-
tially in Beirut and Tripoli, then in 2014, simultaneously in five towns in the Lebanon.

OKTAY ŞENGÜL

He was born in France in 1977, and is a film editor.
He is Clarisse Hahn's partner. His parents are
Kurds from the Dersim region, in Turkey.
He grew up with the refugees his parents regularly
gave a home to: guerilla fighters, journalists, politi-
cal opponents. He has contributed to several revo-
lutionary journals: *Front social, L'étincelle,
Résistance offensive, Manifeste*. He studied ethnol-
ogy at Paris VIII and Kurdology at the INALCO
(Institut national des langues et civilisations orien-
tales). He participates in organizing the festival of
Turkish cinema in Paris.

KATHRYN WEIR

Kathryn Weir, who has British and Australian nation-
ality, ran the Queensland Art Gallery & Galler of
Modern Art in Brisbane and the Australian
Cinémathèque at GOMA. She has also been a pro-
ducer and curator at the National Gallery of
Canberra. She runs the Department of Cultural
Development of the Centre national d'art et de
culture Georges Pompidou, Paris. Her articles and
books include: *Ho Tzu Nyen: Now and Forever,*
(Contemporary Art Centre of South Australia, 2010),
View From Elsewhere (Sherman Contemporary Art
Foundation, 2009), *Gorilla* (with Ted Gott, Reaktion
Books, 2013). Her recent exhibitions include:
Cosmopolis #1: Collective Intelligence (Paris, 2017),
Tracey Moffatt: Spirited (Brisbane, 2015).

Un livre coproduit par / This book has been made possible thanks to
Jousse Entreprise, Paris

Avec le soutien à l'édition du / With the support of

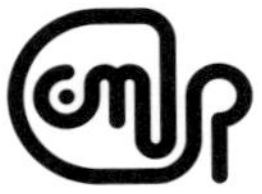

Centre national des arts plastiques

et de / and the

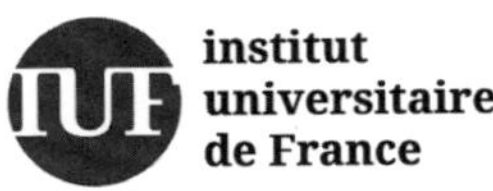

Institut Universitaire de France

Publié par / Publisher
Mousse Publishing, Milan
(moussepublishing.com)
Dirigé par / Edited by
Nicole Brenez
Responsable de publication / Publishing Editor
Ilaria Bombelli
Maquette et mise en page / Design
Mousse
Crédits photographiques / Photo courtesy
Clarisse Hahn, galerie Jousse entreprise, Les Films du Bélier
Remerciements / Acknowledgements
Roxane Jubert, Sophie Vigourous, François Michaud,
Agathe Bonitzer, Philippe Jousse, Laurence Dalivoust

L'éditeur remercie tous ceux qui ont aimablement autorisé la reproduction de matériel pour ce livre. Tous les efforts ont été faits pour obtenir
l'autorisation de reproduire chaque image et chaque texte dans ce catalogue. Cependant, selon la politique éditoriale en vigueur, l'éditeur est
à la disposition des détenteurs de droits d'auteur et s'engage à corriger
toute omission ou erreur dans les éditions futures.
The publisher would like to thank all those who have kindly given their
permission for the reproduction of material for this book. Every effort
has been made to obtain permission to reproduce the images and texts
in this catalogue. However, as is standard editorial policy, the publisher
is at the disposal of copyright holders and undertakes to correct any
omissions or errors in future editions.

Imprimé en Italie / Printed in Italy
Artigiana Grafica

ISBN 978-88-6749-323-4
18 € / 22 $

Première de couverture / Cover page:
Agathe Bonitzer dans / in *Mescaline*, 2018
Fiction, video HD, 45′

Quatrième de couverture / Back cover:
Mise en scène 1, 2015
Peinture acrylique et sérigraphie sur toile, pièce unique, 112 × 70 cm
Acrylic painting and serigraphy on canvas, single piece, 44 × 27.5 inches